最高人民法院
关于适用《中华人民共和国刑事诉讼法》的解释

新旧对照

中国法制出版社
CHINA LEGAL PUBLISHING HOUSE

图书在版编目（CIP）数据

最高人民法院关于适用《中华人民共和国刑事诉讼法》的解释新旧对照/中国法制出版社编. —北京：中国法制出版社，2021. 3

ISBN 978 - 7 - 5216 - 1676 - 7

Ⅰ. ①最… Ⅱ. ①中… Ⅲ. ①刑事诉讼法 - 法律解释 - 中国 Ⅳ. ①D925. 205

中国版本图书馆 CIP 数据核字（2021）第 032332 号

责任编辑　唐鹍　成知博　　　　封面设计　杨泽江

最高人民法院关于适用《中华人民共和国刑事诉讼法》的解释新旧对照

ZUIGAO RENMIN FAYUAN GUANYU SHIYONG ZHONGHUARENMINGONGHEGUO XINGSHI SUSONGFA DE JIESHI XINJIU DUIZHAO

编者/中国法制出版社
经销/新华书店
印刷/三河市紫恒印装有限公司
开本/880 毫米 ×1230 毫米　32 开　　　　印张/ 11. 625　字数/ 320 千
版次/2021 年 3 月第 1 版　　　　2021 年 3 月第 1 次印刷

中国法制出版社出版
书号 ISBN 978 - 7 - 5216 - 1676 - 7　　　　定价：49. 00 元

北京西单横二条 2 号
邮政编码：100031　　　　传真：010 - 66031119
网址：http：//www. zgfzs. com　　　　**编辑部电话：010 - 66026587**
市场营销部电话：010 - 66033393　　　　**邮购部电话：010 - 66033288**

（如有印装质量问题，请与本社印务部联系调换。电话：010 - 66032926）

目　　录

最高人民法院关于适用《中华人民共和国刑事诉讼法》的解释

（2020年12月7日最高人民法院审判委员会第1820次会议通过　2021年1月26日最高人民法院公告公布　自2021年3月1日起施行　法释〔2021〕1号）

目　　录

2018年10月26日，第十三届全国人民代表大会常务委员会第六次会议通过了《关于修改〈中华人民共和国刑事诉讼法〉的决定》。为正确理解和适用修改后的刑事诉讼法，结合人民法院审判工作实际，制定本解释。

第一章　管　　辖

第一条　人民法院直接受理的自诉案件包括：

（一）告诉才处理的案件：

1. 侮辱、诽谤案（刑法第二百四十六条规定的，但严重危害社会秩序和国家利益的除外）；

2. 暴力干涉婚姻自由案（刑法第二百五十七条第一款规定的）；

3. 虐待案（刑法第二百六十条第一款规定的，但被害人没有能力告诉或者因受到强制、威吓无法告诉的除外）；

4. 侵占案（刑法第二百七十条规定的）。

（二）人民检察院没有提起公诉，被害人有证据证明的轻微刑事案件：

1. 故意伤害案（刑法第二百三十四条第一款规定的）；

2. 非法侵入住宅案（刑法第二百四十五条规定的）；

3. 侵犯通信自由案（刑法第二百五十二条规定的）；

4. 重婚案（刑法第二百五十八条规定的）；

5. 遗弃案（刑法第二百六十一条规定的）；

6. 生产、销售伪劣商品案（刑法分则第三章第一节规定的，但严重危害社会秩序和国家利益的除外）；

7. 侵犯知识产权案（刑法分则第三章第七节规定的，但严重危害社会秩序和国家利益的除外）；

8. 刑法分则第四章、第五章规定的，可能判处三年有期徒刑以下刑罚的案件。

本项规定的案件，被害人直接向人民法院起诉的，人民法院应当依法受理。对其中证据不足，可以由公安机关受理的，或者认为对被告人可能判处三年有期徒刑以上刑罚的，应当告知被害人向公安机关报案，或者移送公安机关立案侦查。

（三）被害人有证据证明对被告人侵犯自己人身、财产权利的行为应当依法追究刑事责任，且有证据证明曾经提出控告，而公安机关或者人民检察院不予追究被告人刑事责任的案件。

第二条 犯罪地包括犯罪行为地和犯罪结果地。

针对或者主要利用计算机网络实施的犯罪，犯罪地包括用于实施犯罪行为的网络服务使用的服务器所在地，网络服务提供者所在地，被侵害的信息网络系统及其管理者所在地，犯罪过程中被告人、被害人使用的信息网络系统所在地，以及被害人被侵害时所在地和被害人财产遭受损失地等。

第三条 被告人的户籍地为其居住地。经常居住地与户籍地不一致的，经常居住地为其居住地。经常居住地为被告人被追诉前已连续居住一年以上的地方，但住院就医的除外。

被告单位登记的住所地为其居住地。主要营业地或者主要办事机构所在地与登记的住所地不一致的，主要营业地或者主要办事机构所在地为其居住地。

第四条 在中华人民共和国内水、领海发生的刑事案件，由犯罪地或者被告人登陆地的人民法院管辖。由被告人居住地的人民法院审判更为适宜的，可以由被告人居住地的人民法院管辖。

第五条 在列车上的犯罪，被告人在列车运行途中被抓获的，由前方停靠站所在地负责审判铁路运输刑事案件的人民法院管辖。必要时，也可以由始发站或者终点站所在地负责审判铁路运输刑事案件的人民法院管辖。

被告人不是在列车运行途中被抓获的，由负责该列车乘务的铁路公安机关对应的审判铁路运输刑事案件的人民法院管辖；被告人在列车运行途经车站被抓获的，也可以由该车站所在地负责审判铁路运输刑事案件的人民法院管辖。

第六条 在国际列车上的犯罪，根据我国与相关国家签订的协定确定管辖；没有协定的，由该列车始发或者前方停靠的中国车站所在地负责审判铁路运输刑事案件的人民法院管辖。

第七条 在中华人民共和国领域外的中国船舶内的犯罪，由该船舶最初停泊的中国口岸所在地或者被告人登陆地、入境地的人民法院管辖。

第八条 在中华人民共和国领域外的中国航空器内的犯罪，由该航空器在中国最初降落地的人民法院管辖。

第九条 中国公民在中国驻外使领馆内的犯罪，由其主管单位所在地或者原户籍地的人民法院管辖。

第十条 中国公民在中华人民共和国领域外的犯罪，由其登陆地、入境地、离境前居住地或者现居住地的人民法院管辖；被害人是中国公民的，也可以由被害人离境前居住地或者现居住地的人民法院管辖。

第十一条 外国人在中华人民共和国领域外对中华人民共和国国家或者公民犯罪，根据《中华人民共和国刑法》应当受处罚的，由该外国人登陆地、入境地或者入境后居住地的人民法院管辖，也可以由被害人离境前居住地或者现居住地的人民法院管辖。

第十二条 对中华人民共和国缔结或者参加的国际条约所规定的罪行，中华人民共和国在所承担条约义务的范围内行使刑事管辖权的，由被告人被抓获地、登陆地或者入境地的人民法院管辖。

第十三条 正在服刑的罪犯在判决宣告前还有其他罪没有判决的，由原审地人民法院管辖；由罪犯服刑地或者犯罪地的人民法院审判更为适宜的，可以由罪犯服刑地或者犯罪地的人民法院管辖。

罪犯在服刑期间又犯罪的，由服刑地的人民法院管辖。

罪犯在脱逃期间又犯罪的，由服刑地的人民法院管辖。但是，在犯罪地抓获罪犯并发现其在脱逃期间犯罪的，由犯罪地的人民法院管辖。

第十四条 人民检察院认为可能判处无期徒刑、死刑，向中级人民法院提起公诉的案件，中级人民法院受理后，认为不需要判处无期徒刑、死刑的，应当依法审判，不再交基层人民法院审判。

第十五条 一人犯数罪、共同犯罪或者其他需要并案审理的案件，其中一人或者一罪属于上级人民法院管辖的，全案由上级人民法院管辖。

第十六条 上级人民法院决定审判下级人民法院管辖的第一审刑事案件的，应当向下级人民法院下达改变管辖决定书，并书面通知同级人民检察院。

第十七条 基层人民法院对可能判处无期徒刑、死刑的第一审刑事案件，应当移送中级人民法院审判。

基层人民法院对下列第一审刑事案件，可以请求移送中级人民法院审判：

（一）重大、复杂案件；

（二）新类型的疑难案件；

（三）在法律适用上具有普遍指导意义的案件。

需要将案件移送中级人民法院审判的，应当在报请院长决定后，至迟于案件审理期限届满十五日以前书面请求移送。中级人民法院应当在接到申请后十日以内作出决定。不同意移送的，应当下达不同意移送决定书，由请求移送的人民法院依法审判；同意移送的，应当下达同意移送决定书，并书面通知同级人民检察院。

第十八条 有管辖权的人民法院因案件涉及本院院长需要回避或者其他原因，不宜行使管辖权的，可以请求移送上一级人民法院管辖。上一级人民法院可以管辖，也可以指定与提出请求的人民法院同级的其他人民法院管辖。

第十九条 两个以上同级人民法院都有管辖权的案件，由最初受理的人民法院审判。必要时，可以移送主要犯罪地的人民法院审判。

管辖权发生争议的，应当在审理期限内协商解决；协商不成的，由争议的人民法院分别层报共同的上级人民法院指定管辖。

第二十条 管辖不明的案件，上级人民法院可以指定下级人民法院审判。

有关案件，由犯罪地、被告人居住地以外的人民法院审判更为适宜的，上级人民法院可以指定下级人民法院管辖。

第二十一条 上级人民法院指定管辖，应当将指定管辖决定书送达被指定管辖的人民法院和其他有关的人民法院。

第二十二条 原受理案件的人民法院在收到上级人民法院改变管辖决定书、同意移送决定书或者指定其他人民法院管辖的决定书后，对公诉案件，应当书面通知同级人民检察院，并将案卷材料退回，同时书面通知当事人；对自诉案件，应当将案卷材料移送被指定管辖的人民法院，并书面通知当事人。

第二十三条 第二审人民法院发回重新审判的案件，人民检察院撤回起诉后，又向原第一审人民法院的下级人民法院重新提起公诉的，下级人民法院应当将有关情况层报原第二审人民法院。原第二审人民法院根据具体情况，可以决定将案件移送原第一审人民法院或者其他人民法院审判。

第二十四条 人民法院发现被告人还有其他犯罪被起诉的，可以并案审理；涉及同种犯罪的，一般应当并案审理。

人民法院发现被告人还有其他犯罪被审查起诉、立案侦查、立案调查的，可以参照前款规定协商人民检察院、公安机关、监察机关并案处理，但可能造成审判过分迟延的除外。

根据前两款规定并案处理的案件，由最初受理地的人民法院审判。必要时，可以由主要犯罪地的人民法院审判。

第二十五条 第二审人民法院在审理过程中，发现被告人还有其他犯罪没有判决的，参照前条规定处理。第二审人民法院决定并案审理的，应当发回第一审人民法院，由第一审人民法院作出处理。

第二十六条 军队和地方互涉刑事案件，按照有关规定确定管辖。

第二章　回　　避

第二十七条 审判人员具有下列情形之一的，应当自行回避，当事人及其法定代理人有权申请其回避：

（一）是本案的当事人或者是当事人的近亲属的；

（二）本人或者其近亲属与本案有利害关系的；

（三）担任过本案的证人、鉴定人、辩护人、诉讼代理人、翻译人员的；

（四）与本案的辩护人、诉讼代理人有近亲属关系的；

（五）与本案当事人有其他利害关系，可能影响公正审判的。

第二十八条 审判人员具有下列情形之一的，当事人及其法定代理人有权申请其回避：

（一）违反规定会见本案当事人、辩护人、诉讼代理人的；

（二）为本案当事人推荐、介绍辩护人、诉讼代理人，或者为律师、其他人员介绍办理本案的；

（三）索取、接受本案当事人及其委托的人的财物或者其他利益的；

（四）接受本案当事人及其委托的人的宴请，或者参加由其支付费用的活动的；

（五）向本案当事人及其委托的人借用款物的；

（六）有其他不正当行为，可能影响公正审判的。

第二十九条 参与过本案调查、侦查、审查起诉工作的监察、侦查、检察人员，调至人民法院工作的，不得担任本案的审判人员。

在一个审判程序中参与过本案审判工作的合议庭组成人员或者独任审判员，不得再参与本案其他程序的审判。但是，发回重新审判的案件，在第一审人民法院作出裁判后又进入第二审程序、在法定刑以下判处刑罚的复核程序或者死刑复核程序的，原第二审程序、在法定刑以下判处刑罚的复核程序或者死刑复核程序中的合议庭组成人员不受本款规定的限制。

第三十条 依照法律和有关规定应当实行任职回避的，不得担任案件的审判人员。

第三十一条 人民法院应当依法告知当事人及其法定代理人有权申请回避，并告知其合议庭组成人员、独任审判员、法官助理、书记员等人员的名单。

第三十二条 审判人员自行申请回避，或者当事人及其法定代理人申请审判人员回避的，可以口头或者书面提出，并说明理由，由院长决定。

院长自行申请回避，或者当事人及其法定代理人申请院长回避的，由审判委员会讨论决定。审判委员会讨论时，由副院长主持，院长不得参加。

第三十三条 当事人及其法定代理人依照刑事诉讼法第三十条和本解释第二十八条的规定申请回避的，应当提供证明材料。

第三十四条 应当回避的审判人员没有自行回避，当事人及其法定代理人也没有申请其回避的，院长或者审判委员会应当决定其回避。

第三十五条 对当事人及其法定代理人提出的回避申请，人民法院可以口头或者书面作出决定，并将决定告知申请人。

当事人及其法定代理人申请回避被驳回的，可以在接到决定时申请复议一次。不属于刑事诉讼法第二十九条、第三十条规定情形的回避申请，由法庭当庭驳回，并不得申请复议。

第三十六条 当事人及其法定代理人申请出庭的检察人员回避的，人民法院应当区分情况作出处理：

（一）属于刑事诉讼法第二十九条、第三十条规定情形的回避申请，应当决定休庭，并通知人民检察院尽快作出决定；

（二）不属于刑事诉讼法第二十九条、第三十条规定情形的回避申请，应当当庭驳回，并不得申请复议。

第三十七条 本章所称的审判人员，包括人民法院院长、副院长、审判委员会委员、庭长、副庭长、审判员和人民陪审员。

第三十八条 法官助理、书记员、翻译人员和鉴定人适用审判人员回避的有关规定，其回避问题由院长决定。

第三十九条 辩护人、诉讼代理人可以依照本章的有关规定要求回避、申请复议。

第三章 辩护与代理

第四十条 人民法院审判案件，应当充分保障被告人依法享有的辩护权利。

被告人除自己行使辩护权以外，还可以委托辩护人辩护。下列人员不得担任辩护人：

（一）正在被执行刑罚或者处于缓刑、假释考验期间的人；

（二）依法被剥夺、限制人身自由的人；

（三）被开除公职或者被吊销律师、公证员执业证书的人；

（四）人民法院、人民检察院、监察机关、公安机关、国家安全机关、监狱的现职人员；

（五）人民陪审员；

（六）与本案审理结果有利害关系的人；

（七）外国人或者无国籍人；

（八）无行为能力或者限制行为能力的人。

前款第三项至第七项规定的人员，如果是被告人的监护人、近亲属，由被告人委托担任辩护人的，可以准许。

第四十一条 审判人员和人民法院其他工作人员从人民法院离任后二年内，不得以律师身份担任辩护人。

审判人员和人民法院其他工作人员从人民法院离任后，不得担任原任职法院所审理案件的辩护人，但系被告人的监护人、近亲属的除外。

审判人员和人民法院其他工作人员的配偶、子女或者父母不得担任其任职法院所审理案件的辩护人，但系被告人的监护人、近亲属的除外。

第四十二条 对接受委托担任辩护人的，人民法院应当核实其身份证明和授权委托书。

第四十三条 一名被告人可以委托一至二人作为辩护人。

一名辩护人不得为两名以上的同案被告人，或者未同案处理但犯罪事实存在关联的被告人辩护。

第四十四条 被告人没有委托辩护人的，人民法院自受理案件之日起三日以内，应当告知其有权委托辩护人；被告人因经济困难或者其他原因没有委托辩护人的，应当告知其可以申请法律援助；被告人属于应当提供法律援助情形的，应当告知其将依法通知法律援助机构指派律师为其提供辩护。

被告人没有委托辩护人，法律援助机构也没有指派律师为其提供辩护的，人民法院应当告知被告人有权约见值班律师，并为被告人约见值班律师提供便利。

告知可以采取口头或者书面方式。

第四十五条 审判期间，在押的被告人要求委托辩护人的，人民法院应当在三日以内向其监护人、近亲属或者其指定的人员转达要求。被告人应当提供有关人员的联系方式。有关人员无法通知的，应当告知被告人。

第四十六条 人民法院收到在押被告人提出的法律援助或者法律帮助申请，应当依照有关规定及时转交法律援助机构或者通知值班律师。

第四十七条 对下列没有委托辩护人的被告人，人民法院应当通知法律援助机构指派律师为其提供辩护：

（一）盲、聋、哑人；

（二）尚未完全丧失辨认或者控制自己行为能力的精神病人；

（三）可能被判处无期徒刑、死刑的人。

高级人民法院复核死刑案件，被告人没有委托辩护人的，应当通知法律援助机构指派律师为其提供辩护。

死刑缓期执行期间故意犯罪的案件，适用前两款规定。

第四十八条 具有下列情形之一，被告人没有委托辩护人的，人民法院可以通知法律援助机构指派律师为其提供辩护：

（一）共同犯罪案件中，其他被告人已经委托辩护人的；

（二）案件有重大社会影响的；

（三）人民检察院抗诉的；

（四）被告人的行为可能不构成犯罪的；

（五）有必要指派律师提供辩护的其他情形。

第四十九条 人民法院通知法律援助机构指派律师提供辩护的，应当将法律援助通知书、起诉书副本或者判决书送达法律援助机构；决定开庭审理的，除适用简易程序或者速裁程序审理的以外，应当在开庭十五日以前将上述材料送达法律援助机构。

法律援助通知书应当写明案由、被告人姓名、提供法律援助的理由、审判人员的姓名和联系方式；已确定开庭审理的，应当写明开庭的时间、地点。

第五十条 被告人拒绝法律援助机构指派的律师为其辩护，坚持自己行使辩护权的，人民法院应当准许。

属于应当提供法律援助的情形，被告人拒绝指派的律师为其辩护的，人民法院应当查明原因。理由正当的，应当准许，但被告人应当在五日以内另行委托辩护人；被告人未另行委托辩护人的，人民法院应当在三日以内通知法律援助机构另行指派律师为其提供辩护。

第五十一条 对法律援助机构指派律师为被告人提供辩护，被告人的监护人、近亲属又代为委托辩护人的，应当听取被告人的意见，由其确定辩护人人选。

第五十二条 审判期间，辩护人接受被告人委托的，应当在接受委托之日起三日以内，将委托手续提交人民法院。

接受法律援助机构指派为被告人提供辩护的，适用前款规定。

第五十三条 辩护律师可以查阅、摘抄、复制案卷材料。其他辩护人经人民法院许可，也可以查阅、摘抄、复制案卷材料。合议庭、审判委员会的讨论记录以及其他依法不公开的材料不得查阅、摘抄、复制。

辩护人查阅、摘抄、复制案卷材料的，人民法院应当提供便利，并保证必要的时间。

值班律师查阅案卷材料的，适用前两款规定。

复制案卷材料可以采用复印、拍照、扫描、电子数据拷贝等方式。

第五十四条 对作为证据材料向人民法院移送的讯问录音录像，辩护律师申请查阅的，人民法院应当准许。

第五十五条 查阅、摘抄、复制案卷材料，涉及国家秘密、商业秘密、个人隐私的，应当保密；对不公开审理案件的信息、材料，或者在办案过程中获悉的案件重要信息、证据材料，不得违反规定泄露、披露，不得用于办案以外的用途。人民法院可以要求相关人员出具承诺书。

违反前款规定的，人民法院可以通报司法行政机关或者有关部门，建议给予相应处罚；构成犯罪的，依法追究刑事责任。

第五十六条 辩护律师可以同在押的或者被监视居住的被告人会见和通信。其他辩护人经人民法院许可，也可以同在押的或者被监视居住的被告人会见和通信。

第五十七条 辩护人认为在调查、侦查、审查起诉期间监察机关、公安机关、人民检察院收集的证明被告人无罪或者罪轻的证据材料未随案移送，申请人民法院调取的，应当以书面形式提出，并提供相关线索或者材料。人民法院接受申请后，应当向人民检察院调取。人民检察院移送相关证据材料后，人民法院应当及时通知辩护人。

第五十八条 辩护律师申请向被害人及其近亲属、被害人提供的证人收集与本案有关的材料，人民法院认为确有必要的，应当签发准许调查书。

第五十九条 辩护律师向证人或者有关单位、个人收集、调取与本案有关的证据材料，因证人或者有关单位、个人不同意，申请人民法院收集、调取，或者申请通知证人出庭作证，人民法院认为确有必要的，应当同意。

第六十条 辩护律师直接申请人民法院向证人或者有关单位、个人收集、调取证据材料，人民法院认为确有必要，且不宜或者不能由辩护律师收集、调取的，应当同意。

人民法院向有关单位收集、调取的书面证据材料，必须由提供人签名，并加盖单位印章；向个人收集、调取的书面证据材料，必须由提供人签名。

人民法院对有关单位、个人提供的证据材料，应当出具收据，写明证据材料的名称、收到的时间、件数、页数以及是否为原件等，由书记员、法官助理或者审判人员签名。

收集、调取证据材料后，应当及时通知辩护律师查阅、摘抄、复制，并告知人民检察院。

第六十一条 本解释第五十八条至第六十条规定的申请，应当以书面形式提出，并说明理由，写明需要收集、调取证据材料的内容或者需要调查问题的提纲。

对辩护律师的申请，人民法院应当在五日以内作出是否准许、同意的决定，并通知申请人；决定不准许、不同意的，应当说明理由。

第六十二条 人民法院自受理自诉案件之日起三日以内，应当告知自诉人及其法定代理人、附带民事诉讼当事人及其法定代理人，有权委托诉讼代理人，并告知其如果经济困难，可以申请法律援助。

第六十三条 当事人委托诉讼代理人的，参照适用刑事诉讼法第三十三条和本解释的有关规定。

第六十四条 诉讼代理人有权根据事实和法律，维护被害人、自诉人或者附带民事诉讼当事人的诉讼权利和其他合法权益。

第六十五条 律师担任诉讼代理人的，可以查阅、摘抄、复制案卷材料。其他诉讼代理人经人民法院许可，也可以查阅、摘抄、复制案卷材料。

律师担任诉讼代理人，需要收集、调取与本案有关的证据材料的，参照适用本解释第五十九条至第六十一条的规定。

第六十六条 诉讼代理人接受当事人委托或者法律援助机构指派后，应当在三日以内将委托手续或者法律援助手续提交人民法院。

第六十七条 辩护律师向人民法院告知其委托人或者其他人准备实施、正在实施危害国家安全、公共安全以及严重危害他人人身安全犯罪的，人民法院应当记录在案，立即转告主管机关依法处理，并为反映有关情况的辩护律师保密。

第六十八条 律师担任辩护人、诉讼代理人，经人民法院准许，可以带一名助理参加庭审。律师助理参加庭审的，可以从事辅助工作，但不得发表辩护、代理意见。

第四章 证 据

第一节 一般规定

第六十九条 认定案件事实，必须以证据为根据。

第七十条 审判人员应当依照法定程序收集、审查、核实、认定证据。

第七十一条 证据未经当庭出示、辨认、质证等法庭调查程序查证属实，不得作为定案的根据。

第七十二条 应当运用证据证明的案件事实包括：

（一）被告人、被害人的身份；

（二）被指控的犯罪是否存在；

（三）被指控的犯罪是否为被告人所实施；

（四）被告人有无刑事责任能力，有无罪过，实施犯罪的动机、目的；

（五）实施犯罪的时间、地点、手段、后果以及案件起因等；

（六）是否系共同犯罪或者犯罪事实存在关联，以及被告人在犯罪中的地位、作用；

（七）被告人有无从重、从轻、减轻、免除处罚情节；

（八）有关涉案财物处理的事实；

（九）有关附带民事诉讼的事实；

（十）有关管辖、回避、延期审理等的程序事实；

（十一）与定罪量刑有关的其他事实。

认定被告人有罪和对被告人从重处罚，适用证据确实、充分的证明标准。

第七十三条 对提起公诉的案件，人民法院应当审查证明被告人有罪、无罪、罪重、罪轻的证据材料是否全部随案移送；未随案移送的，应当通知人民检察院在指定时间内移送。人民检察院未移送的，人民法院应当根据在案证据对案件事实作出认定。

第七十四条 依法应当对讯问过程录音录像的案件，相关录音录像未随案移送的，必要时，人民法院可以通知人民检察院在指定时间内移送。人民检察院未移送，导致不能排除属于刑事诉讼法第五十六条规定的以非法方法收集证据情形的，对有关证据应当依法排除；导致有关证据的真实性无法确认的，不得作为定案的根据。

第七十五条 行政机关在行政执法和查办案件过程中收集的物证、书证、视听资料、电子数据等证据材料，经法庭查证属实，且收集程序符合有关法律、行政法规规定的，可以作为定案的根据。

根据法律、行政法规规定行使国家行政管理职权的组织，在行政执法和查办案件过程中收集的证据材料，视为行政机关收集的证据材料。

第七十六条 监察机关依法收集的证据材料，在刑事诉讼中可以作为证据使用。

对前款规定证据的审查判断，适用刑事审判关于证据的要求和标准。

第七十七条 对来自境外的证据材料，人民检察院应当随案移送有关材料来源、提供人、提取人、提取时间等情况的说明。经人民法院审查，相关证据材料能够证明案件事实且符合刑事诉讼法规定的，可以作为证据使用，但提供人或者我国与有关国家签订的双边条约对材料的使用范围有明确限制的除外；材料来源不明或者真实性无法确认的，不得作为定案的根据。

当事人及其辩护人、诉讼代理人提供来自境外的证据材料的，该证据材料应当经所在国公证机关证明，所在国中央外交主管机关或者其授权机关认证，并经中华人民共和国驻该国使领馆认证，或者履行中华人民共和国与该所在国订立的有关条约中规定的证明手续，但我国与该国之间有互免认证协定的除外。

第七十八条 控辩双方提供的证据材料涉及外国语言、文字的，应当附中文译本。

第七十九条 人民法院依照刑事诉讼法第一百九十六条的规定调查核实证据，必要时，可以通知检察人员、辩护人、自诉人及其法定代理人到场。上述人员未到场的，应当记录在案。

人民法院调查核实证据时，发现对定罪量刑有重大影响的新的证据材料的，应当告知检察人员、辩护人、自诉人及其法定代理人。必要时，也可以直接提取，并及时通知检察人员、辩护人、自诉人及其法定代理人查阅、摘抄、复制。

第八十条 下列人员不得担任见证人：

（一）生理上、精神上有缺陷或者年幼，不具有相应辨别能力或者不能正确表达的人；

（二）与案件有利害关系，可能影响案件公正处理的人；

（三）行使勘验、检查、搜查、扣押、组织辨认等监察调查、刑事诉讼职权的监察、公安、司法机关的工作人员或者其聘用的人员。

对见证人是否属于前款规定的人员，人民法院可以通过相关笔录载明的见证人的姓名、身份证件种类及号码、联系方式以及常住人口信息登记表等材料进行审查。

由于客观原因无法由符合条件的人员担任见证人的，应当在笔录材料中注明情况，并对相关活动进行全程录音录像。

第八十一条 公开审理案件时，公诉人、诉讼参与人提出涉及国家秘密、商业秘密或者个人隐私的证据的，法庭应当制止；确与本案有关的，可以根据具体情况，决定将案件转为不公开审理，或者对相关证据的法庭调查不公开进行。

第二节　物证、书证的审查与认定

第八十二条　对物证、书证应当着重审查以下内容：

（一）物证、书证是否为原物、原件，是否经过辨认、鉴定；物证的照片、录像、复制品或者书证的副本、复制件是否与原物、原件相符，是否由二人以上制作，有无制作人关于制作过程以及原物、原件存放于何处的文字说明和签名；

（二）物证、书证的收集程序、方式是否符合法律、有关规定；经勘验、检查、搜查提取、扣押的物证、书证，是否附有相关笔录、清单，笔录、清单是否经调查人员或者侦查人员、物品持有人、见证人签名，没有签名的，是否注明原因；物品的名称、特征、数量、质量等是否注明清楚；

（三）物证、书证在收集、保管、鉴定过程中是否受损或者改变；

（四）物证、书证与案件事实有无关联；对现场遗留与犯罪有关的具备鉴定条件的血迹、体液、毛发、指纹等生物样本、痕迹、物品，是否已作DNA鉴定、指纹鉴定等，并与被告人或者被害人的相应生物特征、物品等比对；

（五）与案件事实有关联的物证、书证是否全面收集。

第八十三条　据以定案的物证应当是原物。原物不便搬运、不易保存、依法应当返还或者依法应当由有关部门保管、处理的，可以拍摄、制作足以反映原物外形和特征的照片、录像、复制品。必要时，审判人员可以前往保管场所查看原物。

物证的照片、录像、复制品，不能反映原物的外形和特征的，不得作为定案的根据。

物证的照片、录像、复制品，经与原物核对无误、经鉴定或者以其他方式确认真实的，可以作为定案的根据。

第八十四条　据以定案的书证应当是原件。取得原件确有困难的，可以使用副本、复制件。

对书证的更改或者更改迹象不能作出合理解释，或者书证的副本、复制件不能反映原件及其内容的，不得作为定案的根据。

书证的副本、复制件，经与原件核对无误、经鉴定或者以其他方式确认真实的，可以作为定案的根据。

第八十五条 对与案件事实可能有关联的血迹、体液、毛发、人体组织、指纹、足迹、字迹等生物样本、痕迹和物品，应当提取而没有提取，应当鉴定而没有鉴定，应当移送鉴定意见而没有移送，导致案件事实存疑的，人民法院应当通知人民检察院依法补充收集、调取、移送证据。

第八十六条 在勘验、检查、搜查过程中提取、扣押的物证、书证，未附笔录或者清单，不能证明物证、书证来源的，不得作为定案的根据。

物证、书证的收集程序、方式有下列瑕疵，经补正或者作出合理解释的，可以采用：

（一）勘验、检查、搜查、提取笔录或者扣押清单上没有调查人员或者侦查人员、物品持有人、见证人签名，或者对物品的名称、特征、数量、质量等注明不详的；

（二）物证的照片、录像、复制品，书证的副本、复制件未注明与原件核对无异，无复制时间，或者无被收集、调取人签名的；

（三）物证的照片、录像、复制品，书证的副本、复制件没有制作人关于制作过程和原物、原件存放地点的说明，或者说明中无签名的；

（四）有其他瑕疵的。

物证、书证的来源、收集程序有疑问，不能作出合理解释的，不得作为定案的根据。

第三节 证人证言、被害人陈述的审查与认定

第八十七条 对证人证言应当着重审查以下内容：

（一）证言的内容是否为证人直接感知；

（二）证人作证时的年龄，认知、记忆和表达能力，生理和精神状态是否影响作证；

（三）证人与案件当事人、案件处理结果有无利害关系；

（四）询问证人是否个别进行；

（五）询问笔录的制作、修改是否符合法律、有关规定，是否注明询问

的起止时间和地点，首次询问时是否告知证人有关权利义务和法律责任，证人对询问笔录是否核对确认；

（六）询问未成年证人时，是否通知其法定代理人或者刑事诉讼法第二百八十一条第一款规定的合适成年人到场，有关人员是否到场；

（七）有无以暴力、威胁等非法方法收集证人证言的情形；

（八）证言之间以及与其他证据之间能否相互印证，有无矛盾；存在矛盾的，能否得到合理解释。

第八十八条 处于明显醉酒、中毒或者麻醉等状态，不能正常感知或者正确表达的证人所提供的证言，不得作为证据使用。

证人的猜测性、评论性、推断性的证言，不得作为证据使用，但根据一般生活经验判断符合事实的除外。

第八十九条 证人证言具有下列情形之一的，不得作为定案的根据：

（一）询问证人没有个别进行的；

（二）书面证言没有经证人核对确认的；

（三）询问聋、哑人，应当提供通晓聋、哑手势的人员而未提供的；

（四）询问不通晓当地通用语言、文字的证人，应当提供翻译人员而未提供的。

第九十条 证人证言的收集程序、方式有下列瑕疵，经补正或者作出合理解释的，可以采用；不能补正或者作出合理解释的，不得作为定案的根据：

（一）询问笔录没有填写询问人、记录人、法定代理人姓名以及询问的起止时间、地点的；

（二）询问地点不符合规定的；

（三）询问笔录没有记录告知证人有关权利义务和法律责任的；

（四）询问笔录反映出在同一时段，同一询问人员询问不同证人的；

（五）询问未成年人，其法定代理人或者合适成年人不在场的。

第九十一条 证人当庭作出的证言，经控辩双方质证、法庭查证属实的，应当作为定案的根据。

证人当庭作出的证言与其庭前证言矛盾，证人能够作出合理解释，并有其他证据印证的，应当采信其庭审证言；不能作出合理解释，而其庭前证言有其他证据印证的，可以采信其庭前证言。

经人民法院通知，证人没有正当理由拒绝出庭或者出庭后拒绝作证，法庭对其证言的真实性无法确认的，该证人证言不得作为定案的根据。

第九十二条 对被害人陈述的审查与认定，参照适用本节的有关规定。

第四节 被告人供述和辩解的审查与认定

第九十三条 对被告人供述和辩解应当着重审查以下内容：

（一）讯问的时间、地点，讯问人的身份、人数以及讯问方式等是否符合法律、有关规定；

（二）讯问笔录的制作、修改是否符合法律、有关规定，是否注明讯问的具体起止时间和地点，首次讯问时是否告知被告人有关权利和法律规定，被告人是否核对确认；

（三）讯问未成年被告人时，是否通知其法定代理人或者合适成年人到场，有关人员是否到场；

（四）讯问女性未成年被告人时，是否有女性工作人员在场；

（五）有无以刑讯逼供等非法方法收集被告人供述的情形；

（六）被告人的供述是否前后一致，有无反复以及出现反复的原因；

（七）被告人的供述和辩解是否全部随案移送；

（八）被告人的辩解内容是否符合案情和常理，有无矛盾；

（九）被告人的供述和辩解与同案被告人的供述和辩解以及其他证据能否相互印证，有无矛盾；存在矛盾的，能否得到合理解释。

必要时，可以结合现场执法音视频记录、讯问录音录像、被告人进出看守所的健康检查记录、笔录等，对被告人的供述和辩解进行审查。

第九十四条 被告人供述具有下列情形之一的，不得作为定案的根据：

（一）讯问笔录没有经被告人核对确认的；

（二）讯问聋、哑人，应当提供通晓聋、哑手势的人员而未提供的；

（三）讯问不通晓当地通用语言、文字的被告人，应当提供翻译人员而未提供的；

（四）讯问未成年人，其法定代理人或者合适成年人不在场的。

第九十五条 讯问笔录有下列瑕疵，经补正或者作出合理解释的，可以采用；不能补正或者作出合理解释的，不得作为定案的根据：

（一）讯问笔录填写的讯问时间、讯问地点、讯问人、记录人、法定代理人等有误或者存在矛盾的；

（二）讯问人没有签名的；

（三）首次讯问笔录没有记录告知被讯问人有关权利和法律规定的。

第九十六条 审查被告人供述和辩解，应当结合控辩双方提供的所有证据以及被告人的全部供述和辩解进行。

被告人庭审中翻供，但不能合理说明翻供原因或者其辩解与全案证据矛盾，而其庭前供述与其他证据相互印证的，可以采信其庭前供述。

被告人庭前供述和辩解存在反复，但庭审中供认，且与其他证据相互印证的，可以采信其庭审供述；被告人庭前供述和辩解存在反复，庭审中不供认，且无其他证据与庭前供述印证的，不得采信其庭前供述。

第五节 鉴定意见的审查与认定

第九十七条 对鉴定意见应当着重审查以下内容：

（一）鉴定机构和鉴定人是否具有法定资质；

（二）鉴定人是否存在应当回避的情形；

（三）检材的来源、取得、保管、送检是否符合法律、有关规定，与相关提取笔录、扣押清单等记载的内容是否相符，检材是否可靠；

（四）鉴定意见的形式要件是否完备，是否注明提起鉴定的事由、鉴定委托人、鉴定机构、鉴定要求、鉴定过程、鉴定方法、鉴定日期等相关内容，是否由鉴定机构盖章并由鉴定人签名；

（五）鉴定程序是否符合法律、有关规定；

（六）鉴定的过程和方法是否符合相关专业的规范要求；

（七）鉴定意见是否明确；

（八）鉴定意见与案件事实有无关联；

（九）鉴定意见与勘验、检查笔录及相关照片等其他证据是否矛盾；存在矛盾的，能否得到合理解释；

（十）鉴定意见是否依法及时告知相关人员，当事人对鉴定意见有无异议。

第九十八条 鉴定意见具有下列情形之一的，不得作为定案的根据：

（一）鉴定机构不具备法定资质，或者鉴定事项超出该鉴定机构业务范围、技术条件的；

（二）鉴定人不具备法定资质，不具有相关专业技术或者职称，或者违反回避规定的；

（三）送检材料、样本来源不明，或者因污染不具备鉴定条件的；

（四）鉴定对象与送检材料、样本不一致的；

（五）鉴定程序违反规定的；

（六）鉴定过程和方法不符合相关专业的规范要求的；

（七）鉴定文书缺少签名、盖章的；

（八）鉴定意见与案件事实没有关联的；

（九）违反有关规定的其他情形。

第九十九条 经人民法院通知，鉴定人拒不出庭作证的，鉴定意见不得作为定案的根据。

鉴定人由于不能抗拒的原因或者有其他正当理由无法出庭的，人民法院可以根据情况决定延期审理或者重新鉴定。

鉴定人无正当理由拒不出庭作证的，人民法院应当通报司法行政机关或者有关部门。

第一百条 因无鉴定机构，或者根据法律、司法解释的规定，指派、聘请有专门知识的人就案件的专门性问题出具的报告，可以作为证据使用。

对前款规定的报告的审查与认定，参照适用本节的有关规定。

经人民法院通知，出具报告的人拒不出庭作证的，有关报告不得作为定案的根据。

第一百零一条 有关部门对事故进行调查形成的报告，在刑事诉讼中可以作为证据使用；报告中涉及专门性问题的意见，经法庭查证属实，且调查程序符合法律、有关规定的，可以作为定案的根据。

第六节　勘验、检查、辨认、侦查实验等笔录的审查与认定

第一百零二条　对勘验、检查笔录应当着重审查以下内容：

（一）勘验、检查是否依法进行，笔录制作是否符合法律、有关规定，勘验、检查人员和见证人是否签名或者盖章；

（二）勘验、检查笔录是否记录了提起勘验、检查的事由，勘验、检查的时间、地点，在场人员、现场方位、周围环境等，现场的物品、人身、尸体等的位置、特征等情况，以及勘验、检查的过程；文字记录与实物或者绘图、照片、录像是否相符；现场、物品、痕迹等是否伪造、有无破坏；人身特征、伤害情况、生理状态有无伪装或者变化等；

（三）补充进行勘验、检查的，是否说明了再次勘验、检查的原由，前后勘验、检查的情况是否矛盾。

第一百零三条　勘验、检查笔录存在明显不符合法律、有关规定的情形，不能作出合理解释的，不得作为定案的根据。

第一百零四条　对辨认笔录应当着重审查辨认的过程、方法，以及辨认笔录的制作是否符合有关规定。

第一百零五条　辨认笔录具有下列情形之一的，不得作为定案的根据：

（一）辨认不是在调查人员、侦查人员主持下进行的；

（二）辨认前使辨认人见到辨认对象的；

（三）辨认活动没有个别进行的；

（四）辨认对象没有混杂在具有类似特征的其他对象中，或者供辨认的对象数量不符合规定的；

（五）辨认中给辨认人明显暗示或者明显有指认嫌疑的；

（六）违反有关规定，不能确定辨认笔录真实性的其他情形。

第一百零六条　对侦查实验笔录应当着重审查实验的过程、方法，以及笔录的制作是否符合有关规定。

第一百零七条　侦查实验的条件与事件发生时的条件有明显差异，或者存在影响实验结论科学性的其他情形的，侦查实验笔录不得作为定案的根据。

第七节　视听资料、电子数据的审查与认定

第一百零八条　对视听资料应当着重审查以下内容：

（一）是否附有提取过程的说明，来源是否合法；

（二）是否为原件，有无复制及复制份数；是复制件的，是否附有无法调取原件的原因、复制件制作过程和原件存放地点的说明，制作人、原视听资料持有人是否签名；

（三）制作过程中是否存在威胁、引诱当事人等违反法律、有关规定的情形；

（四）是否写明制作人、持有人的身份，制作的时间、地点、条件和方法；

（五）内容和制作过程是否真实，有无剪辑、增加、删改等情形；

（六）内容与案件事实有无关联。

对视听资料有疑问的，应当进行鉴定。

第一百零九条　视听资料具有下列情形之一的，不得作为定案的根据：

（一）系篡改、伪造或者无法确定真伪的；

（二）制作、取得的时间、地点、方式等有疑问，不能作出合理解释的。

第一百一十条　对电子数据是否真实，应当着重审查以下内容：

（一）是否移送原始存储介质；在原始存储介质无法封存、不便移动时，有无说明原因，并注明收集、提取过程及原始存储介质的存放地点或者电子数据的来源等情况；

（二）是否具有数字签名、数字证书等特殊标识；

（三）收集、提取的过程是否可以重现；

（四）如有增加、删除、修改等情形的，是否附有说明；

（五）完整性是否可以保证。

第一百一十一条　对电子数据是否完整，应当根据保护电子数据完整性的相应方法进行审查、验证：

（一）审查原始存储介质的扣押、封存状态；

（二）审查电子数据的收集、提取过程，查看录像；

（三）比对电子数据完整性校验值；

（四）与备份的电子数据进行比较；

（五）审查冻结后的访问操作日志；

（六）其他方法。

第一百一十二条 对收集、提取电子数据是否合法，应当着重审查以下内容：

（一）收集、提取电子数据是否由二名以上调查人员、侦查人员进行，取证方法是否符合相关技术标准；

（二）收集、提取电子数据，是否附有笔录、清单，并经调查人员、侦查人员、电子数据持有人、提供人、见证人签名或者盖章；没有签名或者盖章的，是否注明原因；对电子数据的类别、文件格式等是否注明清楚；

（三）是否依照有关规定由符合条件的人员担任见证人，是否对相关活动进行录像；

（四）采用技术调查、侦查措施收集、提取电子数据的，是否依法经过严格的批准手续；

（五）进行电子数据检查的，检查程序是否符合有关规定。

第一百一十三条 电子数据的收集、提取程序有下列瑕疵，经补正或者作出合理解释的，可以采用；不能补正或者作出合理解释的，不得作为定案的根据：

（一）未以封存状态移送的；

（二）笔录或者清单上没有调查人员或者侦查人员、电子数据持有人、提供人、见证人签名或者盖章的；

（三）对电子数据的名称、类别、格式等注明不清的；

（四）有其他瑕疵的。

第一百一十四条 电子数据具有下列情形之一的，不得作为定案的根据：

（一）系篡改、伪造或者无法确定真伪的；

（二）有增加、删除、修改等情形，影响电子数据真实性的；

（三）其他无法保证电子数据真实性的情形。

第一百一十五条 对视听资料、电子数据，还应当审查是否移送文字抄清材料以及对绰号、暗语、俗语、方言等不易理解内容的说明。未移送的，必要时，可以要求人民检察院移送。

第八节 技术调查、侦查证据的审查与认定

第一百一十六条 依法采取技术调查、侦查措施收集的材料在刑事诉讼中可以作为证据使用。

采取技术调查、侦查措施收集的材料，作为证据使用的，应当随案移送。

第一百一十七条 使用采取技术调查、侦查措施收集的证据材料可能危及有关人员的人身安全，或者可能产生其他严重后果的，可以采取下列保护措施：

（一）使用化名等代替调查、侦查人员及有关人员的个人信息；

（二）不具体写明技术调查、侦查措施使用的技术设备和技术方法；

（三）其他必要的保护措施。

第一百一十八条 移送技术调查、侦查证据材料的，应当附采取技术调查、侦查措施的法律文书、技术调查、侦查证据材料清单和有关说明材料。

移送采用技术调查、侦查措施收集的视听资料、电子数据的，应当制作新的存储介质，并附制作说明，写明原始证据材料、原始存储介质的存放地点等信息，由制作人签名，并加盖单位印章。

第一百一十九条 对采取技术调查、侦查措施收集的证据材料，除根据相关证据材料所属的证据种类，依照本章第二节至第七节的相应规定进行审查外，还应当着重审查以下内容：

（一）技术调查、侦查措施所针对的案件是否符合法律规定；

（二）技术调查措施是否经过严格的批准手续，按照规定交有关机关执行；技术侦查措施是否在刑事立案后，经过严格的批准手续；

（三）采取技术调查、侦查措施的种类、适用对象和期限是否按照批准决定载明的内容执行；

（四）采取技术调查、侦查措施收集的证据材料与其他证据是否矛盾；存在矛盾的，能否得到合理解释。

第一百二十条 采取技术调查、侦查措施收集的证据材料，应当经过当庭出示、辨认、质证等法庭调查程序查证。

当庭调查技术调查、侦查证据材料可能危及有关人员的人身安全，或者可能产生其他严重后果的，法庭应当采取不暴露有关人员身份和技术调查、侦查措施使用的技术设备、技术方法等保护措施。必要时，审判人员可以在庭外对证据进行核实。

第一百二十一条 采用技术调查、侦查证据作为定案根据的，人民法院在裁判文书中可以表述相关证据的名称、证据种类和证明对象，但不得表述有关人员身份和技术调查、侦查措施使用的技术设备、技术方法等。

第一百二十二条 人民法院认为应当移送的技术调查、侦查证据材料未随案移送的，应当通知人民检察院在指定时间内移送。人民检察院未移送的，人民法院应当根据在案证据对案件事实作出认定。

第九节 非法证据排除

第一百二十三条 采用下列非法方法收集的被告人供述，应当予以排除：

（一）采用殴打、违法使用戒具等暴力方法或者变相肉刑的恶劣手段，使被告人遭受难以忍受的痛苦而违背意愿作出的供述；

（二）采用以暴力或者严重损害本人及其近亲属合法权益等相威胁的方法，使被告人遭受难以忍受的痛苦而违背意愿作出的供述；

（三）采用非法拘禁等非法限制人身自由的方法收集的被告人供述。

第一百二十四条 采用刑讯逼供方法使被告人作出供述，之后被告人受该刑讯逼供行为影响而作出的与该供述相同的重复性供述，应当一并排除，但下列情形除外：

（一）调查、侦查期间，监察机关、侦查机关根据控告、举报或者自己发现等，确认或者不能排除以非法方法收集证据而更换调查、侦查人员，其他调查、侦查人员再次讯问时告知有关权利和认罪的法律后果，被告人自愿供述的；

（二）审查逮捕、审查起诉和审判期间，检察人员、审判人员讯问时告知诉讼权利和认罪的法律后果，被告人自愿供述的。

第一百二十五条 采用暴力、威胁以及非法限制人身自由等非法方法收集的证人证言、被害人陈述，应当予以排除。

第一百二十六条 收集物证、书证不符合法定程序，可能严重影响司法公正的，应当予以补正或者作出合理解释；不能补正或者作出合理解释的，对该证据应当予以排除。

认定“可能严重影响司法公正”，应当综合考虑收集证据违反法定程序以及所造成后果的严重程度等情况。

第一百二十七条 当事人及其辩护人、诉讼代理人申请人民法院排除以非法方法收集的证据的，应当提供涉嫌非法取证的人员、时间、地点、方式、内容等相关线索或者材料。

第一百二十八条 人民法院向被告人及其辩护人送达起诉书副本时，应当告知其申请排除非法证据的，应当在开庭审理前提出，但庭审期间才发现相关线索或者材料的除外。

第一百二十九条 开庭审理前，当事人及其辩护人、诉讼代理人申请人民法院排除非法证据的，人民法院应当在开庭前及时将申请书或者申请笔录及相关线索、材料的复制件送交人民检察院。

第一百三十条 开庭审理前，人民法院可以召开庭前会议，就非法证据排除等问题了解情况，听取意见。

在庭前会议中，人民检察院可以通过出示有关证据材料等方式，对证据收集的合法性加以说明。必要时，可以通知调查人员、侦查人员或者其他人员参加庭前会议，说明情况。

第一百三十一条 在庭前会议中，人民检察院可以撤回有关证据。撤回的证据，没有新的理由，不得在庭审中出示。

当事人及其辩护人、诉讼代理人可以撤回排除非法证据的申请。撤回申请后，没有新的线索或者材料，不得再次对有关证据提出排除申请。

第一百三十二条 当事人及其辩护人、诉讼代理人在开庭审理前未申请排除非法证据，在庭审过程中提出申请的，应当说明理由。人民法院经审查，对证据收集的合法性有疑问的，应当进行调查；没有疑问的，驳回申请。

驳回排除非法证据的申请后，当事人及其辩护人、诉讼代理人没有新的线索或者材料，以相同理由再次提出申请的，人民法院不再审查。

第一百三十三条 控辩双方在庭前会议中对证据收集是否合法未达成一致意见，人民法院对证据收集的合法性有疑问的，应当在庭审中进行调查；对证据收集的合法性没有疑问，且无新的线索或者材料表明可能存在非法取证的，可以决定不再进行调查并说明理由。

第一百三十四条 庭审期间，法庭决定对证据收集的合法性进行调查的，应当先行当庭调查。但为防止庭审过分迟延，也可以在法庭调查结束前调查。

第一百三十五条 法庭决定对证据收集的合法性进行调查的，由公诉人通过宣读调查、侦查讯问笔录、出示提讯登记、体检记录、对讯问合法性的核查材料等证据材料，有针对性地播放讯问录音录像，提请法庭通知有关调查人员、侦查人员或者其他人员出庭说明情况等方式，证明证据收集的合法性。

讯问录音录像涉及国家秘密、商业秘密、个人隐私或者其他不宜公开内容的，法庭可以决定对讯问录音录像不公开播放、质证。

公诉人提交的取证过程合法的说明材料，应当经有关调查人员、侦查人员签名，并加盖单位印章。未经签名或者盖章的，不得作为证据使用。上述说明材料不能单独作为证明取证过程合法的根据。

第一百三十六条 控辩双方申请法庭通知调查人员、侦查人员或者其他人员出庭说明情况，法庭认为有必要的，应当通知有关人员出庭。

根据案件情况，法庭可以依职权通知调查人员、侦查人员或者其他人员出庭说明情况。

调查人员、侦查人员或者其他人员出庭的，应当向法庭说明证据收集过程，并就相关情况接受控辩双方和法庭的询问。

第一百三十七条 法庭对证据收集的合法性进行调查后，确认或者不能排除存在刑事诉讼法第五十六条规定的以非法方法收集证据情形的，对有关证据应当排除。

第一百三十八条 具有下列情形之一的，第二审人民法院应当对证据收集的合法性进行审查，并根据刑事诉讼法和本解释的有关规定作出处理：

（一）第一审人民法院对当事人及其辩护人、诉讼代理人排除非法证据的申请没有审查，且以该证据作为定案根据的；

（二）人民检察院或者被告人、自诉人及其法定代理人不服第一审人民法院作出的有关证据收集合法性的调查结论，提出抗诉、上诉的；

（三）当事人及其辩护人、诉讼代理人在第一审结束后才发现相关线索或者材料，申请人民法院排除非法证据的。

第十节　证据的综合审查与运用

第一百三十九条　对证据的真实性，应当综合全案证据进行审查。

对证据的证明力，应当根据具体情况，从证据与案件事实的关联程度、证据之间的联系等方面进行审查判断。

第一百四十条　没有直接证据，但间接证据同时符合下列条件的，可以认定被告人有罪：

（一）证据已经查证属实；

（二）证据之间相互印证，不存在无法排除的矛盾和无法解释的疑问；

（三）全案证据形成完整的证据链；

（四）根据证据认定案件事实足以排除合理怀疑，结论具有唯一性；

（五）运用证据进行的推理符合逻辑和经验。

第一百四十一条　根据被告人的供述、指认提取到了隐蔽性很强的物证、书证，且被告人的供述与其他证明犯罪事实发生的证据相互印证，并排除串供、逼供、诱供等可能性的，可以认定被告人有罪。

第一百四十二条　对监察机关、侦查机关出具的被告人到案经过、抓获经过等材料，应当审查是否有出具该说明材料的办案人员、办案机关的签名、盖章。

对到案经过、抓获经过或者确定被告人有重大嫌疑的根据有疑问的，应当通知人民检察院补充说明。

第一百四十三条　下列证据应当慎重使用，有其他证据印证的，可以采信：

（一）生理上、精神上有缺陷，对案件事实的认知和表达存在一定困难，但尚未丧失正确认知、表达能力的被害人、证人和被告人所作的陈述、证言和供述；

（二）与被告人有亲属关系或者其他密切关系的证人所作的有利于被告人的证言，或者与被告人有利害冲突的证人所作的不利于被告人的证言。

第一百四十四条 证明被告人自首、坦白、立功的证据材料，没有加盖接受被告人投案、坦白、检举揭发等的单位的印章，或者接受人员没有签名的，不得作为定案的根据。

对被告人及其辩护人提出有自首、坦白、立功的事实和理由，有关机关未予认定，或者有关机关提出被告人有自首、坦白、立功表现，但证据材料不全的，人民法院应当要求有关机关提供证明材料，或者要求有关人员作证，并结合其他证据作出认定。

第一百四十五条 证明被告人具有累犯、毒品再犯情节等的证据材料，应当包括前罪的裁判文书、释放证明等材料；材料不全的，应当通知人民检察院提供。

第一百四十六条 审查被告人实施被指控的犯罪时或者审判时是否达到相应法定责任年龄，应当根据户籍证明、出生证明文件、学籍卡、人口普查登记、无利害关系人的证言等证据综合判断。

证明被告人已满十二周岁、十四周岁、十六周岁、十八周岁或者不满七十五周岁的证据不足的，应当作出有利于被告人的认定。

第五章　强制措施

第一百四十七条 人民法院根据案件情况，可以决定对被告人拘传、取保候审、监视居住或者逮捕。

对被告人采取、撤销或者变更强制措施的，由院长决定；决定继续取保候审、监视居住的，可以由合议庭或者独任审判员决定。

第一百四十八条 对经依法传唤拒不到庭的被告人，或者根据案件情况有必要拘传的被告人，可以拘传。

拘传被告人，应当由院长签发拘传票，由司法警察执行，执行人员不得少于二人。

拘传被告人，应当出示拘传票。对抗拒拘传的被告人，可以使用戒具。

第一百四十九条 拘传被告人，持续的时间不得超过十二小时；案情特别重大、复杂，需要采取逮捕措施的，持续的时间不得超过二十四小时。不得以连续拘传的形式变相拘禁被告人。应当保证被拘传人的饮食和必要的休息时间。

第一百五十条 被告人具有刑事诉讼法第六十七条第一款规定情形之一的，人民法院可以决定取保候审。

对被告人决定取保候审的，应当责令其提出保证人或者交纳保证金，不得同时使用保证人保证与保证金保证。

第一百五十一条 对下列被告人决定取保候审的，可以责令其提出一至二名保证人：

（一）无力交纳保证金的；

（二）未成年或者已满七十五周岁的；

（三）不宜收取保证金的其他被告人。

第一百五十二条 人民法院应当审查保证人是否符合法定条件。符合条件的，应当告知其必须履行的保证义务，以及不履行义务的法律后果，并由其出具保证书。

第一百五十三条 对决定取保候审的被告人使用保证金保证的，应当依照刑事诉讼法第七十二条第一款的规定确定保证金的具体数额，并责令被告人或者为其提供保证金的单位、个人将保证金一次性存入公安机关指定银行的专门账户。

第一百五十四条 人民法院向被告人宣布取保候审决定后，应当将取保候审决定书等相关材料送交当地公安机关。

对被告人使用保证金保证的，应当在核实保证金已经存入公安机关指定银行的专门账户后，将银行出具的收款凭证一并送交公安机关。

第一百五十五条 被告人被取保候审期间，保证人不愿继续履行保证义务或者丧失履行保证义务能力的，人民法院应当在收到保证人的申请或者公安机关的书面通知后三日以内，责令被告人重新提出保证人或者交纳保证金，或者变更强制措施，并通知公安机关。

第一百五十六条 人民法院发现保证人未履行保证义务的，应当书面通知公安机关依法处理。

第一百五十七条 根据案件事实和法律规定，认为已经构成犯罪的被告人在取保候审期间逃匿的，如果系保证人协助被告人逃匿，或者保证人明知被告人藏匿地点但拒绝向司法机关提供，对保证人应当依法追究责任。

第一百五十八条 人民法院发现使用保证金保证的被取保候审人违反刑事诉讼法第七十一条第一款、第二款规定的，应当书面通知公安机关依法处理。

人民法院收到公安机关已经没收保证金的书面通知或者变更强制措施的建议后，应当区别情形，在五日以内责令被告人具结悔过，重新交纳保证金或者提出保证人，或者变更强制措施，并通知公安机关。

人民法院决定对被依法没收保证金的被告人继续取保候审的，取保候审的期限连续计算。

第一百五十九条 对被取保候审的被告人的判决、裁定生效后，如果保证金属于其个人财产，且需要用以退赔被害人、履行附带民事赔偿义务或者执行财产刑的，人民法院可以书面通知公安机关移交全部保证金，由人民法院作出处理，剩余部分退还被告人。

第一百六十条 对具有刑事诉讼法第七十四条第一款、第二款规定情形的被告人，人民法院可以决定监视居住。

人民法院决定对被告人监视居住的，应当核实其住处；没有固定住处的，应当为其指定居所。

第一百六十一条 人民法院向被告人宣布监视居住决定后，应当将监视居住决定书等相关材料送交被告人住处或者指定居所所在地的公安机关执行。

对被告人指定居所监视居住后，人民法院应当在二十四小时以内，将监视居住的原因和处所通知其家属；确实无法通知的，应当记录在案。

第一百六十二条 人民检察院、公安机关已经对犯罪嫌疑人取保候审、监视居住，案件起诉至人民法院后，需要继续取保候审、监视居住或者变更强制措施的，人民法院应当在七日以内作出决定，并通知人民检察院、公安机关。

决定继续取保候审、监视居住的，应当重新办理手续，期限重新计算；继续使用保证金保证的，不再收取保证金。

第一百六十三条 对具有刑事诉讼法第八十一条第一款、第三款规定情形的被告人，人民法院应当决定逮捕。

第一百六十四条 被取保候审的被告人具有下列情形之一的，人民法院应当决定逮捕：

（一）故意实施新的犯罪的；

（二）企图自杀或者逃跑的；

（三）毁灭、伪造证据，干扰证人作证或者串供的；

（四）打击报复、恐吓滋扰被害人、证人、鉴定人、举报人、控告人等的；

（五）经传唤，无正当理由不到案，影响审判活动正常进行的；

（六）擅自改变联系方式或者居住地，导致无法传唤，影响审判活动正常进行的；

（七）未经批准，擅自离开所居住的市、县，影响审判活动正常进行，或者两次未经批准，擅自离开所居住的市、县的；

（八）违反规定进入特定场所、与特定人员会见或者通信、从事特定活动，影响审判活动正常进行，或者两次违反有关规定的；

（九）依法应当决定逮捕的其他情形。

第一百六十五条 被监视居住的被告人具有下列情形之一的，人民法院应当决定逮捕：

（一）具有前条第一项至第五项规定情形之一的；

（二）未经批准，擅自离开执行监视居住的处所，影响审判活动正常进行，或者两次未经批准，擅自离开执行监视居住的处所的；

（三）未经批准，擅自会见他人或者通信，影响审判活动正常进行，或者两次未经批准，擅自会见他人或者通信的；

（四）对因患有严重疾病、生活不能自理，或者因怀孕、正在哺乳自己婴儿而未予逮捕的被告人，疾病痊愈或者哺乳期已满的；

（五）依法应当决定逮捕的其他情形。

第一百六十六条 对可能判处徒刑以下刑罚的被告人，违反取保候审、监视居住规定，严重影响诉讼活动正常进行的，可以决定逮捕。

第一百六十七条 人民法院作出逮捕决定后，应当将逮捕决定书等相关材料送交公安机关执行，并将逮捕决定书抄送人民检察院。逮捕被告人后，人民法院应当将逮捕的原因和羁押的处所，在二十四小时以内通知其家属；确实无法通知的，应当记录在案。

第一百六十八条 人民法院对决定逮捕的被告人，应当在逮捕后二十四小时以内讯问。发现不应当逮捕的，应当立即释放。必要时，可以依法变更强制措施。

第一百六十九条 被逮捕的被告人具有下列情形之一的，人民法院可以变更强制措施：

（一）患有严重疾病、生活不能自理的；

（二）怀孕或者正在哺乳自己婴儿的；

（三）系生活不能自理的人的唯一扶养人。

第一百七十条 被逮捕的被告人具有下列情形之一的，人民法院应当立即释放；必要时，可以依法变更强制措施：

（一）第一审人民法院判决被告人无罪、不负刑事责任或者免予刑事处罚的；

（二）第一审人民法院判处管制、宣告缓刑、单独适用附加刑，判决尚未发生法律效力的；

（三）被告人被羁押的时间已到第一审人民法院对其判处的刑期期限的；

（四）案件不能在法律规定的期限内审结的。

第一百七十一条 人民法院决定释放被告人的，应当立即将释放通知书送交公安机关执行。

第一百七十二条 被采取强制措施的被告人，被判处管制、缓刑的，在社区矫正开始后，强制措施自动解除；被单处附加刑的，在判决、裁定发生法律效力后，强制措施自动解除；被判处监禁刑的，在刑罚开始执行后，强制措施自动解除。

第一百七十三条 对人民法院决定逮捕的被告人，人民检察院建议释放或者变更强制措施的，人民法院应当在收到建议后十日以内将处理情况通知人民检察院。

第一百七十四条 被告人及其法定代理人、近亲属或者辩护人申请变更、解除强制措施的，应当说明理由。人民法院收到申请后，应当在三日以内作出决定。同意变更、解除强制措施的，应当依照本解释规定处理；不同意的，应当告知申请人，并说明理由。

第六章 附带民事诉讼

第一百七十五条 被害人因人身权利受到犯罪侵犯或者财物被犯罪分子毁坏而遭受物质损失的，有权在刑事诉讼过程中提起附带民事诉讼；被害人死亡或者丧失行为能力的，其法定代理人、近亲属有权提起附带民事诉讼。

因受到犯罪侵犯，提起附带民事诉讼或者单独提起民事诉讼要求赔偿精神损失的，人民法院一般不予受理。

第一百七十六条 被告人非法占有、处置被害人财产的，应当依法予以追缴或者责令退赔。被害人提起附带民事诉讼的，人民法院不予受理。追缴、退赔的情况，可以作为量刑情节考虑。

第一百七十七条 国家机关工作人员在行使职权时，侵犯他人人身、财产权利构成犯罪，被害人或者其法定代理人、近亲属提起附带民事诉讼的，人民法院不予受理，但应当告知其可以依法申请国家赔偿。

第一百七十八条 人民法院受理刑事案件后，对符合刑事诉讼法第一百零一条和本解释第一百七十五条第一款规定的，可以告知被害人或者其法定代理人、近亲属有权提起附带民事诉讼。

有权提起附带民事诉讼的人放弃诉讼权利的，应当准许，并记录在案。

第一百七十九条 国家财产、集体财产遭受损失，受损失的单位未提起附带民事诉讼，人民检察院在提起公诉时提起附带民事诉讼的，人民法院应当受理。

人民检察院提起附带民事诉讼的，应当列为附带民事诉讼原告人。

被告人非法占有、处置国家财产、集体财产的，依照本解释第一百七十六条的规定处理。

第一百八十条 附带民事诉讼中依法负有赔偿责任的人包括：

（一）刑事被告人以及未被追究刑事责任的其他共同侵害人；

（二）刑事被告人的监护人；

（三）死刑罪犯的遗产继承人；

（四）共同犯罪案件中，案件审结前死亡的被告人的遗产继承人；

（五）对被害人的物质损失依法应当承担赔偿责任的其他单位和个人。

附带民事诉讼被告人的亲友自愿代为赔偿的，可以准许。

第一百八十一条 被害人或者其法定代理人、近亲属仅对部分共同侵害人提起附带民事诉讼的，人民法院应当告知其可以对其他共同侵害人，包括没有被追究刑事责任的共同侵害人，一并提起附带民事诉讼，但共同犯罪案件中同案犯在逃的除外。

被害人或者其法定代理人、近亲属放弃对其他共同侵害人的诉讼权利的，人民法院应当告知其相应法律后果，并在裁判文书中说明其放弃诉讼请求的情况。

第一百八十二条 附带民事诉讼的起诉条件是：

（一）起诉人符合法定条件；

（二）有明确的被告人；

（三）有请求赔偿的具体要求和事实、理由；

（四）属于人民法院受理附带民事诉讼的范围。

第一百八十三条 共同犯罪案件，同案犯在逃的，不应列为附带民事诉讼被告人。逃跑的同案犯到案后，被害人或者其法定代理人、近亲属可以对其提起附带民事诉讼，但已经从其他共同犯罪人处获得足额赔偿的除外。

第一百八十四条 附带民事诉讼应当在刑事案件立案后及时提起。

提起附带民事诉讼应当提交附带民事起诉状。

第一百八十五条 侦查、审查起诉期间，有权提起附带民事诉讼的人提出赔偿要求，经公安机关、人民检察院调解，当事人双方已经达成协议并全部履行，被害人或者其法定代理人、近亲属又提起附带民事诉讼的，人民法院不予受理，但有证据证明调解违反自愿、合法原则的除外。

第一百八十六条 被害人或者其法定代理人、近亲属提起附带民事诉讼的，人民法院应当在七日以内决定是否受理。符合刑事诉讼法第一百零一条以及本解释有关规定的，应当受理；不符合的，裁定不予受理。

第一百八十七条 人民法院受理附带民事诉讼后，应当在五日以内将附带民事起诉状副本送达附带民事诉讼被告人及其法定代理人，或者将口头起诉的内容及时通知附带民事诉讼被告人及其法定代理人，并制作笔录。

人民法院送达附带民事起诉状副本时，应当根据刑事案件的审理期限，确定被告人及其法定代理人的答辩准备时间。

第一百八十八条 附带民事诉讼当事人对自己提出的主张，有责任提供证据。

第一百八十九条 人民法院对可能因被告人的行为或者其他原因，使附带民事判决难以执行的案件，根据附带民事诉讼原告人的申请，可以裁定采取保全措施，查封、扣押或者冻结被告人的财产；附带民事诉讼原告人未提出申请的，必要时，人民法院也可以采取保全措施。

有权提起附带民事诉讼的人因情况紧急，不立即申请保全将会使其合法权益受到难以弥补的损害的，可以在提起附带民事诉讼前，向被保全财产所在地、被申请人居住地或者对案件有管辖权的人民法院申请采取保全措施。申请人在人民法院受理刑事案件后十五日以内未提起附带民事诉讼的，人民法院应当解除保全措施。

人民法院采取保全措施，适用民事诉讼法第一百条至第一百零五条的有关规定，但民事诉讼法第一百零一条第三款的规定除外。

第一百九十条 人民法院审理附带民事诉讼案件，可以根据自愿、合法的原则进行调解。经调解达成协议的，应当制作调解书。调解书经双方当事人签收后即具有法律效力。

调解达成协议并即时履行完毕的，可以不制作调解书，但应当制作笔录，经双方当事人、审判人员、书记员签名后即发生法律效力。

第一百九十一条 调解未达成协议或者调解书签收前当事人反悔的，附带民事诉讼应当同刑事诉讼一并判决。

第一百九十二条 对附带民事诉讼作出判决，应当根据犯罪行为造成的物质损失，结合案件具体情况，确定被告人应当赔偿的数额。

犯罪行为造成被害人人身损害的，应当赔偿医疗费、护理费、交通费等为治疗和康复支付的合理费用，以及因误工减少的收入。造成被害人残疾的，还应当赔偿残疾生活辅助器具费等费用；造成被害人死亡的，还应当赔偿丧葬费等费用。

驾驶机动车致人伤亡或者造成公私财产重大损失，构成犯罪的，依照《中华人民共和国道路交通安全法》第七十六条的规定确定赔偿责任。

附带民事诉讼当事人就民事赔偿问题达成调解、和解协议的，赔偿范围、数额不受第二款、第三款规定的限制。

第一百九十三条 人民检察院提起附带民事诉讼的，人民法院经审理，认为附带民事诉讼被告人依法应当承担赔偿责任的，应当判令附带民事诉讼被告人直接向遭受损失的单位作出赔偿；遭受损失的单位已经终止，有权利义务继受人的，应当判令其向继受人作出赔偿；没有权利义务继受人的，应当判令其向人民检察院交付赔偿款，由人民检察院上缴国库。

第一百九十四条 审理刑事附带民事诉讼案件，人民法院应当结合被告人赔偿被害人物质损失的情况认定其悔罪表现，并在量刑时予以考虑。

第一百九十五条 附带民事诉讼原告人经传唤，无正当理由拒不到庭，或者未经法庭许可中途退庭的，应当按撤诉处理。

刑事被告人以外的附带民事诉讼被告人经传唤，无正当理由拒不到庭，或者未经法庭许可中途退庭的，附带民事部分可以缺席判决。

刑事被告人以外的附带民事诉讼被告人下落不明，或者用公告送达以外的其他方式无法送达，可能导致刑事案件审判过分迟延的，可以不将其列为附带民事诉讼被告人，告知附带民事诉讼原告人另行提起民事诉讼。

第一百九十六条 附带民事诉讼应当同刑事案件一并审判，只有为了防止刑事案件审判的过分迟延，才可以在刑事案件审判后，由同一审判组织继续审理附带民事诉讼；同一审判组织的成员确实不能继续参与审判的，可以更换。

第一百九十七条 人民法院认定公诉案件被告人的行为不构成犯罪，对已经提起的附带民事诉讼，经调解不能达成协议的，可以一并作出刑事附带民事判决，也可以告知附带民事原告人另行提起民事诉讼。

人民法院准许人民检察院撤回起诉的公诉案件，对已经提起的附带民事诉讼，可以进行调解；不宜调解或者经调解不能达成协议的，应当裁定驳回起诉，并告知附带民事诉讼原告人可以另行提起民事诉讼。

第一百九十八条 第一审期间未提起附带民事诉讼，在第二审期间提起的，第二审人民法院可以依法进行调解；调解不成的，告知当事人可以在刑事判决、裁定生效后另行提起民事诉讼。

第一百九十九条 人民法院审理附带民事诉讼案件，不收取诉讼费。

第二百条 被害人或者其法定代理人、近亲属在刑事诉讼过程中未提起附带民事诉讼，另行提起民事诉讼的，人民法院可以进行调解，或者根据本解释第一百九十二条第二款、第三款的规定作出判决。

第二百零一条 人民法院审理附带民事诉讼案件，除刑法、刑事诉讼法以及刑事司法解释已有规定的以外，适用民事法律的有关规定。

第七章 期间、送达、审理期限

第二百零二条 以月计算的期间，自本月某日至下月同日为一个月；期限起算日为本月最后一日的，至下月最后一日为一个月；下月同日不存在的，自本月某日至下月最后一日为一个月；半个月一律按十五日计算。

以年计算的刑期，自本年本月某日至次年同月同日的前一日为一年；次年同月同日不存在的，自本年本月某日至次年同月最后一日的前一日为一年。以月计算的刑期，自本月某日至下月同日的前一日为一个月；刑期起算日为本月最后一日的，至下月最后一日的前一日为一个月；下月同日不存在的，自本月某日至下月最后一日的前一日为一个月；半个月一律按十五日计算。

第二百零三条 当事人由于不能抗拒的原因或者有其他正当理由而耽误期限，依法申请继续进行应当在期满前完成的诉讼活动的，人民法院查证属实后，应当裁定准许。

第二百零四条 送达诉讼文书，应当由收件人签收。收件人不在的，可以由其成年家属或者所在单位负责收件的人员代收。收件人或者代收人在送达回证上签收的日期为送达日期。

收件人或者代收人拒绝签收的，送达人可以邀请见证人到场，说明情况，在送达回证上注明拒收的事由和日期，由送达人、见证人签名或者盖章，将诉讼文书留在收件人、代收人的住处或者单位；也可以把诉讼文书留在受送达人的住处，并采用拍照、录像等方式记录送达过程，即视为送达。

第二百零五条 直接送达诉讼文书有困难的，可以委托收件人所在地的人民法院代为送达或者邮寄送达。

第二百零六条 委托送达的，应当将委托函、委托送达的诉讼文书及送达回证寄送受托法院。受托法院收到后，应当登记，在十日以内送达收件人，并将送达回证寄送委托法院；无法送达的，应当告知委托法院，并将诉讼文书及送达回证退回。

第二百零七条 邮寄送达的，应当将诉讼文书、送达回证邮寄给收件人。签收日期为送达日期。

第二百零八条 诉讼文书的收件人是军人的，可以通过其所在部队团级以上单位的政治部门转交。

收件人正在服刑的，可以通过执行机关转交。

收件人正在接受专门矫治教育等的，可以通过相关机构转交。

由有关部门、单位代为转交诉讼文书的，应当请有关部门、单位收到后立即交收件人签收，并将送达回证及时寄送人民法院。

第二百零九条 指定管辖案件的审理期限，自被指定管辖的人民法院收到指定管辖决定书和案卷、证据材料之日起计算。

第二百一十条 对可能判处死刑的案件或者附带民事诉讼的案件，以及有刑事诉讼法第一百五十八条规定情形之一的案件，上一级人民法院可以批准延长审理期限一次，期限为三个月。因特殊情况还需要延长的，应当报请最高人民法院批准。

申请批准延长审理期限的，应当在期限届满十五日以前层报。有权决定的人民法院不同意的，应当在审理期限届满五日以前作出决定。

因特殊情况报请最高人民法院批准延长审理期限，最高人民法院经审查，予以批准的，可以延长审理期限一至三个月。期限届满案件仍然不能审结的，可以再次提出申请。

第二百一十一条 审判期间，对被告人作精神病鉴定的时间不计入审理期限。

第八章 审判组织

第二百一十二条 合议庭由审判员担任审判长。院长或者庭长参加审理案件时，由其本人担任审判长。

审判员依法独任审判时，行使与审判长相同的职权。

第二百一十三条 基层人民法院、中级人民法院、高级人民法院审判下列第一审刑事案件，由审判员和人民陪审员组成合议庭进行：

（一）涉及群体利益、公共利益的；

（二）人民群众广泛关注或者其他社会影响较大的；

（三）案情复杂或者有其他情形，需要由人民陪审员参加审判的。

基层人民法院、中级人民法院、高级人民法院审判下列第一审刑事案件，由审判员和人民陪审员组成七人合议庭进行：

（一）可能判处十年以上有期徒刑、无期徒刑、死刑，且社会影响重大的；

（二）涉及征地拆迁、生态环境保护、食品药品安全，且社会影响重大的；

（三）其他社会影响重大的。

第二百一十四条 开庭审理和评议案件，应当由同一合议庭进行。合议庭成员在评议案件时，应当独立发表意见并说明理由。意见分歧的，应当按多数意见作出决定，但少数意见应当记入笔录。评议笔录由合议庭的组成人员在审阅确认无误后签名。评议情况应当保密。

第二百一十五条 人民陪审员参加三人合议庭审判案件，应当对事实认定、法律适用独立发表意见，行使表决权。

人民陪审员参加七人合议庭审判案件，应当对事实认定独立发表意见，并与审判员共同表决；对法律适用可以发表意见，但不参加表决。

第二百一十六条 合议庭审理、评议后，应当及时作出判决、裁定。

对下列案件，合议庭应当提请院长决定提交审判委员会讨论决定：

（一）高级人民法院、中级人民法院拟判处死刑立即执行的案件，以及中级人民法院拟判处死刑缓期执行的案件；

（二）本院已经发生法律效力的判决、裁定确有错误需要再审的案件；

（三）人民检察院依照审判监督程序提出抗诉的案件。

对合议庭成员意见有重大分歧的案件、新类型案件、社会影响重大的案件以及其他疑难、复杂、重大的案件，合议庭认为难以作出决定的，可以提请院长决定提交审判委员会讨论决定。

人民陪审员可以要求合议庭将案件提请院长决定是否提交审判委员会讨论决定。

对提请院长决定提交审判委员会讨论决定的案件，院长认为不必要的，可以建议合议庭复议一次。

独任审判的案件，审判员认为有必要的，也可以提请院长决定提交审判委员会讨论决定。

第二百一十七条 审判委员会的决定，合议庭、独任审判员应当执行；有不同意见的，可以建议院长提交审判委员会复议。

第九章 公诉案件第一审普通程序

第一节 审查受理与庭前准备

第二百一十八条 对提起公诉的案件，人民法院应当在收到起诉书（一式八份，每增加一名被告人，增加起诉书五份）和案卷、证据后，审查以下内容：

（一）是否属于本院管辖；

（二）起诉书是否写明被告人的身份，是否受过或者正在接受刑事处罚、行政处罚、处分，被采取留置措施的情况，被采取强制措施的时间、种类、羁押地点，犯罪的时间、地点、手段、后果以及其他可能影响定罪量刑的情节；有多起犯罪事实的，是否在起诉书中将事实分别列明；

（三）是否移送证明指控犯罪事实及影响量刑的证据材料，包括采取技术调查、侦查措施的法律文书和所收集的证据材料；

（四）是否查封、扣押、冻结被告人的违法所得或者其他涉案财物，查封、扣押、冻结是否逾期；是否随案移送涉案财物、附涉案财物清单；是否列明涉案财物权属情况；是否就涉案财物处理提供相关证据材料；

（五）是否列明被害人的姓名、住址、联系方式；是否附有证人、鉴定人名单；是否申请法庭通知证人、鉴定人、有专门知识的人出庭，并列明有关人员的姓名、性别、年龄、职业、住址、联系方式；是否附有需要保护的证人、鉴定人、被害人名单；

（六）当事人已委托辩护人、诉讼代理人或者已接受法律援助的，是否列明辩护人、诉讼代理人的姓名、住址、联系方式；

（七）是否提起附带民事诉讼；提起附带民事诉讼的，是否列明附带民事诉讼当事人的姓名、住址、联系方式等，是否附有相关证据材料；

（八）监察调查、侦查、审查起诉程序的各种法律手续和诉讼文书是否齐全；

（九）被告人认罪认罚的，是否提出量刑建议、移送认罪认罚具结书等材料；

（十）有无刑事诉讼法第十六条第二项至第六项规定的不追究刑事责任的情形。

第二百一十九条 人民法院对提起公诉的案件审查后，应当按照下列情形分别处理：

（一）不属于本院管辖的，应当退回人民检察院；

（二）属于刑事诉讼法第十六条第二项至第六项规定情形的，应当退回人民检察院；属于告诉才处理的案件，应当同时告知被害人有权提起自诉；

（三）被告人不在案的，应当退回人民检察院；但是，对人民检察院按照缺席审判程序提起公诉的，应当依照本解释第二十四章的规定作出处理；

（四）不符合前条第二项至第九项规定之一，需要补充材料的，应当通知人民检察院在三日以内补送；

（五）依照刑事诉讼法第二百条第三项规定宣告被告人无罪后，人民检察院根据新的事实、证据重新起诉的，应当依法受理；

（六）依照本解释第二百九十六条规定裁定准许撤诉的案件，没有新的影响定罪量刑的事实、证据，重新起诉的，应当退回人民检察院；

（七）被告人真实身份不明，但符合刑事诉讼法第一百六十条第二款规定的，应当依法受理。

对公诉案件是否受理，应当在七日以内审查完毕。

第二百二十条 对一案起诉的共同犯罪或者关联犯罪案件，被告人人数众多、案情复杂，人民法院经审查认为，分案审理更有利于保障庭审质量和效率的，可以分案审理。分案审理不得影响当事人质证权等诉讼权利的行使。

对分案起诉的共同犯罪或者关联犯罪案件，人民法院经审查认为，合并审理更有利于查明案件事实、保障诉讼权利、准确定罪量刑的，可以并案审理。

第二百二十一条 开庭审理前，人民法院应当进行下列工作：

（一）确定审判长及合议庭组成人员；

（二）开庭十日以前将起诉书副本送达被告人、辩护人；

（三）通知当事人、法定代理人、辩护人、诉讼代理人在开庭五日以前提供证人、鉴定人名单，以及拟当庭出示的证据；申请证人、鉴定人、有专门知识的人出庭的，应当列明有关人员的姓名、性别、年龄、职业、住址、联系方式；

（四）开庭三日以前将开庭的时间、地点通知人民检察院；

（五）开庭三日以前将传唤当事人的传票和通知辩护人、诉讼代理人、法定代理人、证人、鉴定人等出庭的通知书送达；通知有关人员出庭，也可以采取电话、短信、传真、电子邮件、即时通讯等能够确认对方收悉的方式；对被害人人数众多的涉众型犯罪案件，可以通过互联网公布相关文书，通知有关人员出庭；

（六）公开审理的案件，在开庭三日以前公布案由、被告人姓名、开庭时间和地点。

上述工作情况应当记录在案。

第二百二十二条 审判案件应当公开进行。

案件涉及国家秘密或者个人隐私的，不公开审理；涉及商业秘密，当事人提出申请的，法庭可以决定不公开审理。

不公开审理的案件，任何人不得旁听，但具有刑事诉讼法第二百八十五条规定情形的除外。

第二百二十三条 精神病人、醉酒的人、未经人民法院批准的未成年人以及其他不宜旁听的人不得旁听案件审理。

第二百二十四条 被害人人数众多，且案件不属于附带民事诉讼范围的，被害人可以推选若干代表人参加庭审。

第二百二十五条 被害人、诉讼代理人经传唤或者通知未到庭，不影响开庭审理的，人民法院可以开庭审理。

辩护人经通知未到庭，被告人同意的，人民法院可以开庭审理，但被告人属于应当提供法律援助情形的除外。

第二节 庭前会议与庭审衔接

第二百二十六条 案件具有下列情形之一的，人民法院可以决定召开庭前会议：

（一）证据材料较多、案情重大复杂的；

（二）控辩双方对事实、证据存在较大争议的；

（三）社会影响重大的；

（四）需要召开庭前会议的其他情形。

第二百二十七条 控辩双方可以申请人民法院召开庭前会议，提出申请应当说明理由。人民法院经审查认为有必要的，应当召开庭前会议；决定不召开的，应当告知申请人。

第二百二十八条 庭前会议可以就下列事项向控辩双方了解情况，听取意见：

（一）是否对案件管辖有异议；

（二）是否申请有关人员回避；

（三）是否申请不公开审理；

（四）是否申请排除非法证据；

（五）是否提供新的证据材料；

（六）是否申请重新鉴定或者勘验；

（七）是否申请收集、调取证明被告人无罪或者罪轻的证据材料；

（八）是否申请证人、鉴定人、有专门知识的人、调查人员、侦查人员或者其他人员出庭，是否对出庭人员名单有异议；

（九）是否对涉案财物的权属情况和人民检察院的处理建议有异议；

（十）与审判相关的其他问题。

庭前会议中，人民法院可以开展附带民事调解。

对第一款规定中可能导致庭审中断的程序性事项，人民法院可以在庭前会议后依法作出处理，并在庭审中说明处理决定和理由。控辩双方没有新的理由，在庭审中再次提出有关申请或者异议的，法庭可以在说明庭前会议情况和处理决定理由后，依法予以驳回。

庭前会议情况应当制作笔录，由参会人员核对后签名。

第二百二十九条 庭前会议中，审判人员可以询问控辩双方对证据材料有无异议，对有异议的证据，应当在庭审时重点调查；无异议的，庭审时举证、质证可以简化。

第二百三十条 庭前会议由审判长主持，合议庭其他审判员也可以主持庭前会议。

召开庭前会议应当通知公诉人、辩护人到场。

庭前会议准备就非法证据排除了解情况、听取意见，或者准备询问控辩双方对证据材料的意见的，应当通知被告人到场。有多名被告人的案件，可以根据情况确定参加庭前会议的被告人。

第二百三十一条 庭前会议一般不公开进行。

根据案件情况，庭前会议可以采用视频等方式进行。

第二百三十二条 人民法院在庭前会议中听取控辩双方对案件事实、证据材料的意见后，对明显事实不清、证据不足的案件，可以建议人民检察院补充材料或者撤回起诉。建议撤回起诉的案件，人民检察院不同意的，开庭审理后，没有新的事实和理由，一般不准许撤回起诉。

第二百三十三条 对召开庭前会议的案件，可以在开庭时告知庭前会议情况。对庭前会议中达成一致意见的事项，法庭在向控辩双方核实后，可以当庭予以确认；未达成一致意见的事项，法庭可以归纳控辩双方争议焦点，听取控辩双方意见，依法作出处理。

控辩双方在庭前会议中就有关事项达成一致意见，在庭审中反悔的，除有正当理由外，法庭一般不再进行处理。

第三节　宣布开庭与法庭调查

第二百三十四条　开庭审理前，书记员应当依次进行下列工作：

（一）受审判长委托，查明公诉人、当事人、辩护人、诉讼代理人、证人及其他诉讼参与人是否到庭；

（二）核实旁听人员中是否有证人、鉴定人、有专门知识的人；

（三）请公诉人、辩护人、诉讼代理人及其他诉讼参与人入庭；

（四）宣读法庭规则；

（五）请审判长、审判员、人民陪审员入庭；

（六）审判人员就座后，向审判长报告开庭前的准备工作已经就绪。

第二百三十五条　审判长宣布开庭，传被告人到庭后，应当查明被告人的下列情况：

（一）姓名、出生日期、民族、出生地、文化程度、职业、住址，或者被告单位的名称、住所地、法定代表人、实际控制人以及诉讼代表人的姓名、职务；

（二）是否受过刑事处罚、行政处罚、处分及其种类、时间；

（三）是否被采取留置措施及留置的时间，是否被采取强制措施及强制措施的种类、时间；

（四）收到起诉书副本的日期；有附带民事诉讼的，附带民事诉讼被告人收到附带民事起诉状的日期。

被告人较多的，可以在开庭前查明上述情况，但开庭时审判长应当作出说明。

第二百三十六条　审判长宣布案件的来源、起诉的案由、附带民事诉讼当事人的姓名及是否公开审理；不公开审理的，应当宣布理由。

第二百三十七条　审判长宣布合议庭组成人员、法官助理、书记员、公诉人的名单，以及辩护人、诉讼代理人、鉴定人、翻译人员等诉讼参与人的名单。

第二百三十八条　审判长应当告知当事人及其法定代理人、辩护人、诉讼代理人在法庭审理过程中依法享有下列诉讼权利：

（一）可以申请合议庭组成人员、法官助理、书记员、公诉人、鉴定人和翻译人员回避；

（二）可以提出证据，申请通知新的证人到庭、调取新的证据，申请重新鉴定或者勘验；

（三）被告人可以自行辩护；

（四）被告人可以在法庭辩论终结后作最后陈述。

第二百三十九条 审判长应当询问当事人及其法定代理人、辩护人、诉讼代理人是否申请回避、申请何人回避和申请回避的理由。

当事人及其法定代理人、辩护人、诉讼代理人申请回避的，依照刑事诉讼法及本解释的有关规定处理。

同意或者驳回回避申请的决定及复议决定，由审判长宣布，并说明理由。必要时，也可以由院长到庭宣布。

第二百四十条 审判长宣布法庭调查开始后，应当先由公诉人宣读起诉书；公诉人宣读起诉书后，审判长应当询问被告人对起诉书指控的犯罪事实和罪名有无异议。

有附带民事诉讼的，公诉人宣读起诉书后，由附带民事诉讼原告人或者其法定代理人、诉讼代理人宣读附带民事起诉状。

第二百四十一条 在审判长主持下，被告人、被害人可以就起诉书指控的犯罪事实分别陈述。

第二百四十二条 在审判长主持下，公诉人可以就起诉书指控的犯罪事实讯问被告人。

经审判长准许，被害人及其法定代理人、诉讼代理人可以就公诉人讯问的犯罪事实补充发问；附带民事诉讼原告人及其法定代理人、诉讼代理人可以就附带民事部分的事实向被告人发问；被告人的法定代理人、辩护人，附带民事诉讼被告人及其法定代理人、诉讼代理人可以在控诉方、附带民事诉讼原告方就某一问题讯问、发问完毕后向被告人发问。

根据案件情况，就证据问题对被告人的讯问、发问可以在举证、质证环节进行。

第二百四十三条 讯问同案审理的被告人，应当分别进行。

第二百四十四条 经审判长准许，控辩双方可以向被害人、附带民事诉讼原告人发问。

第二百四十五条 必要时，审判人员可以讯问被告人，也可以向被害人、附带民事诉讼当事人发问。

第二百四十六条 公诉人可以提请法庭通知证人、鉴定人、有专门知识的人、调查人员、侦查人员或者其他人员出庭，或者出示证据。被害人及其法定代理人、诉讼代理人，附带民事诉讼原告人及其诉讼代理人也可以提出申请。

在控诉方举证后，被告人及其法定代理人、辩护人可以提请法庭通知证人、鉴定人、有专门知识的人、调查人员、侦查人员或者其他人员出庭，或者出示证据。

第二百四十七条 控辩双方申请证人出庭作证，出示证据，应当说明证据的名称、来源和拟证明的事实。法庭认为有必要的，应当准许；对方提出异议，认为有关证据与案件无关或者明显重复、不必要，法庭经审查异议成立的，可以不予准许。

第二百四十八条 已经移送人民法院的案卷和证据材料，控辩双方需要出示的，可以向法庭提出申请，法庭可以准许。案卷和证据材料应当在质证后当庭归还。

需要播放录音录像或者需要将证据材料交由法庭、公诉人或者诉讼参与人查看的，法庭可以指令值庭法警或者相关人员予以协助。

第二百四十九条 公诉人、当事人或者辩护人、诉讼代理人对证人证言有异议，且该证人证言对定罪量刑有重大影响，或者对鉴定意见有异议，人民法院认为证人、鉴定人有必要出庭作证的，应当通知证人、鉴定人出庭。

控辩双方对侦破经过、证据来源、证据真实性或者合法性等有异议，申请调查人员、侦查人员或者有关人员出庭，人民法院认为有必要的，应当通知调查人员、侦查人员或者有关人员出庭。

第二百五十条 公诉人、当事人及其辩护人、诉讼代理人申请法庭通知有专门知识的人出庭，就鉴定意见提出意见的，应当说明理由。法庭认为有必要的，应当通知有专门知识的人出庭。

申请有专门知识的人出庭，不得超过二人。有多种类鉴定意见的，可以相应增加人数。

第二百五十一条 为查明案件事实、调查核实证据，人民法院可以依职权通知证人、鉴定人、有专门知识的人、调查人员、侦查人员或者其他人员出庭。

第二百五十二条 人民法院通知有关人员出庭的，可以要求控辩双方予以协助。

第二百五十三条 证人具有下列情形之一，无法出庭作证的，人民法院可以准许其不出庭：

（一）庭审期间身患严重疾病或者行动极为不便的；

（二）居所远离开庭地点且交通极为不便的；

（三）身处国外短期无法回国的；

（四）有其他客观原因，确实无法出庭的。

具有前款规定情形的，可以通过视频等方式作证。

第二百五十四条 证人出庭作证所支出的交通、住宿、就餐等费用，人民法院应当给予补助。

第二百五十五条 强制证人出庭的，应当由院长签发强制证人出庭令，由法警执行。必要时，可以商请公安机关协助。

第二百五十六条 证人、鉴定人、被害人因出庭作证，本人或者其近亲属的人身安全面临危险的，人民法院应当采取不公开其真实姓名、住址和工作单位等个人信息，或者不暴露其外貌、真实声音等保护措施。辩护律师经法庭许可，查阅对证人、鉴定人、被害人使用化名情况的，应当签署保密承诺书。

审判期间，证人、鉴定人、被害人提出保护请求的，人民法院应当立即审查；认为确有保护必要的，应当及时决定采取相应保护措施。必要时，可以商请公安机关协助。

第二百五十七条 决定对出庭作证的证人、鉴定人、被害人采取不公开个人信息的保护措施的，审判人员应当在开庭前核实其身份，对证人、鉴定人如实作证的保证书不得公开，在判决书、裁定书等法律文书中可以使用化名等代替其个人信息。

第二百五十八条 证人出庭的，法庭应当核实其身份、与当事人以及本案的关系，并告知其有关权利义务和法律责任。证人应当保证向法庭如实提供证言，并在保证书上签名。

第二百五十九条 证人出庭后，一般先向法庭陈述证言；其后，经审判长许可，由申请通知证人出庭的一方发问，发问完毕后，对方也可以发问。

法庭依职权通知证人出庭的，发问顺序由审判长根据案件情况确定。

第二百六十条 鉴定人、有专门知识的人、调查人员、侦查人员或者其他人员出庭的，参照适用前两条规定。

第二百六十一条 向证人发问应当遵循以下规则：

（一）发问的内容应当与本案事实有关；

（二）不得以诱导方式发问；

（三）不得威胁证人；

（四）不得损害证人的人格尊严。

对被告人、被害人、附带民事诉讼当事人、鉴定人、有专门知识的人、调查人员、侦查人员或者其他人员的讯问、发问，适用前款规定。

第二百六十二条 控辩双方的讯问、发问方式不当或者内容与本案无关的，对方可以提出异议，申请审判长制止，审判长应当判明情况予以支持或者驳回；对方未提出异议的，审判长也可以根据情况予以制止。

第二百六十三条 审判人员认为必要时，可以询问证人、鉴定人、有专门知识的人、调查人员、侦查人员或者其他人员。

第二百六十四条 向证人、调查人员、侦查人员发问应当分别进行。

第二百六十五条 证人、鉴定人、有专门知识的人、调查人员、侦查人员或者其他人员不得旁听对本案的审理。有关人员作证或者发表意见后，审判长应当告知其退庭。

第二百六十六条 审理涉及未成年人的刑事案件，询问未成年被害人、证人，通知未成年被害人、证人出庭作证，适用本解释第二十二章的有关规定。

第二百六十七条 举证方当庭出示证据后，由对方发表质证意见。

第二百六十八条 对可能影响定罪量刑的关键证据和控辩双方存在争议的证据，一般应当单独举证、质证，充分听取质证意见。

对控辩双方无异议的非关键证据，举证方可以仅就证据的名称及拟证明的事实作出说明。

召开庭前会议的案件，举证、质证可以按照庭前会议确定的方式进行。

根据案件和庭审情况，法庭可以对控辩双方的举证、质证方式进行必要的指引。

第二百六十九条 审理过程中，法庭认为有必要的，可以传唤同案被告人、分案审理的共同犯罪或者关联犯罪案件的被告人等到庭对质。

第二百七十条 当庭出示的证据，尚未移送人民法院的，应当在质证后当庭移交。

第二百七十一条 法庭对证据有疑问的，可以告知公诉人、当事人及其法定代理人、辩护人、诉讼代理人补充证据或者作出说明；必要时，可以宣布休庭，对证据进行调查核实。

对公诉人、当事人及其法定代理人、辩护人、诉讼代理人补充的和审判人员庭外调查核实取得的证据，应当经过当庭质证才能作为定案的根据。但是，对不影响定罪量刑的非关键证据、有利于被告人的量刑证据以及认定被告人有犯罪前科的裁判文书等证据，经庭外征求意见，控辩双方没有异议的除外。

有关情况，应当记录在案。

第二百七十二条 公诉人申请出示开庭前未移送或者提交人民法院的证据，辩护方提出异议的，审判长应当要求公诉人说明理由；理由成立并确有出示必要的，应当准许。

辩护方提出需要对新的证据作辩护准备的，法庭可以宣布休庭，并确定准备辩护的时间。

辩护方申请出示开庭前未提交的证据，参照适用前两款规定。

第二百七十三条 法庭审理过程中，控辩双方申请通知新的证人到庭，调取新的证据，申请重新鉴定或者勘验的，应当提供证人的基本信息、证据的存放地点，说明拟证明的事项，申请重新鉴定或者勘验的理由。法庭认为有必要的，应当同意，并宣布休庭；根据案件情况，可以决定延期审理。

人民法院决定重新鉴定的，应当及时委托鉴定，并将鉴定意见告知人民检察院、当事人及其辩护人、诉讼代理人。

第二百七十四条 审判期间，公诉人发现案件需要补充侦查，建议延期审理的，合议庭可以同意，但建议延期审理不得超过两次。

人民检察院将补充收集的证据移送人民法院的，人民法院应当通知辩护人、诉讼代理人查阅、摘抄、复制。

补充侦查期限届满后，人民检察院未将补充的证据材料移送人民法院的，人民法院可以根据在案证据作出判决、裁定。

第二百七十五条 人民法院向人民检察院调取需要调查核实的证据材料，或者根据被告人、辩护人的申请，向人民检察院调取在调查、侦查、审查起诉期间收集的有关被告人无罪或者罪轻的证据材料，应当通知人民检察院在收到调取证据材料决定书后三日以内移交。

第二百七十六条 法庭审理过程中，对与量刑有关的事实、证据，应当进行调查。

人民法院除应当审查被告人是否具有法定量刑情节外，还应当根据案件情况审查以下影响量刑的情节：

（一）案件起因；

（二）被害人有无过错及过错程度，是否对矛盾激化负有责任及责任大小；

（三）被告人的近亲属是否协助抓获被告人；

（四）被告人平时表现，有无悔罪态度；

（五）退赃、退赔及赔偿情况；

（六）被告人是否取得被害人或者其近亲属谅解；

（七）影响量刑的其他情节。

第二百七十七条 审判期间，合议庭发现被告人可能有自首、坦白、立功等法定量刑情节，而人民检察院移送的案卷中没有相关证据材料的，应当通知人民检察院在指定时间内移送。

审判期间，被告人提出新的立功线索的，人民法院可以建议人民检察院补充侦查。

第二百七十八条 对被告人认罪的案件，在确认被告人了解起诉书指控的犯罪事实和罪名，自愿认罪且知悉认罪的法律后果后，法庭调查可以主要围绕量刑和其他有争议的问题进行。

对被告人不认罪或者辩护人作无罪辩护的案件，法庭调查应当在查明定罪事实的基础上，查明有关量刑事实。

第二百七十九条 法庭审理过程中，应当对查封、扣押、冻结财物及其孳息的权属、来源等情况，是否属于违法所得或者依法应当追缴的其他涉案财物进行调查，由公诉人说明情况、出示证据、提出处理建议，并听取被告人、辩护人等诉讼参与人的意见。

案外人对查封、扣押、冻结的财物及其孳息提出权属异议的，人民法院应当听取案外人的意见；必要时，可以通知案外人出庭。

经审查，不能确认查封、扣押、冻结的财物及其孳息属于违法所得或者依法应当追缴的其他涉案财物的，不得没收。

第四节 法庭辩论与最后陈述

第二百八十条 合议庭认为案件事实已经调查清楚的，应当由审判长宣布法庭调查结束，开始就定罪、量刑、涉案财物处理的事实、证据、适用法律等问题进行法庭辩论。

第二百八十一条 法庭辩论应当在审判长的主持下，按照下列顺序进行：

（一）公诉人发言；

（二）被害人及其诉讼代理人发言；

（三）被告人自行辩护；

（四）辩护人辩护；

（五）控辩双方进行辩论。

第二百八十二条 人民检察院可以提出量刑建议并说明理由；建议判处管制、宣告缓刑的，一般应当附有调查评估报告，或者附有委托调查函。

当事人及其辩护人、诉讼代理人可以对量刑提出意见并说明理由。

第二百八十三条 对被告人认罪的案件，法庭辩论时，应当指引控辩双方主要围绕量刑和其他有争议的问题进行。

对被告人不认罪或者辩护人作无罪辩护的案件，法庭辩论时，可以指引控辩双方先辩论定罪问题，后辩论量刑和其他问题。

第二百八十四条 附带民事部分的辩论应当在刑事部分的辩论结束后进

行，先由附带民事诉讼原告人及其诉讼代理人发言，后由附带民事诉讼被告人及其诉讼代理人答辩。

第二百八十五条 法庭辩论过程中，审判长应当充分听取控辩双方的意见，对控辩双方与案件无关、重复或者指责对方的发言应当提醒、制止。

第二百八十六条 法庭辩论过程中，合议庭发现与定罪、量刑有关的新的事实，有必要调查的，审判长可以宣布恢复法庭调查，在对新的事实调查后，继续法庭辩论。

第二百八十七条 审判长宣布法庭辩论终结后，合议庭应当保证被告人充分行使最后陈述的权利。

被告人在最后陈述中多次重复自己的意见的，法庭可以制止；陈述内容蔑视法庭、公诉人，损害他人及社会公共利益，或者与本案无关的，应当制止。

在公开审理的案件中，被告人最后陈述的内容涉及国家秘密、个人隐私或者商业秘密的，应当制止。

第二百八十八条 被告人在最后陈述中提出新的事实、证据，合议庭认为可能影响正确裁判的，应当恢复法庭调查；被告人提出新的辩解理由，合议庭认为可能影响正确裁判的，应当恢复法庭辩论。

第二百八十九条 公诉人当庭发表与起诉书不同的意见，属于变更、追加、补充或者撤回起诉的，人民法院应当要求人民检察院在指定时间内以书面方式提出；必要时，可以宣布休庭。人民检察院在指定时间内未提出的，人民法院应当根据法庭审理情况，就起诉书指控的犯罪事实依法作出判决、裁定。

人民检察院变更、追加、补充起诉的，人民法院应当给予被告人及其辩护人必要的准备时间。

第二百九十条 辩护人应当及时将书面辩护意见提交人民法院。

第五节 评议案件与宣告判决

第二百九十一条 被告人最后陈述后，审判长应当宣布休庭，由合议庭进行评议。

第二百九十二条 开庭审理的全部活动，应当由书记员制作笔录；笔录经审判长审阅后，分别由审判长和书记员签名。

第二百九十三条 法庭笔录应当在庭审后交由当事人、法定代理人、辩护人、诉讼代理人阅读或者向其宣读。

法庭笔录中的出庭证人、鉴定人、有专门知识的人、调查人员、侦查人员或者其他人员的证言、意见部分，应当在庭审后分别交由有关人员阅读或者向其宣读。

前两款所列人员认为记录有遗漏或者差错的，可以请求补充或者改正；确认无误后，应当签名；拒绝签名的，应当记录在案；要求改变庭审中陈述的，不予准许。

第二百九十四条 合议庭评议案件，应当根据已经查明的事实、证据和有关法律规定，在充分考虑控辩双方意见的基础上，确定被告人是否有罪、构成何罪，有无从重、从轻、减轻或者免除处罚情节，应否处以刑罚、判处何种刑罚，附带民事诉讼如何解决，查封、扣押、冻结的财物及其孳息如何处理等，并依法作出判决、裁定。

第二百九十五条 对第一审公诉案件，人民法院审理后，应当按照下列情形分别作出判决、裁定：

（一）起诉指控的事实清楚，证据确实、充分，依据法律认定指控被告人的罪名成立的，应当作出有罪判决；

（二）起诉指控的事实清楚，证据确实、充分，但指控的罪名不当的，应当依据法律和审理认定的事实作出有罪判决；

（三）案件事实清楚，证据确实、充分，依据法律认定被告人无罪的，应当判决宣告被告人无罪；

（四）证据不足，不能认定被告人有罪的，应当以证据不足、指控的犯罪不能成立，判决宣告被告人无罪；

（五）案件部分事实清楚，证据确实、充分的，应当作出有罪或者无罪的判决；对事实不清、证据不足部分，不予认定；

（六）被告人因未达到刑事责任年龄，不予刑事处罚的，应当判决宣告被告人不负刑事责任；

（七）被告人是精神病人，在不能辨认或者不能控制自己行为时造成危害结果，不予刑事处罚的，应当判决宣告被告人不负刑事责任；被告人符合强制医疗条件的，应当依照本解释第二十六章的规定进行审理并作出判决；

（八）犯罪已过追诉时效期限且不是必须追诉，或者经特赦令免除刑罚的，应当裁定终止审理；

（九）属于告诉才处理的案件，应当裁定终止审理，并告知被害人有权提起自诉；

（十）被告人死亡的，应当裁定终止审理；但有证据证明被告人无罪，经缺席审理确认无罪的，应当判决宣告被告人无罪。

对涉案财物，人民法院应当根据审理查明的情况，依照本解释第十八章的规定作出处理。

具有第一款第二项规定情形的，人民法院应当在判决前听取控辩双方的意见，保障被告人、辩护人充分行使辩护权。必要时，可以再次开庭，组织控辩双方围绕被告人的行为构成何罪及如何量刑进行辩论。

第二百九十六条 在开庭后、宣告判决前，人民检察院要求撤回起诉的，人民法院应当审查撤回起诉的理由，作出是否准许的裁定。

第二百九十七条 审判期间，人民法院发现新的事实，可能影响定罪量刑的，或者需要补查补证的，应当通知人民检察院，由其决定是否补充、变更、追加起诉或者补充侦查。

人民检察院不同意或者在指定时间内未回复书面意见的，人民法院应当就起诉指控的事实，依照本解释第二百九十五条的规定作出判决、裁定。

第二百九十八条 对依照本解释第二百一十九条第一款第五项规定受理的案件，人民法院应当在判决中写明被告人曾被人民检察院提起公诉，因证据不足，指控的犯罪不能成立，被人民法院依法判决宣告无罪的情况；前案依照刑事诉讼法第二百条第三项规定作出的判决不予撤销。

第二百九十九条 合议庭成员、法官助理、书记员应当在评议笔录上签名，在判决书、裁定书等法律文书上署名。

第三百条 裁判文书应当写明裁判依据，阐释裁判理由，反映控辩双方的意见并说明采纳或者不予采纳的理由。

适用普通程序审理的被告人认罪的案件，裁判文书可以适当简化。

第三百零一条 庭审结束后、评议前，部分合议庭成员不能继续履行审判职责的，人民法院应当依法更换合议庭组成人员，重新开庭审理。

评议后、宣判前，部分合议庭成员因调动、退休等正常原因不能参加宣判，在不改变原评议结论的情况下，可以由审判本案的其他审判员宣判，裁判文书上仍署审判本案的合议庭成员的姓名。

第三百零二条 当庭宣告判决的，应当在五日以内送达判决书。定期宣告判决的，应当在宣判前，先期公告宣判的时间和地点，传唤当事人并通知公诉人、法定代理人、辩护人和诉讼代理人；判决宣告后，应当立即送达判决书。

第三百零三条 判决书应当送达人民检察院、当事人、法定代理人、辩护人、诉讼代理人，并可以送达被告人的近亲属。被害人死亡，其近亲属申请领取判决书的，人民法院应当及时提供。

判决生效后，还应当送达被告人的所在单位或者户籍地的公安派出所，或者被告单位的注册登记机关。被告人系外国人，且在境内有居住地的，应当送达居住地的公安派出所。

第三百零四条 宣告判决，一律公开进行。宣告判决结果时，法庭内全体人员应当起立。

公诉人、辩护人、诉讼代理人、被害人、自诉人或者附带民事诉讼原告人未到庭的，不影响宣判的进行。

第六节 法庭纪律与其他规定

第三百零五条 在押被告人出庭受审时，不着监管机构的识别服。

庭审期间不得对被告人使用戒具，但法庭认为其人身危险性大，可能危害法庭安全的除外。

第三百零六条 庭审期间，全体人员应当服从法庭指挥，遵守法庭纪律，尊重司法礼仪，不得实施下列行为：

（一）鼓掌、喧哗、随意走动；

（二）吸烟、进食；

（三）拨打、接听电话，或者使用即时通讯工具；

（四）对庭审活动进行录音、录像、拍照或者使用即时通讯工具等传播庭审活动；

（五）其他危害法庭安全或者扰乱法庭秩序的行为。

旁听人员不得进入审判活动区，不得随意站立、走动，不得发言和提问。

记者经许可实施第一款第四项规定的行为，应当在指定的时间及区域进行，不得干扰庭审活动。

第三百零七条 有关人员危害法庭安全或者扰乱法庭秩序的，审判长应当按照下列情形分别处理：

（一）情节较轻的，应当警告制止；根据具体情况，也可以进行训诫；

（二）训诫无效的，责令退出法庭；拒不退出的，指令法警强行带出法庭；

（三）情节严重的，报经院长批准后，可以对行为人处一千元以下的罚款或者十五日以下的拘留。

未经许可对庭审活动进行录音、录像、拍照或者使用即时通讯工具等传播庭审活动的，可以暂扣相关设备及存储介质，删除相关内容。

有关人员对罚款、拘留的决定不服的，可以直接向上一级人民法院申请复议，也可以通过决定罚款、拘留的人民法院向上一级人民法院申请复议。通过决定罚款、拘留的人民法院申请复议的，该人民法院应当自收到复议申请之日起三日以内，将复议申请、罚款或者拘留决定书和有关事实、证据材料一并报上一级人民法院复议。复议期间，不停止决定的执行。

第三百零八条 担任辩护人、诉讼代理人的律师严重扰乱法庭秩序，被强行带出法庭或者被处以罚款、拘留的，人民法院应当通报司法行政机关，并可以建议依法给予相应处罚。

第三百零九条 实施下列行为之一，危害法庭安全或者扰乱法庭秩序，构成犯罪的，依法追究刑事责任：

（一）非法携带枪支、弹药、管制刀具或者爆炸性、易燃性、毒害性、放射性以及传染病病原体等危险物质进入法庭；

（二）哄闹、冲击法庭；

（三）侮辱、诽谤、威胁、殴打司法工作人员或者诉讼参与人；

（四）毁坏法庭设施，抢夺、损毁诉讼文书、证据；

（五）其他危害法庭安全或者扰乱法庭秩序的行为。

第三百一十条 辩护人严重扰乱法庭秩序，被责令退出法庭、强行带出法庭或者被处以罚款、拘留，被告人自行辩护的，庭审继续进行；被告人要求另行委托辩护人，或者被告人属于应当提供法律援助情形的，应当宣布休庭。

辩护人、诉讼代理人被责令退出法庭、强行带出法庭或者被处以罚款后，具结保证书，保证服从法庭指挥、不再扰乱法庭秩序的，经法庭许可，可以继续担任辩护人、诉讼代理人。

辩护人、诉讼代理人具有下列情形之一的，不得继续担任同一案件的辩护人、诉讼代理人：

（一）擅自退庭的；

（二）无正当理由不出庭或者不按时出庭，严重影响审判顺利进行的；

（三）被拘留或者具结保证书后再次被责令退出法庭、强行带出法庭的。

第三百一十一条 被告人在一个审判程序中更换辩护人一般不得超过两次。

被告人当庭拒绝辩护人辩护，要求另行委托辩护人或者指派律师的，合议庭应当准许。被告人拒绝辩护人辩护后，没有辩护人的，应当宣布休庭；仍有辩护人的，庭审可以继续进行。

有多名被告人的案件，部分被告人拒绝辩护人辩护后，没有辩护人的，根据案件情况，可以对该部分被告人另案处理，对其他被告人的庭审继续进行。

重新开庭后，被告人再次当庭拒绝辩护人辩护的，可以准许，但被告人不得再次另行委托辩护人或者要求另行指派律师，由其自行辩护。

被告人属于应当提供法律援助的情形，重新开庭后再次当庭拒绝辩护人辩护的，不予准许。

第三百一十二条 法庭审理过程中，辩护人拒绝为被告人辩护，有正当理由的，应当准许；是否继续庭审，参照适用前条规定。

第三百一十三条 依照前两条规定另行委托辩护人或者通知法律援助机构指派律师的，自案件宣布休庭之日起至第十五日止，由辩护人准备辩护，但被告人及其辩护人自愿缩短时间的除外。

庭审结束后、判决宣告前另行委托辩护人的，可以不重新开庭；辩护人提交书面辩护意见的，应当接受。

第三百一十四条 有多名被告人的案件，部分被告人具有刑事诉讼法第二百零六条第一款规定情形的，人民法院可以对全案中止审理；根据案件情况，也可以对该部分被告人中止审理，对其他被告人继续审理。

对中止审理的部分被告人，可以根据案件情况另案处理。

第三百一十五条 人民检察院认为人民法院审理案件违反法定程序，在庭审后提出书面纠正意见，人民法院认为正确的，应当采纳。

第十章 自诉案件第一审程序

第三百一十六条 人民法院受理自诉案件必须符合下列条件：

（一）符合刑事诉讼法第二百一十条、本解释第一条的规定；

（二）属于本院管辖；

（三）被害人告诉；

（四）有明确的被告人、具体的诉讼请求和证明被告人犯罪事实的证据。

第三百一十七条 本解释第一条规定的案件，如果被害人死亡、丧失行为能力或者因受强制、威吓等无法告诉，或者是限制行为能力人以及因年老、患病、盲、聋、哑等不能亲自告诉，其法定代理人、近亲属告诉或者代为告诉的，人民法院应当依法受理。

被害人的法定代理人、近亲属告诉或者代为告诉的，应当提供与被害人关系的证明和被害人不能亲自告诉的原因的证明。

第三百一十八条 提起自诉应当提交刑事自诉状；同时提起附带民事诉讼的，应当提交刑事附带民事自诉状。

第三百一十九条 自诉状一般应当包括以下内容：

（一）自诉人（代为告诉人）、被告人的姓名、性别、年龄、民族、出生地、文化程度、职业、工作单位、住址、联系方式；

（二）被告人实施犯罪的时间、地点、手段、情节和危害后果等；

（三）具体的诉讼请求；

（四）致送的人民法院和具状时间；

（五）证据的名称、来源等；

（六）证人的姓名、住址、联系方式等。

对两名以上被告人提出告诉的，应当按照被告人的人数提供自诉状副本。

第三百二十条 对自诉案件，人民法院应当在十五日以内审查完毕。经审查，符合受理条件的，应当决定立案，并书面通知自诉人或者代为告诉人。

具有下列情形之一的，应当说服自诉人撤回起诉；自诉人不撤回起诉的，裁定不予受理：

（一）不属于本解释第一条规定的案件的；

（二）缺乏罪证的；

（三）犯罪已过追诉时效期限的；

（四）被告人死亡的；

（五）被告人下落不明的；

（六）除因证据不足而撤诉的以外，自诉人撤诉后，就同一事实又告诉的；

（七）经人民法院调解结案后，自诉人反悔，就同一事实再行告诉的；

（八）属于本解释第一条第二项规定的案件，公安机关正在立案侦查或者人民检察院正在审查起诉的；

（九）不服人民检察院对未成年犯罪嫌疑人作出的附条件不起诉决定或者附条件不起诉考验期满后作出的不起诉决定，向人民法院起诉的。

第三百二十一条 对已经立案，经审查缺乏罪证的自诉案件，自诉人提不出补充证据的，人民法院应当说服其撤回起诉或者裁定驳回起诉；自诉人撤回起诉或者被驳回起诉后，又提出了新的足以证明被告人有罪的证据，再次提起自诉的，人民法院应当受理。

第三百二十二条 自诉人对不予受理或者驳回起诉的裁定不服的，可以提起上诉。

第二审人民法院查明第一审人民法院作出的不予受理裁定有错误的，应当在撤销原裁定的同时，指令第一审人民法院立案受理；查明第一审人民法院驳回起诉裁定有错误的，应当在撤销原裁定的同时，指令第一审人民法院进行审理。

第三百二十三条 自诉人明知有其他共同侵害人，但只对部分侵害人提起自诉的，人民法院应当受理，并告知其放弃告诉的法律后果；自诉人放弃告诉，判决宣告后又对其他共同侵害人就同一事实提起自诉的，人民法院不予受理。

共同被害人中只有部分人告诉的，人民法院应当通知其他被害人参加诉讼，并告知其不参加诉讼的法律后果。被通知人接到通知后表示不参加诉讼或者不出庭的，视为放弃告诉。第一审宣判后，被通知人就同一事实又提起自诉的，人民法院不予受理。但是，当事人另行提起民事诉讼的，不受本解释限制。

第三百二十四条 被告人实施两个以上犯罪行为，分别属于公诉案件和自诉案件，人民法院可以一并审理。对自诉部分的审理，适用本章的规定。

第三百二十五条 自诉案件当事人因客观原因不能取得的证据，申请人民法院调取的，应当说明理由，并提供相关线索或者材料。人民法院认为有必要的，应当及时调取。

对通过信息网络实施的侮辱、诽谤行为，被害人向人民法院告诉，但提供证据确有困难的，人民法院可以要求公安机关提供协助。

第三百二十六条 对犯罪事实清楚，有足够证据的自诉案件，应当开庭审理。

第三百二十七条 自诉案件符合简易程序适用条件的，可以适用简易程序审理。

不适用简易程序审理的自诉案件，参照适用公诉案件第一审普通程序的有关规定。

第三百二十八条 人民法院审理自诉案件，可以在查明事实、分清是非的基础上，根据自愿、合法的原则进行调解。调解达成协议的，应当制作刑事调解书，由审判人员、法官助理、书记员署名，并加盖人民法院印章。调解书经双方当事人签收后，即具有法律效力。调解没有达成协议，或者调解书签收前当事人反悔的，应当及时作出判决。

刑事诉讼法第二百一十条第三项规定的案件不适用调解。

第三百二十九条 判决宣告前，自诉案件的当事人可以自行和解，自诉人可以撤回自诉。

人民法院经审查，认为和解、撤回自诉确属自愿的，应当裁定准许；认为系被强迫、威吓等，并非自愿的，不予准许。

第三百三十条 裁定准许撤诉的自诉案件，被告人被采取强制措施的，人民法院应当立即解除。

第三百三十一条 自诉人经两次传唤，无正当理由拒不到庭，或者未经法庭准许中途退庭的，人民法院应当裁定按撤诉处理。

部分自诉人撤诉或者被裁定按撤诉处理的，不影响案件的继续审理。

第三百三十二条 被告人在自诉案件审判期间下落不明的，人民法院可以裁定中止审理；符合条件的，可以对被告人依法决定逮捕。

第三百三十三条 对自诉案件，应当参照刑事诉讼法第二百条和本解释第二百九十五条的有关规定作出判决。对依法宣告无罪的案件，有附带民事诉讼的，其附带民事部分可以依法进行调解或者一并作出判决，也可以告知附带民事诉讼原告人另行提起民事诉讼。

第三百三十四条 告诉才处理和被害人有证据证明的轻微刑事案件的被告人或者其法定代理人在诉讼过程中，可以对自诉人提起反诉。反诉必须符合下列条件：

（一）反诉的对象必须是本案自诉人；

（二）反诉的内容必须是与本案有关的行为；

（三）反诉的案件必须符合本解释第一条第一项、第二项的规定。

反诉案件适用自诉案件的规定，应当与自诉案件一并审理。自诉人撤诉的，不影响反诉案件的继续审理。

第十一章　单位犯罪案件的审理

第三百三十五条 人民法院受理单位犯罪案件，除依照本解释第二百一十八条的有关规定进行审查外，还应当审查起诉书是否列明被告单位的名称、住所地、联系方式，法定代表人、实际控制人、主要负责人以及代表被告单位出庭的诉讼代表人的姓名、职务、联系方式。需要人民检察院补充材料的，应当通知人民检察院在三日以内补送。

第三百三十六条 被告单位的诉讼代表人，应当是法定代表人、实际控制人或者主要负责人；法定代表人、实际控制人或者主要负责人被指控为单位犯罪直接责任人员或者因客观原因无法出庭的，应当由被告单位委托其他负责人或者职工作为诉讼代表人。但是，有关人员被指控为单位犯罪直接责任人员或者知道案件情况、负有作证义务的除外。

依据前款规定难以确定诉讼代表人的，可以由被告单位委托律师等单位以外的人员作为诉讼代表人。

诉讼代表人不得同时担任被告单位或者被指控为单位犯罪直接责任人员的有关人员的辩护人。

第三百三十七条 开庭审理单位犯罪案件，应当通知被告单位的诉讼代表人出庭；诉讼代表人不符合前条规定的，应当要求人民检察院另行确定。

被告单位的诉讼代表人不出庭的，应当按照下列情形分别处理：

（一）诉讼代表人系被告单位的法定代表人、实际控制人或者主要负责人，无正当理由拒不出庭的，可以拘传其到庭；因客观原因无法出庭，或者下落不明的，应当要求人民检察院另行确定诉讼代表人；

（二）诉讼代表人系其他人员的，应当要求人民检察院另行确定诉讼代表人。

第三百三十八条 被告单位的诉讼代表人享有刑事诉讼法规定的有关被告人的诉讼权利。开庭时，诉讼代表人席位置于审判台前左侧，与辩护人席并列。

第三百三十九条 被告单位委托辩护人的，参照适用本解释的有关规定。

第三百四十条 对应当认定为单位犯罪的案件，人民检察院只作为自然人犯罪起诉的，人民法院应当建议人民检察院对犯罪单位追加起诉。人民检察院仍以自然人犯罪起诉的，人民法院应当依法审理，按照单位犯罪直接负责的主管人员或者其他直接责任人员追究刑事责任，并援引刑法分则关于追究单位犯罪中直接负责的主管人员和其他直接责任人员刑事责任的条款。

第三百四十一条 被告单位的违法所得及其他涉案财物，尚未被依法追缴或者查封、扣押、冻结的，人民法院应当决定追缴或者查封、扣押、冻结。

第三百四十二条 为保证判决的执行，人民法院可以先行查封、扣押、冻结被告单位的财产，或者由被告单位提出担保。

第三百四十三条 采取查封、扣押、冻结等措施，应当严格依照法定程序进行，最大限度降低对被告单位正常生产经营活动的影响。

第三百四十四条 审判期间，被告单位被吊销营业执照、宣告破产但尚未完成清算、注销登记的，应当继续审理；被告单位被撤销、注销的，对单位犯罪直接负责的主管人员和其他直接责任人员应当继续审理。

第三百四十五条 审判期间，被告单位合并、分立的，应当将原单位列为被告单位，并注明合并、分立情况。对被告单位所判处的罚金以其在新单位的财产及收益为限。

第三百四十六条 审理单位犯罪案件，本章没有规定的，参照适用本解释的有关规定。

第十二章　认罪认罚案件的审理

第三百四十七条 刑事诉讼法第十五条规定的“认罪”，是指犯罪嫌疑人、被告人自愿如实供述自己的罪行，对指控的犯罪事实没有异议。

刑事诉讼法第十五条规定的“认罚”，是指犯罪嫌疑人、被告人真诚悔罪，愿意接受处罚。

被告人认罪认罚的，可以依照刑事诉讼法第十五条的规定，在程序上从简、实体上从宽处理。

第三百四十八条 对认罪认罚案件，应当根据案件情况，依法适用速裁程序、简易程序或者普通程序审理。

第三百四十九条 对人民检察院提起公诉的认罪认罚案件，人民法院应当重点审查以下内容：

（一）人民检察院讯问犯罪嫌疑人时，是否告知其诉讼权利和认罪认罚的法律规定；

（二）是否随案移送听取犯罪嫌疑人、辩护人或者值班律师、被害人及其诉讼代理人意见的笔录；

（三）被告人与被害人达成调解、和解协议或者取得被害人谅解的，是否随案移送调解、和解协议、被害人谅解书等相关材料；

（四）需要签署认罪认罚具结书的，是否随案移送具结书。

未随案移送前款规定的材料的，应当要求人民检察院补充。

第三百五十条 人民法院应当将被告人认罪认罚作为其是否具有社会危险性的重要考虑因素。被告人罪行较轻，采用非羁押性强制措施足以防止发生社会危险性的，应当依法适用非羁押性强制措施。

第三百五十一条 对认罪认罚案件，法庭审理时应当告知被告人享有的诉讼权利和认罪认罚的法律规定，审查认罪认罚的自愿性和认罪认罚具结书内容的真实性、合法性。

第三百五十二条 对认罪认罚案件，人民检察院起诉指控的事实清楚，但指控的罪名与审理认定的罪名不一致的，人民法院应当听取人民检察院、被告人及其辩护人对审理认定罪名的意见，依法作出判决。

第三百五十三条 对认罪认罚案件，人民法院经审理认为量刑建议明显不当，或者被告人、辩护人对量刑建议提出异议的，人民检察院可以调整量刑建议。人民检察院不调整或者调整后仍然明显不当的，人民法院应当依法作出判决。

适用速裁程序审理认罪认罚案件，需要调整量刑建议的，应当在庭前或者当庭作出调整；调整量刑建议后，仍然符合速裁程序适用条件的，继续适用速裁程序审理。

第三百五十四条 对量刑建议是否明显不当，应当根据审理认定的犯罪事实、认罪认罚的具体情况，结合相关犯罪的法定刑、类似案件的刑罚适用等作出审查判断。

第三百五十五条 对认罪认罚案件，人民法院一般应当对被告人从轻处罚；符合非监禁刑适用条件的，应当适用非监禁刑；具有法定减轻处罚情节的，可以减轻处罚。

对认罪认罚案件，应当根据被告人认罪认罚的阶段早晚以及认罪认罚的主动性、稳定性、彻底性等，在从宽幅度上体现差异。

共同犯罪案件，部分被告人认罪认罚的，可以依法对该部分被告人从宽处罚，但应当注意全案的量刑平衡。

第三百五十六条 被告人在人民检察院提起公诉前未认罪认罚，在审判阶段认罪认罚的，人民法院可以不再通知人民检察院提出或者调整量刑建议。

对前款规定的案件，人民法院应当就定罪量刑听取控辩双方意见，根据刑事诉讼法第十五条和本解释第三百五十五条的规定作出判决。

第三百五十七条 对被告人在第一审程序中未认罪认罚，在第二审程序中认罪认罚的案件，应当根据其认罪认罚的具体情况决定是否从宽，并依法作出裁判。确定从宽幅度时应当与第一审程序认罪认罚有所区别。

第三百五十八条 案件审理过程中，被告人不再认罪认罚的，人民法院应当根据审理查明的事实，依法作出裁判。需要转换程序的，依照本解释的相关规定处理。

第十三章 简易程序

第三百五十九条 基层人民法院受理公诉案件后，经审查认为案件事实清楚、证据充分的，在将起诉书副本送达被告人时，应当询问被告人对指控的犯罪事实的意见，告知其适用简易程序的法律规定。被告人对指控的犯罪事实没有异议并同意适用简易程序的，可以决定适用简易程序，并在开庭前通知人民检察院和辩护人。

对人民检察院建议或者被告人及其辩护人申请适用简易程序审理的案件，依照前款规定处理；不符合简易程序适用条件的，应当通知人民检察院或者被告人及其辩护人。

第三百六十条 具有下列情形之一的，不适用简易程序：

（一）被告人是盲、聋、哑人的；

（二）被告人是尚未完全丧失辨认或者控制自己行为能力的精神病人的；

（三）案件有重大社会影响的；

（四）共同犯罪案件中部分被告人不认罪或者对适用简易程序有异议的；

（五）辩护人作无罪辩护的；

（六）被告人认罪但经审查认为可能不构成犯罪的；

（七）不宜适用简易程序审理的其他情形。

第三百六十一条 适用简易程序审理的案件，符合刑事诉讼法第三十五条第一款规定的，人民法院应当告知被告人及其近亲属可以申请法律援助。

第三百六十二条 适用简易程序审理案件，人民法院应当在开庭前将开庭的时间、地点通知人民检察院、自诉人、被告人、辩护人，也可以通知其他诉讼参与人。

通知可以采用简便方式，但应当记录在案。

第三百六十三条 适用简易程序审理案件，被告人有辩护人的，应当通知其出庭。

第三百六十四条 适用简易程序审理案件，审判长或者独任审判员应当当庭询问被告人对指控的犯罪事实的意见，告知被告人适用简易程序审理的法律规定，确认被告人是否同意适用简易程序。

第三百六十五条 适用简易程序审理案件，可以对庭审作如下简化：

（一）公诉人可以摘要宣读起诉书；

（二）公诉人、辩护人、审判人员对被告人的讯问、发问可以简化或者省略；

（三）对控辩双方无异议的证据，可以仅就证据的名称及所证明的事项作出说明；对控辩双方有异议或者法庭认为有必要调查核实的证据，应当出示，并进行质证；

（四）控辩双方对与定罪量刑有关的事实、证据没有异议的，法庭审理可以直接围绕罪名确定和量刑问题进行。

适用简易程序审理案件，判决宣告前应当听取被告人的最后陈述。

第三百六十六条 适用简易程序独任审判过程中，发现对被告人可能判处的有期徒刑超过三年的，应当转由合议庭审理。

第三百六十七条 适用简易程序审理案件，裁判文书可以简化。

适用简易程序审理案件，一般应当当庭宣判。

第三百六十八条 适用简易程序审理案件，在法庭审理过程中，具有下列情形之一的，应当转为普通程序审理：

（一）被告人的行为可能不构成犯罪的；

（二）被告人可能不负刑事责任的；

（三）被告人当庭对起诉指控的犯罪事实予以否认的；

（四）案件事实不清、证据不足的；

（五）不应当或者不宜适用简易程序的其他情形。

决定转为普通程序审理的案件，审理期限应当从作出决定之日起计算。

第十四章 速裁程序

第三百六十九条 对人民检察院在提起公诉时建议适用速裁程序的案件，基层人民法院经审查认为案件事实清楚，证据确实、充分，可能判处三年有期徒刑以下刑罚的，在将起诉书副本送达被告人时，应当告知被告人适用速裁程序的法律规定，询问其是否同意适用速裁程序。被告人同意适用速裁程序的，可以决定适用速裁程序，并在开庭前通知人民检察院和辩护人。

对人民检察院未建议适用速裁程序的案件，人民法院经审查认为符合速裁程序适用条件的，可以决定适用速裁程序，并在开庭前通知人民检察院和辩护人。

被告人及其辩护人可以向人民法院提出适用速裁程序的申请。

第三百七十条 具有下列情形之一的，不适用速裁程序：

（一）被告人是盲、聋、哑人的；

（二）被告人是尚未完全丧失辨认或者控制自己行为能力的精神病人的；

（三）被告人是未成年人的；

（四）案件有重大社会影响的；

（五）共同犯罪案件中部分被告人对指控的犯罪事实、罪名、量刑建议或者适用速裁程序有异议的；

（六）被告人与被害人或者其法定代理人没有就附带民事诉讼赔偿等事

项达成调解、和解协议的；

（七）辩护人作无罪辩护的；

（八）其他不宜适用速裁程序的情形。

第三百七十一条 适用速裁程序审理案件，人民法院应当在开庭前将开庭的时间、地点通知人民检察院、被告人、辩护人，也可以通知其他诉讼参与人。

通知可以采用简便方式，但应当记录在案。

第三百七十二条 适用速裁程序审理案件，可以集中开庭，逐案审理。公诉人简要宣读起诉书后，审判人员应当当庭询问被告人对指控事实、证据、量刑建议以及适用速裁程序的意见，核实具结书签署的自愿性、真实性、合法性，并核实附带民事诉讼赔偿等情况。

第三百七十三条 适用速裁程序审理案件，一般不进行法庭调查、法庭辩论，但在判决宣告前应当听取辩护人的意见和被告人的最后陈述。

第三百七十四条 适用速裁程序审理案件，裁判文书可以简化。

适用速裁程序审理案件，应当当庭宣判。

第三百七十五条 适用速裁程序审理案件，在法庭审理过程中，具有下列情形之一的，应当转为普通程序或者简易程序审理：

（一）被告人的行为可能不构成犯罪或者不应当追究刑事责任的；

（二）被告人违背意愿认罪认罚的；

（三）被告人否认指控的犯罪事实的；

（四）案件疑难、复杂或者对适用法律有重大争议的；

（五）其他不宜适用速裁程序的情形。

第三百七十六条 决定转为普通程序或者简易程序审理的案件，审理期限应当从作出决定之日起计算。

第三百七十七条 适用速裁程序审理的案件，第二审人民法院依照刑事诉讼法第二百三十六条第一款第三项的规定发回原审人民法院重新审判的，原审人民法院应当适用第一审普通程序重新审判。

第十五章　第二审程序

第三百七十八条 地方各级人民法院在宣告第一审判决、裁定时，应当告知被告人、自诉人及其法定代理人不服判决和准许撤回起诉、终止审理等裁定的，有权在法定期限内以书面或者口头形式，通过本院或者直接向上一级人民法院提出上诉；被告人的辩护人、近亲属经被告人同意，也可以提出上诉；附带民事诉讼当事人及其法定代理人，可以对判决、裁定中的附带民事部分提出上诉。

被告人、自诉人、附带民事诉讼当事人及其法定代理人是否提出上诉，以其在上诉期满前最后一次的意思表示为准。

第三百七十九条 人民法院受理的上诉案件，一般应当有上诉状正本及副本。

上诉状内容一般包括：第一审判决书、裁定书的文号和上诉人收到的时间，第一审人民法院的名称，上诉的请求和理由，提出上诉的时间。被告人的辩护人、近亲属经被告人同意提出上诉的，还应当写明其与被告人的关系，并应当以被告人作为上诉人。

第三百八十条 上诉、抗诉必须在法定期限内提出。不服判决的上诉、抗诉的期限为十日；不服裁定的上诉、抗诉的期限为五日。上诉、抗诉的期限，从接到判决书、裁定书的第二日起计算。

对附带民事判决、裁定的上诉、抗诉期限，应当按照刑事部分的上诉、抗诉期限确定。附带民事部分另行审判的，上诉期限也应当按照刑事诉讼法规定的期限确定。

第三百八十一条 上诉人通过第一审人民法院提出上诉的，第一审人民法院应当审查。上诉符合法律规定的，应当在上诉期满后三日以内将上诉状连同案卷、证据移送上一级人民法院，并将上诉状副本送交同级人民检察院和对方当事人。

第三百八十二条 上诉人直接向第二审人民法院提出上诉的，第二审人民法院应当在收到上诉状后三日以内将上诉状交第一审人民法院。第一审人民法院应当审查上诉是否符合法律规定。符合法律规定的，应当在接到上诉状后三日以内将上诉状连同案卷、证据移送上一级人民法院，并将上诉状副本送交同级人民检察院和对方当事人。

第三百八十三条 上诉人在上诉期限内要求撤回上诉的，人民法院应当准许。

上诉人在上诉期满后要求撤回上诉的，第二审人民法院经审查，认为原判认定事实和适用法律正确，量刑适当的，应当裁定准许；认为原判确有错误的，应当不予准许，继续按照上诉案件审理。

被判处死刑立即执行的被告人提出上诉，在第二审开庭后宣告裁判前申请撤回上诉的，应当不予准许，继续按照上诉案件审理。

第三百八十四条 地方各级人民检察院对同级人民法院第一审判决、裁定的抗诉，应当通过第一审人民法院提交抗诉书。第一审人民法院应当在抗诉期满后三日以内将抗诉书连同案卷、证据移送上一级人民法院，并将抗诉书副本送交当事人。

第三百八十五条 人民检察院在抗诉期限内要求撤回抗诉的，人民法院应当准许。

人民检察院在抗诉期满后要求撤回抗诉的，第二审人民法院可以裁定准许，但是认为原判存在将无罪判为有罪、轻罪重判等情形的，应当不予准许，继续审理。

上级人民检察院认为下级人民检察院抗诉不当，向第二审人民法院要求撤回抗诉的，适用前两款规定。

第三百八十六条 在上诉、抗诉期满前撤回上诉、抗诉的，第一审判决、裁定在上诉、抗诉期满之日起生效。在上诉、抗诉期满后要求撤回上诉、抗诉，第二审人民法院裁定准许的，第一审判决、裁定应当自第二审裁定书送达上诉人或者抗诉机关之日起生效。

第三百八十七条 第二审人民法院对第一审人民法院移送的上诉、抗诉案卷、证据，应当审查是否包括下列内容：

（一）移送上诉、抗诉案件函；

（二）上诉状或者抗诉书；

（三）第一审判决书、裁定书八份（每增加一名被告人增加一份）及其电子文本；

（四）全部案卷、证据，包括案件审理报告和其他应当移送的材料。

前款所列材料齐全的，第二审人民法院应当收案；材料不全的，应当通知第一审人民法院及时补送。

第三百八十八条 第二审人民法院审理上诉、抗诉案件，应当就第一审判决、裁定认定的事实和适用法律进行全面审查，不受上诉、抗诉范围的限制。

第三百八十九条 共同犯罪案件，只有部分被告人提出上诉，或者自诉人只对部分被告人的判决提出上诉，或者人民检察院只对部分被告人的判决提出抗诉的，第二审人民法院应当对全案进行审查，一并处理。

第三百九十条 共同犯罪案件，上诉的被告人死亡，其他被告人未上诉的，第二审人民法院应当对死亡的被告人终止审理；但有证据证明被告人无罪，经缺席审理确认无罪的，应当判决宣告被告人无罪。

具有前款规定的情形，第二审人民法院仍应对全案进行审查，对其他同案被告人作出判决、裁定。

第三百九十一条 对上诉、抗诉案件，应当着重审查下列内容：

（一）第一审判决认定的事实是否清楚，证据是否确实、充分；

（二）第一审判决适用法律是否正确，量刑是否适当；

（三）在调查、侦查、审查起诉、第一审程序中，有无违反法定程序的情形；

（四）上诉、抗诉是否提出新的事实、证据；

（五）被告人的供述和辩解情况；

（六）辩护人的辩护意见及采纳情况；

（七）附带民事部分的判决、裁定是否合法、适当；

（八）对涉案财物的处理是否正确；

（九）第一审人民法院合议庭、审判委员会讨论的意见。

第三百九十二条 第二审期间，被告人除自行辩护外，还可以继续委托第一审辩护人或者另行委托辩护人辩护。

共同犯罪案件，只有部分被告人提出上诉，或者自诉人只对部分被告人的判决提出上诉，或者人民检察院只对部分被告人的判决提出抗诉的，其他同案被告人也可以委托辩护人辩护。

第三百九十三条 下列案件，根据刑事诉讼法第二百三十四条的规定，应当开庭审理：

（一）被告人、自诉人及其法定代理人对第一审认定的事实、证据提出异议，可能影响定罪量刑的上诉案件；

（二）被告人被判处死刑的上诉案件；

（三）人民检察院抗诉的案件；

（四）应当开庭审理的其他案件。

被判处死刑的被告人没有上诉，同案的其他被告人上诉的案件，第二审人民法院应当开庭审理。

第三百九十四条 对上诉、抗诉案件，第二审人民法院经审查，认为原判事实不清、证据不足，或者具有刑事诉讼法第二百三十八条规定的违反法定诉讼程序情形，需要发回重新审判的，可以不开庭审理。

第三百九十五条 第二审期间，人民检察院或者被告人及其辩护人提交新证据的，人民法院应当及时通知对方查阅、摘抄或者复制。

第三百九十六条 开庭审理第二审公诉案件，应当在决定开庭审理后及时通知人民检察院查阅案卷。自通知后的第二日起，人民检察院查阅案卷的时间不计入审理期限。

第三百九十七条 开庭审理上诉、抗诉的公诉案件，应当通知同级人民检察院派员出庭。

抗诉案件，人民检察院接到开庭通知后不派员出庭，且未说明原因的，人民法院可以裁定按人民检察院撤回抗诉处理。

第三百九十八条 开庭审理上诉、抗诉案件，除参照适用第一审程序的有关规定外，应当按照下列规定进行：

（一）法庭调查阶段，审判人员宣读第一审判决书、裁定书后，上诉案件由上诉人或者辩护人先宣读上诉状或者陈述上诉理由，抗诉案件由检察员先宣读抗诉书；既有上诉又有抗诉的案件，先由检察员宣读抗诉书，再由上诉人或者辩护人宣读上诉状或者陈述上诉理由；

（二）法庭辩论阶段，上诉案件，先由上诉人、辩护人发言，后由检察员、诉讼代理人发言；抗诉案件，先由检察员、诉讼代理人发言，后由被告人、辩护人发言；既有上诉又有抗诉的案件，先由检察员、诉讼代理人发言，后由上诉人、辩护人发言。

第三百九十九条 开庭审理上诉、抗诉案件，可以重点围绕对第一审判决、裁定有争议的问题或者有疑问的部分进行。根据案件情况，可以按照下列方式审理：

（一）宣读第一审判决书，可以只宣读案由、主要事实、证据名称和判决主文等；

（二）法庭调查应当重点围绕对第一审判决提出异议的事实、证据以及新的证据等进行；对没有异议的事实、证据和情节，可以直接确认；

（三）对同案审理案件中未上诉的被告人，未被申请出庭或者人民法院认为没有必要到庭的，可以不再传唤到庭；

（四）被告人犯有数罪的案件，对其中事实清楚且无异议的犯罪，可以不在庭审时审理。

同案审理的案件，未提出上诉、人民检察院也未对其判决提出抗诉的被告人要求出庭的，应当准许。出庭的被告人可以参加法庭调查和辩论。

第四百条 第二审案件依法不开庭审理的，应当讯问被告人，听取其他当事人、辩护人、诉讼代理人的意见。合议庭全体成员应当阅卷，必要时应当提交书面阅卷意见。

第四百零一条 审理被告人或者其法定代理人、辩护人、近亲属提出上诉的案件，不得对被告人的刑罚作出实质不利的改判，并应当执行下列规定：

（一）同案审理的案件，只有部分被告人上诉的，既不得加重上诉人的刑罚，也不得加重其他同案被告人的刑罚；

（二）原判认定的罪名不当的，可以改变罪名，但不得加重刑罚或者对刑罚执行产生不利影响；

（三）原判认定的罪数不当的，可以改变罪数，并调整刑罚，但不得加重决定执行的刑罚或者对刑罚执行产生不利影响；

（四）原判对被告人宣告缓刑的，不得撤销缓刑或者延长缓刑考验期；

（五）原判没有宣告职业禁止、禁止令的，不得增加宣告；原判宣告职业禁止、禁止令的，不得增加内容、延长期限；

（六）原判对被告人判处死刑缓期执行没有限制减刑、决定终身监禁的，不得限制减刑、决定终身监禁；

（七）原判判处的刑罚不当、应当适用附加刑而没有适用的，不得直接加重刑罚、适用附加刑。原判判处的刑罚畸轻，必须依法改判的，应当在第二审判决、裁定生效后，依照审判监督程序重新审判。

人民检察院抗诉或者自诉人上诉的案件，不受前款规定的限制。

第四百零二条 人民检察院只对部分被告人的判决提出抗诉，或者自诉人只对部分被告人的判决提出上诉的，第二审人民法院不得对其他同案被告人加重刑罚。

第四百零三条 被告人或者其法定代理人、辩护人、近亲属提出上诉，人民检察院未提出抗诉的案件，第二审人民法院发回重新审判后，除有新的犯罪事实且人民检察院补充起诉的以外，原审人民法院不得加重被告人的刑罚。

对前款规定的案件，原审人民法院对上诉发回重新审判的案件依法作出判决后，人民检察院抗诉的，第二审人民法院不得改判为重于原审人民法院第一次判处的刑罚。

第四百零四条 第二审人民法院认为第一审判决事实不清、证据不足的，可以在查清事实后改判，也可以裁定撤销原判，发回原审人民法院重新审判。

有多名被告人的案件，部分被告人的犯罪事实不清、证据不足或者有新的犯罪事实需要追诉，且有关犯罪与其他同案被告人没有关联的，第二审人民法院根据案件情况，可以对该部分被告人分案处理，将该部分被告人发回原审人民法院重新审判。原审人民法院重新作出判决后，被告人上诉或者人民检察院抗诉，其他被告人的案件尚未作出第二审判决、裁定的，第二审人民法院可以并案审理。

第四百零五条 原判事实不清、证据不足，第二审人民法院发回重新审判的案件，原审人民法院重新作出判决后，被告人上诉或者人民检察院抗诉的，第二审人民法院应当依法作出判决、裁定，不得再发回重新审判。

第四百零六条 第二审人民法院发现原审人民法院在重新审判过程中，有刑事诉讼法第二百三十八条规定的情形之一，或者违反第二百三十九条规定的，应当裁定撤销原判，发回重新审判。

第四百零七条 第二审人民法院审理对刑事部分提出上诉、抗诉，附带民事部分已经发生法律效力的案件，发现第一审判决、裁定中的附带民事部分确有错误的，应当依照审判监督程序对附带民事部分予以纠正。

第四百零八条 刑事附带民事诉讼案件，只有附带民事诉讼当事人及其法定代理人上诉的，第一审刑事部分的判决在上诉期满后即发生法律效力。

应当送监执行的第一审刑事被告人是第二审附带民事诉讼被告人的，在第二审附带民事诉讼案件审结前，可以暂缓送监执行。

第四百零九条 第二审人民法院审理对附带民事部分提出上诉，刑事部分已经发生法律效力的案件，应当对全案进行审查，并按照下列情形分别处理：

（一）第一审判决的刑事部分并无不当的，只需就附带民事部分作出处理；

（二）第一审判决的刑事部分确有错误的，依照审判监督程序对刑事部分进行再审，并将附带民事部分与刑事部分一并审理。

第四百一十条 第二审期间，第一审附带民事诉讼原告人增加独立的诉讼请求或者第一审附带民事诉讼被告人提出反诉的，第二审人民法院可以根据自愿、合法的原则进行调解；调解不成的，告知当事人另行起诉。

第四百一十一条 对第二审自诉案件，必要时可以调解，当事人也可以自行和解。调解结案的，应当制作调解书，第一审判决、裁定视为自动撤销。当事人自行和解的，依照本解释第三百二十九条的规定处理；裁定准许撤回自诉的，应当撤销第一审判决、裁定。

第四百一十二条 第二审期间，自诉案件的当事人提出反诉的，应当告知其另行起诉。

第四百一十三条 第二审人民法院可以委托第一审人民法院代为宣判，并向当事人送达第二审判决书、裁定书。第一审人民法院应当在代为宣判后五日以内将宣判笔录送交第二审人民法院，并在送达完毕后及时将送达回证送交第二审人民法院。

委托宣判的，第二审人民法院应当直接向同级人民检察院送达第二审判决书、裁定书。

第二审判决、裁定是终审的判决、裁定的，自宣告之日起发生法律效力。

第十六章　在法定刑以下判处刑罚和特殊假释的核准

第四百一十四条　报请最高人民法院核准在法定刑以下判处刑罚的案件，应当按照下列情形分别处理：

（一）被告人未上诉、人民检察院未抗诉的，在上诉、抗诉期满后三日以内报请上一级人民法院复核。上级人民法院同意原判的，应当书面层报最高人民法院核准；不同意的，应当裁定发回重新审判，或者按照第二审程序提审；

（二）被告人上诉或者人民检察院抗诉的，上一级人民法院维持原判，或者改判后仍在法定刑以下判处刑罚的，应当依照前项规定层报最高人民法院核准。

第四百一十五条　对符合刑法第六十三条第二款规定的案件，第一审人民法院未在法定刑以下判处刑罚的，第二审人民法院可以在法定刑以下判处刑罚，并层报最高人民法院核准。

第四百一十六条　报请最高人民法院核准在法定刑以下判处刑罚的案件，应当报送判决书、报请核准的报告各五份，以及全部案卷、证据。

第四百一十七条　对在法定刑以下判处刑罚的案件，最高人民法院予以核准的，应当作出核准裁定书；不予核准的，应当作出不核准裁定书，并撤销原判决、裁定，发回原审人民法院重新审判或者指定其他下级人民法院重新审判。

第四百一十八条　依照本解释第四百一十四条、第四百一十七条规定发回第二审人民法院重新审判的案件，第二审人民法院可以直接改判；必须通过开庭查清事实、核实证据或者纠正原审程序违法的，应当开庭审理。

第四百一十九条　最高人民法院和上级人民法院复核在法定刑以下判处刑罚案件的审理期限，参照适用刑事诉讼法第二百四十三条的规定。

第四百二十条　报请最高人民法院核准因罪犯具有特殊情况，不受执行刑期限制的假释案件，应当按照下列情形分别处理：

（一）中级人民法院依法作出假释裁定后，应当报请高级人民法院复核。高级人民法院同意的，应当书面报请最高人民法院核准；不同意的，应当裁定撤销中级人民法院的假释裁定；

（二）高级人民法院依法作出假释裁定的，应当报请最高人民法院核准。

第四百二十一条 报请最高人民法院核准因罪犯具有特殊情况，不受执行刑期限制的假释案件，应当报送报请核准的报告、罪犯具有特殊情况的报告、假释裁定书各五份，以及全部案卷。

第四百二十二条 对因罪犯具有特殊情况，不受执行刑期限制的假释案件，最高人民法院予以核准的，应当作出核准裁定书；不予核准的，应当作出不核准裁定书，并撤销原裁定。

第十七章 死刑复核程序

第四百二十三条 报请最高人民法院核准死刑的案件，应当按照下列情形分别处理：

（一）中级人民法院判处死刑的第一审案件，被告人未上诉、人民检察院未抗诉的，在上诉、抗诉期满后十日以内报请高级人民法院复核。高级人民法院同意判处死刑的，应当在作出裁定后十日以内报请最高人民法院核准；认为原判认定的某一具体事实或者引用的法律条款等存在瑕疵，但判处被告人死刑并无不当的，可以在纠正后作出核准的判决、裁定；不同意判处死刑的，应当依照第二审程序提审或者发回重新审判；

（二）中级人民法院判处死刑的第一审案件，被告人上诉或者人民检察院抗诉，高级人民法院裁定维持的，应当在作出裁定后十日以内报请最高人民法院核准；

（三）高级人民法院判处死刑的第一审案件，被告人未上诉、人民检察院未抗诉的，应当在上诉、抗诉期满后十日以内报请最高人民法院核准。

高级人民法院复核死刑案件，应当讯问被告人。

第四百二十四条 中级人民法院判处死刑缓期执行的第一审案件，被告人未上诉、人民检察院未抗诉的，应当报请高级人民法院核准。

高级人民法院复核死刑缓期执行案件，应当讯问被告人。

第四百二十五条 报请复核的死刑、死刑缓期执行案件，应当一案一报。报送的材料包括报请复核的报告，第一、二审裁判文书，案件综合报告各五份以及全部案卷、证据。案件综合报告，第一、二审裁判文书和审理报告应当附送电子文本。

同案审理的案件应当报送全案案卷、证据。

曾经发回重新审判的案件，原第一、二审案卷应当一并报送。

第四百二十六条 报请复核死刑、死刑缓期执行的报告，应当写明案由、简要案情、审理过程和判决结果。

案件综合报告应当包括以下内容：

（一）被告人、被害人的基本情况。被告人有前科或者曾受过行政处罚、处分的，应当写明；

（二）案件的由来和审理经过。案件曾经发回重新审判的，应当写明发回重新审判的原因、时间、案号等；

（三）案件侦破情况。通过技术调查、侦查措施抓获被告人、侦破案件，以及与自首、立功认定有关的情况，应当写明；

（四）第一审审理情况。包括控辩双方意见，第一审认定的犯罪事实，合议庭和审判委员会意见；

（五）第二审审理或者高级人民法院复核情况。包括上诉理由、人民检察院的意见，第二审审理或者高级人民法院复核认定的事实，证据采信情况及理由，控辩双方意见及采纳情况；

（六）需要说明的问题。包括共同犯罪案件中另案处理的同案犯的处理情况，案件有无重大社会影响，以及当事人的反应等情况；

（七）处理意见。写明合议庭和审判委员会的意见。

第四百二十七条 复核死刑、死刑缓期执行案件，应当全面审查以下内容：

（一）被告人的年龄，被告人有无刑事责任能力、是否系怀孕的妇女；

（二）原判认定的事实是否清楚，证据是否确实、充分；

（三）犯罪情节、后果及危害程度；

（四）原判适用法律是否正确，是否必须判处死刑，是否必须立即执行；

（五）有无法定、酌定从重、从轻或者减轻处罚情节；

（六）诉讼程序是否合法；

（七）应当审查的其他情况。

复核死刑、死刑缓期执行案件，应当重视审查被告人及其辩护人的辩解、辩护意见。

第四百二十八条 高级人民法院复核死刑缓期执行案件，应当按照下列情形分别处理：

（一）原判认定事实和适用法律正确、量刑适当、诉讼程序合法的，应当裁定核准；

（二）原判认定的某一具体事实或者引用的法律条款等存在瑕疵，但判处被告人死刑缓期执行并无不当的，可以在纠正后作出核准的判决、裁定；

（三）原判认定事实正确，但适用法律有错误，或者量刑过重的，应当改判；

（四）原判事实不清、证据不足的，可以裁定不予核准，并撤销原判，发回重新审判，或者依法改判；

（五）复核期间出现新的影响定罪量刑的事实、证据的，可以裁定不予核准，并撤销原判，发回重新审判，或者依照本解释第二百七十一条的规定审理后依法改判；

（六）原审违反法定诉讼程序，可能影响公正审判的，应当裁定不予核准，并撤销原判，发回重新审判。

复核死刑缓期执行案件，不得加重被告人的刑罚。

第四百二十九条 最高人民法院复核死刑案件，应当按照下列情形分别处理：

（一）原判认定事实和适用法律正确、量刑适当、诉讼程序合法的，应当裁定核准；

（二）原判认定的某一具体事实或者引用的法律条款等存在瑕疵，但判处被告人死刑并无不当的，可以在纠正后作出核准的判决、裁定；

（三）原判事实不清、证据不足的，应当裁定不予核准，并撤销原判，发回重新审判；

（四）复核期间出现新的影响定罪量刑的事实、证据的，应当裁定不予核准，并撤销原判，发回重新审判；

（五）原判认定事实正确、证据充分，但依法不应当判处死刑的，应当裁定不予核准，并撤销原判，发回重新审判；根据案件情况，必要时，也可以依法改判；

（六）原审违反法定诉讼程序，可能影响公正审判的，应当裁定不予核准，并撤销原判，发回重新审判。

第四百三十条 最高人民法院裁定不予核准死刑的，根据案件情况，可以发回第二审人民法院或者第一审人民法院重新审判。

对最高人民法院发回第二审人民法院重新审判的案件，第二审人民法院一般不得发回第一审人民法院重新审判。

第一审人民法院重新审判的，应当开庭审理。第二审人民法院重新审判的，可以直接改判；必须通过开庭查清事实、核实证据或者纠正原审程序违法的，应当开庭审理。

第四百三十一条 高级人民法院依照复核程序审理后报请最高人民法院核准死刑，最高人民法院裁定不予核准，发回高级人民法院重新审判的，高级人民法院可以依照第二审程序提审或者发回重新审判。

第四百三十二条 最高人民法院裁定不予核准死刑，发回重新审判的案件，原审人民法院应当另行组成合议庭审理，但本解释第四百二十九条第四项、第五项规定的案件除外。

第四百三十三条 依照本解释第四百三十条、第四百三十一条发回重新审判的案件，第一审人民法院判处死刑、死刑缓期执行的，上一级人民法院依照第二审程序或者复核程序审理后，应当依法作出判决或者裁定，不得再发回重新审判。但是，第一审人民法院有刑事诉讼法第二百三十八条规定的情形或者违反刑事诉讼法第二百三十九条规定的除外。

第四百三十四条 死刑复核期间，辩护律师要求当面反映意见的，最高人民法院有关合议庭应当在办公场所听取其意见，并制作笔录；辩护律师提出书面意见的，应当附卷。

第四百三十五条 死刑复核期间，最高人民检察院提出意见的，最高人民法院应当审查，并将采纳情况及理由反馈最高人民检察院。

第四百三十六条 最高人民法院应当根据有关规定向最高人民检察院通

报死刑案件复核结果。

第十八章 涉案财物处理

第四百三十七条 人民法院对查封、扣押、冻结的涉案财物及其孳息，应当妥善保管，并制作清单，附卷备查；对人民检察院随案移送的实物，应当根据清单核查后妥善保管。任何单位和个人不得挪用或者自行处理。

查封不动产、车辆、船舶、航空器等财物，应当扣押其权利证书，经拍照或者录像后原地封存，或者交持有人、被告人的近亲属保管，登记并写明财物的名称、型号、权属、地址等详细信息，并通知有关财物的登记、管理部门办理查封登记手续。

扣押物品，应当登记并写明物品名称、型号、规格、数量、重量、质量、成色、纯度、颜色、新旧程度、缺损特征和来源等。扣押货币、有价证券，应当登记并写明货币、有价证券的名称、数额、面额等，货币应当存入银行专门账户，并登记银行存款凭证的名称、内容。扣押文物、金银、珠宝、名贵字画等贵重物品以及违禁品，应当拍照，需要鉴定的，应当及时鉴定。对扣押的物品应当根据有关规定及时估价。

冻结存款、汇款、债券、股票、基金份额等财产，应当登记并写明编号、种类、面值、张数、金额等。

第四百三十八条 对被害人的合法财产，权属明确的，应当依法及时返还，但须经拍照、鉴定、估价，并在案卷中注明返还的理由，将原物照片、清单和被害人的领取手续附卷备查；权属不明的，应当在人民法院判决、裁定生效后，按比例返还被害人，但已获退赔的部分应予扣除。

第四百三十九条 审判期间，对不宜长期保存、易贬值或者市场价格波动大的财产，或者有效期即将届满的票据等，经权利人申请或者同意，并经院长批准，可以依法先行处置，所得款项由人民法院保管。

涉案财物先行处置应当依法、公开、公平。

第四百四十条 对作为证据使用的实物，应当随案移送。第一审判决、裁定宣告后，被告人上诉或者人民检察院抗诉的，第一审人民法院应当将上述证据移送第二审人民法院。

第四百四十一条 对实物未随案移送的，应当根据情况，分别审查以下内容：

（一）大宗的、不便搬运的物品，是否随案移送查封、扣押清单，并附原物照片和封存手续，注明存放地点等；

（二）易腐烂、霉变和不易保管的物品，查封、扣押机关变卖处理后，是否随案移送原物照片、清单、变价处理的凭证（复印件）等；

（三）枪支弹药、剧毒物品、易燃易爆物品以及其他违禁品、危险物品，查封、扣押机关根据有关规定处理后，是否随案移送原物照片和清单等。

上述未随案移送的实物，应当依法鉴定、估价的，还应当审查是否附有鉴定、估价意见。

对查封、扣押的货币、有价证券等，未移送实物的，应当审查是否附有原物照片、清单或者其他证明文件。

第四百四十二条 法庭审理过程中，应当依照本解释第二百七十九条的规定，依法对查封、扣押、冻结的财物及其孳息进行审查。

第四百四十三条 被告人将依法应当追缴的涉案财物用于投资或者置业的，对因此形成的财产及其收益，应当追缴。

被告人将依法应当追缴的涉案财物与其他合法财产共同用于投资或者置业的，对因此形成的财产中与涉案财物对应的份额及其收益，应当追缴。

第四百四十四条 对查封、扣押、冻结的财物及其孳息，应当在判决书中写明名称、金额、数量、存放地点及其处理方式等。涉案财物较多，不宜在判决主文中详细列明的，可以附清单。

判决追缴违法所得或者责令退赔的，应当写明追缴、退赔的金额或者财物的名称、数量等情况；已经发还的，应当在判决书中写明。

第四百四十五条 查封、扣押、冻结的财物及其孳息，经审查，确属违法所得或者依法应当追缴的其他涉案财物的，应当判决返还被害人，或者没收上缴国库，但法律另有规定的除外。

对判决时尚未追缴到案或者尚未足额退赔的违法所得，应当判决继续追缴或者责令退赔。

判决返还被害人的涉案财物，应当通知被害人认领；无人认领的，应当公告通知；公告满一年无人认领的，应当上缴国库；上缴国库后有人认领，经查证属实的，应当申请退库予以返还；原物已经拍卖、变卖的，应当返还价款。

对侵犯国有财产的案件，被害单位已经终止且没有权利义务继受人，或者损失已经被核销的，查封、扣押、冻结的财物及其孳息应当上缴国库。

第四百四十六条 第二审期间，发现第一审判决未对随案移送的涉案财物及其孳息作出处理的，可以裁定撤销原判，发回原审人民法院重新审判，由原审人民法院依法对涉案财物及其孳息一并作出处理。

判决生效后，发现原判未对随案移送的涉案财物及其孳息作出处理的，由原审人民法院依法对涉案财物及其孳息另行作出处理。

第四百四十七条 随案移送的或者人民法院查封、扣押的财物及其孳息，由第一审人民法院在判决生效后负责处理。

实物未随案移送、由扣押机关保管的，人民法院应当在判决生效后十日以内，将判决书、裁定书送达扣押机关，并告知其在一个月以内将执行回单送回，确因客观原因无法按时完成的，应当说明原因。

第四百四十八条 对冻结的存款、汇款、债券、股票、基金份额等财产判决没收的，第一审人民法院应当在判决生效后，将判决书、裁定书送达相关金融机构和财政部门，通知相关金融机构依法上缴国库并在接到执行通知书后十五日以内，将上缴国库的凭证、执行回单送回。

第四百四十九条 查封、扣押、冻结的财物与本案无关但已列入清单的，应当由查封、扣押、冻结机关依法处理。

查封、扣押、冻结的财物属于被告人合法所有的，应当在赔偿被害人损失、执行财产刑后及时返还被告人。

第四百五十条 查封、扣押、冻结财物及其处理，本解释没有规定的，参照适用其他司法解释的有关规定。

第十九章 审判监督程序

第四百五十一条 当事人及其法定代理人、近亲属对已经发生法律效力的判决、裁定提出申诉的，人民法院应当审查处理。

案外人认为已经发生法律效力的判决、裁定侵害其合法权益，提出申诉的，人民法院应当审查处理。

申诉可以委托律师代为进行。

第四百五十二条 向人民法院申诉，应当提交以下材料：

（一）申诉状。应当写明当事人的基本情况、联系方式以及申诉的事实与理由；

（二）原一、二审判决书、裁定书等法律文书。经过人民法院复查或者再审的，应当附有驳回申诉通知书、再审决定书、再审判决书、裁定书；

（三）其他相关材料。以有新的证据证明原判决、裁定认定的事实确有错误为由申诉的，应当同时附有相关证据材料；申请人民法院调查取证的，应当附有相关线索或者材料。

申诉符合前款规定的，人民法院应当出具收到申诉材料的回执。申诉不符合前款规定的，人民法院应当告知申诉人补充材料；申诉人拒绝补充必要材料且无正当理由的，不予审查。

第四百五十三条 申诉由终审人民法院审查处理。但是，第二审人民法院裁定准许撤回上诉的案件，申诉人对第一审判决提出申诉的，可以由第一审人民法院审查处理。

上一级人民法院对未经终审人民法院审查处理的申诉，可以告知申诉人向终审人民法院提出申诉，或者直接交终审人民法院审查处理，并告知申诉人；案件疑难、复杂、重大的，也可以直接审查处理。

对未经终审人民法院及其上一级人民法院审查处理，直接向上级人民法院申诉的，上级人民法院应当告知申诉人向下级人民法院提出。

第四百五十四条 最高人民法院或者上级人民法院可以指定终审人民法院以外的人民法院对申诉进行审查。被指定的人民法院审查后，应当制作审查报告，提出处理意见，层报最高人民法院或者上级人民法院审查处理。

第四百五十五条 对死刑案件的申诉，可以由原核准的人民法院直接审查处理，也可以交由原审人民法院审查。原审人民法院应当制作审查报告，提出处理意见，层报原核准的人民法院审查处理。

第四百五十六条 对立案审查的申诉案件，人民法院可以听取当事人和原办案单位的意见，也可以对原判据以定罪量刑的证据和新的证据进行核实。必要时，可以进行听证。

第四百五十七条 对立案审查的申诉案件，应当在三个月以内作出决定，至迟不得超过六个月。因案件疑难、复杂、重大或者其他特殊原因需要延长审查期限的，参照本解释第二百一十条的规定处理。

经审查，具有下列情形之一的，应当根据刑事诉讼法第二百五十三条的规定，决定重新审判：

（一）有新的证据证明原判决、裁定认定的事实确有错误，可能影响定罪量刑的；

（二）据以定罪量刑的证据不确实、不充分、依法应当排除的；

（三）证明案件事实的主要证据之间存在矛盾的；

（四）主要事实依据被依法变更或者撤销的；

（五）认定罪名错误的；

（六）量刑明显不当的；

（七）对违法所得或者其他涉案财物的处理确有明显错误的；

（八）违反法律关于溯及力规定的；

（九）违反法定诉讼程序，可能影响公正裁判的；

（十）审判人员在审理该案件时有贪污受贿、徇私舞弊、枉法裁判行为的。

申诉不具有上述情形的，应当说服申诉人撤回申诉；对仍然坚持申诉的，应当书面通知驳回。

第四百五十八条 具有下列情形之一，可能改变原判决、裁定据以定罪量刑的事实的证据，应当认定为刑事诉讼法第二百五十三条第一项规定的“新的证据”：

（一）原判决、裁定生效后新发现的证据；

（二）原判决、裁定生效前已经发现，但未予收集的证据；

（三）原判决、裁定生效前已经收集，但未经质证的证据；

（四）原判决、裁定所依据的鉴定意见，勘验、检查等笔录被改变或者否定的；

（五）原判决、裁定所依据的被告人供述、证人证言等证据发生变化，影响定罪量刑，且有合理理由的。

第四百五十九条 申诉人对驳回申诉不服的，可以向上一级人民法院申诉。上一级人民法院经审查认为申诉不符合刑事诉讼法第二百五十三条和本解释第四百五十七条第二款规定的，应当说服申诉人撤回申诉；对仍然坚持申诉的，应当驳回或者通知不予重新审判。

第四百六十条 各级人民法院院长发现本院已经发生法律效力的判决、裁定确有错误的，应当提交审判委员会讨论决定是否再审。

第四百六十一条 上级人民法院发现下级人民法院已经发生法律效力的判决、裁定确有错误的，可以指令下级人民法院再审；原判决、裁定认定事实正确但适用法律错误，或者案件疑难、复杂、重大，或者有不宜由原审人民法院审理情形的，也可以提审。

上级人民法院指令下级人民法院再审的，一般应当指令原审人民法院以外的下级人民法院审理；由原审人民法院审理更有利于查明案件事实、纠正裁判错误的，可以指令原审人民法院审理。

第四百六十二条 对人民检察院依照审判监督程序提出抗诉的案件，人民法院应当在收到抗诉书后一个月以内立案。但是，有下列情形之一的，应当区别情况予以处理：

（一）不属于本院管辖的，应当将案件退回人民检察院；

（二）按照抗诉书提供的住址无法向被抗诉的原审被告人送达抗诉书的，应当通知人民检察院在三日以内重新提供原审被告人的住址；逾期未提供的，将案件退回人民检察院；

（三）以有新的证据为由提出抗诉，但未附相关证据材料或者有关证据不是指向原起诉事实的，应当通知人民检察院在三日以内补送相关材料；逾期未补送的，将案件退回人民检察院。

决定退回的抗诉案件，人民检察院经补充相关材料后再次抗诉，经审查符合受理条件的，人民法院应当受理。

第四百六十三条 对人民检察院依照审判监督程序提出抗诉的案件，接受抗诉的人民法院应当组成合议庭审理。对原判事实不清、证据不足，包括有新的证据证明原判可能有错误，需要指令下级人民法院再审的，应当在立案之日起一个月以内作出决定，并将指令再审决定书送达抗诉的人民检察院。

第四百六十四条 对决定依照审判监督程序重新审判的案件，人民法院应当制作再审决定书。再审期间不停止原判决、裁定的执行，但被告人可能经再审改判无罪，或者可能经再审减轻原判刑罚而致刑期届满的，可以决定中止原判决、裁定的执行，必要时，可以对被告人采取取保候审、监视居住措施。

第四百六十五条 依照审判监督程序重新审判的案件，人民法院应当重点针对申诉、抗诉和决定再审的理由进行审理。必要时，应当对原判决、裁定认定的事实、证据和适用法律进行全面审查。

第四百六十六条 原审人民法院审理依照审判监督程序重新审判的案件，应当另行组成合议庭。

原来是第一审案件，应当依照第一审程序进行审判，所作的判决、裁定可以上诉、抗诉；原来是第二审案件，或者是上级人民法院提审的案件，应当依照第二审程序进行审判，所作的判决、裁定是终审的判决、裁定。

符合刑事诉讼法第二百九十六条、第二百九十七条规定的，可以缺席审判。

第四百六十七条 对依照审判监督程序重新审判的案件，人民法院在依照第一审程序进行审判的过程中，发现原审被告人还有其他犯罪的，一般应当并案审理，但分案审理更为适宜的，可以分案审理。

第四百六十八条 开庭审理再审案件，再审决定书或者抗诉书只针对部分原审被告人，其他同案原审被告人不出庭不影响审理的，可以不出庭参加诉讼。

第四百六十九条 除人民检察院抗诉的以外，再审一般不得加重原审被告人的刑罚。再审决定书或者抗诉书只针对部分原审被告人的，不得加重其他同案原审被告人的刑罚。

第四百七十条 人民法院审理人民检察院抗诉的再审案件，人民检察院在开庭审理前撤回抗诉的，应当裁定准许；人民检察院接到出庭通知后不派员出庭，且未说明原因的，可以裁定按撤回抗诉处理，并通知诉讼参与人。

人民法院审理申诉人申诉的再审案件，申诉人在再审期间撤回申诉的，可以裁定准许；但认为原判确有错误的，应当不予准许，继续按照再审案件审理。申诉人经依法通知无正当理由拒不到庭，或者未经法庭许可中途退庭的，可以裁定按撤回申诉处理，但申诉人不是原审当事人的除外。

第四百七十一条 开庭审理的再审案件，系人民法院决定再审的，由合议庭组成人员宣读再审决定书；系人民检察院抗诉的，由检察员宣读抗诉书；系申诉人申诉的，由申诉人或者其辩护人、诉讼代理人陈述申诉理由。

第四百七十二条 再审案件经过重新审理后，应当按照下列情形分别处理：

（一）原判决、裁定认定事实和适用法律正确、量刑适当的，应当裁定驳回申诉或者抗诉，维持原判决、裁定；

（二）原判决、裁定定罪准确、量刑适当，但在认定事实、适用法律等方面有瑕疵的，应当裁定纠正并维持原判决、裁定；

（三）原判决、裁定认定事实没有错误，但适用法律错误或者量刑不当的，应当撤销原判决、裁定，依法改判；

（四）依照第二审程序审理的案件，原判决、裁定事实不清、证据不足的，可以在查清事实后改判，也可以裁定撤销原判，发回原审人民法院重新审判。

原判决、裁定事实不清或者证据不足，经审理事实已经查清的，应当根据查清的事实依法裁判；事实仍无法查清，证据不足，不能认定被告人有罪的，应当撤销原判决、裁定，判决宣告被告人无罪。

第四百七十三条 原判决、裁定认定被告人姓名等身份信息有误，但认定事实和适用法律正确、量刑适当的，作出生效判决、裁定的人民法院可以通过裁定对有关信息予以更正。

第四百七十四条 对再审改判宣告无罪并依法享有申请国家赔偿权利的当事人，人民法院宣判时，应当告知其在判决发生法律效力后可以依法申请国家赔偿。

第二十章 涉外刑事案件的审理和刑事司法协助

第一节 涉外刑事案件的审理

第四百七十五条 本解释所称的涉外刑事案件是指：

（一）在中华人民共和国领域内，外国人犯罪或者我国公民对外国、外国人犯罪的案件；

（二）符合刑法第七条、第十条规定情形的我国公民在中华人民共和国领域外犯罪的案件；

（三）符合刑法第八条、第十条规定情形的外国人犯罪的案件；

（四）符合刑法第九条规定情形的中华人民共和国在所承担国际条约义务范围内行使管辖权的案件。

第四百七十六条 第一审涉外刑事案件，除刑事诉讼法第二十一条至第二十三条规定的以外，由基层人民法院管辖。必要时，中级人民法院可以指定辖区内若干基层人民法院集中管辖第一审涉外刑事案件，也可以依照刑事诉讼法第二十四条的规定，审理基层人民法院管辖的第一审涉外刑事案件。

第四百七十七条 外国人的国籍，根据其入境时持用的有效证件确认；国籍不明的，根据公安机关或者有关国家驻华使领馆出具的证明确认。

国籍无法查明的，以无国籍人对待，适用本章有关规定，在裁判文书中写明“国籍不明”。

第四百七十八条 在刑事诉讼中，外国籍当事人享有我国法律规定的诉讼权利并承担相应义务。

第四百七十九条 涉外刑事案件审判期间，人民法院应当将下列事项及时通报同级人民政府外事主管部门，并依照有关规定通知有关国家驻华使领馆：

（一）人民法院决定对外国籍被告人采取强制措施的情况，包括外国籍当事人的姓名（包括译名）、性别、入境时间、护照或者证件号码、采取的强制措施及法律依据、羁押地点等；

（二）开庭的时间、地点、是否公开审理等事项；

（三）宣判的时间、地点。

涉外刑事案件宣判后，应当将处理结果及时通报同级人民政府外事主管部门。

对外国籍被告人执行死刑的，死刑裁决下达后执行前，应当通知其国籍国驻华使领馆。

外国籍被告人在案件审理中死亡的，应当及时通报同级人民政府外事主管部门，并通知有关国家驻华使领馆。

第四百八十条 需要向有关国家驻华使领馆通知有关事项的，应当层报高级人民法院，由高级人民法院按照下列规定通知：

（一）外国籍当事人国籍国与我国签订有双边领事条约的，根据条约规定办理；未与我国签订双边领事条约，但参加《维也纳领事关系公约》的，根据公约规定办理；未与我国签订领事条约，也未参加《维也纳领事关系公约》，但与我国有外交关系的，可以根据外事主管部门的意见，按照互惠原则，根据有关规定和国际惯例办理；

（二）在外国驻华领馆领区内发生的涉外刑事案件，通知有关外国驻该地区的领馆；在外国领馆领区外发生的涉外刑事案件，通知有关外国驻华使馆；与我国有外交关系，但未设使领馆的国家，可以通知其代管国家驻华使领馆；无代管国家、代管国家不明的，可以不通知；

（三）双边领事条约规定通知时限的，应当在规定的期限内通知；没有规定的，应当根据或者参照《维也纳领事关系公约》和国际惯例尽快通知，至迟不得超过七日；

（四）双边领事条约没有规定必须通知，外国籍当事人要求不通知其国籍国驻华使领馆的，可以不通知，但应当由其本人出具书面声明。

高级人民法院向外国驻华使领馆通知有关事项，必要时，可以请人民政府外事主管部门协助。

第四百八十一条 人民法院受理涉外刑事案件后，应当告知在押的外国籍被告人享有与其国籍国驻华使领馆联系，与其监护人、近亲属会见、通信，以及请求人民法院提供翻译的权利。

第四百八十二条 涉外刑事案件审判期间，外国籍被告人在押，其国籍国驻华使领馆官员要求探视的，可以向受理案件的人民法院所在地的高级人民法院提出。人民法院应当根据我国与被告人国籍国签订的双边领事条约规定的时限予以安排；没有条约规定的，应当尽快安排。必要时，可以请人民政府外事主管部门协助。

涉外刑事案件审判期间，外国籍被告人在押，其监护人、近亲属申请会见的，可以向受理案件的人民法院所在地的高级人民法院提出，并依照本解释第四百八十六条的规定提供与被告人关系的证明。人民法院经审查认为不妨碍案件审判的，可以批准。

被告人拒绝接受探视、会见的，应当由其本人出具书面声明。拒绝出具书面声明的，应当记录在案；必要时，应当录音录像。

探视、会见被告人应当遵守我国法律规定。

第四百八十三条 人民法院审理涉外刑事案件，应当公开进行，但依法不应公开审理的除外。

公开审理的涉外刑事案件，外国籍当事人国籍国驻华使领馆官员要求旁听的，可以向受理案件的人民法院所在地的高级人民法院提出申请，人民法院应当安排。

第四百八十四条 人民法院审判涉外刑事案件，使用中华人民共和国通用的语言、文字，应当为外国籍当事人提供翻译。翻译人员应当在翻译文件上签名。

人民法院的诉讼文书为中文本。外国籍当事人不通晓中文的，应当附有外文译本，译本不加盖人民法院印章，以中文本为准。

外国籍当事人通晓中国语言、文字，拒绝他人翻译，或者不需要诉讼文书外文译本的，应当由其本人出具书面声明。拒绝出具书面声明的，应当记录在案；必要时，应当录音录像。

第四百八十五条 外国籍被告人委托律师辩护，或者外国籍附带民事诉讼原告人、自诉人委托律师代理诉讼的，应当委托具有中华人民共和国律师资格并依法取得执业证书的律师。

外国籍被告人在押的，其监护人、近亲属或者其国籍国驻华使领馆可以代为委托辩护人。其监护人、近亲属代为委托的，应当提供与被告人关系的有效证明。

外国籍当事人委托其监护人、近亲属担任辩护人、诉讼代理人的，被委托人应当提供与当事人关系的有效证明。经审查，符合刑事诉讼法、有关司法解释规定的，人民法院应当准许。

外国籍被告人没有委托辩护人的，人民法院可以通知法律援助机构为其指派律师提供辩护。被告人拒绝辩护人辩护的，应当由其出具书面声明，或者将其口头声明记录在案；必要时，应当录音录像。被告人属于应当提供法律援助情形的，依照本解释第五十条规定处理。

第四百八十六条 外国籍当事人从中华人民共和国领域外寄交或者托交给中国律师或者中国公民的委托书，以及外国籍当事人的监护人、近亲属提供的与当事人关系的证明，必须经所在国公证机关证明，所在国中央外交主管机关或者其授权机关认证，并经中华人民共和国驻该国使领馆认证，或者履行中华人民共和国与该所在国订立的有关条约中规定的证明手续，但我国与该国之间有互免认证协定的除外。

第四百八十七条 对涉外刑事案件的被告人，可以决定限制出境；对开庭审理案件时必须到庭的证人，可以要求暂缓出境。限制外国人出境的，应当通报同级人民政府外事主管部门和当事人国籍国驻华使领馆。

人民法院决定限制外国人和中国公民出境的，应当书面通知被限制出境的人在案件审理终结前不得离境，并可以采取扣留护照或者其他出入境证件的办法限制其出境；扣留证件的，应当履行必要手续，并发给本人扣留证件的证明。

需要对外国人和中国公民在口岸采取边控措施的，受理案件的人民法院应当按照规定制作边控对象通知书，并附有关法律文书，层报高级人民法院办理交控手续。紧急情况下，需要采取临时边控措施的，受理案件的人民法院可以先向有关口岸所在地出入境边防检查机关交控，但应当在七日以内按照规定层报高级人民法院办理手续。

第四百八十八条 涉外刑事案件，符合刑事诉讼法第二百零八条第一款、第二百四十三条规定的，经有关人民法院批准或者决定，可以延长审理期限。

第四百八十九条 涉外刑事案件宣判后，外国籍当事人国籍国驻华使领馆要求提供裁判文书的，可以向受理案件的人民法院所在地的高级人民法院提出，人民法院可以提供。

第四百九十条 涉外刑事案件审理过程中的其他事项，依照法律、司法解释和其他有关规定办理。

第二节　刑事司法协助

第四百九十一条 请求和提供司法协助，应当依照《中华人民共和国国际刑事司法协助法》、我国与有关国家、地区签订的刑事司法协助条约、移管被判刑人条约和有关法律规定进行。

对请求书的签署机关、请求书及所附材料的语言文字、有关办理期限和具体程序等事项，在不违反中华人民共和国法律的基本原则的情况下，可以按照刑事司法协助条约规定或者双方协商办理。

第四百九十二条 外国法院请求的事项有损中华人民共和国的主权、安全、社会公共利益以及违反中华人民共和国法律的基本原则的，人民法院不予协助；属于有关法律规定的可以拒绝提供刑事司法协助情形的，可以不予协助。

第四百九十三条 人民法院请求外国提供司法协助的，应当层报最高人民法院，经最高人民法院审核同意后交由有关对外联系机关及时向外国提出请求。

外国法院请求我国提供司法协助，有关对外联系机关认为属于人民法院职权范围的，经最高人民法院审核同意后转有关人民法院办理。

第四百九十四条 人民法院请求外国提供司法协助的请求书，应当依照刑事司法协助条约的规定提出；没有条约或者条约没有规定的，应当载明法律规定的相关信息并附相关材料。请求书及其所附材料应当以中文制作，并附有被请求国官方文字的译本。

外国请求我国法院提供司法协助的请求书，应当依照刑事司法协助条约的规定提出；没有条约或者条约没有规定的，应当载明我国法律规定的相关信息并附相关材料。请求书及所附材料应当附有中文译本。

第四百九十五条 人民法院向在中华人民共和国领域外居住的当事人送达刑事诉讼文书，可以采用下列方式：

（一）根据受送达人所在国与中华人民共和国缔结或者共同参加的国际条约规定的方式送达；

（二）通过外交途径送达；

（三）对中国籍当事人，所在国法律允许或者经所在国同意的，可以委托我国驻受送达人所在国的使领馆代为送达；

（四）当事人是自诉案件的自诉人或者附带民事诉讼原告人的，可以向有权代其接受送达的诉讼代理人送达；

（五）当事人是外国单位的，可以向其在中华人民共和国领域内设立的代表机构或者有权接受送达的分支机构、业务代办人送达；

（六）受送达人所在国法律允许的，可以邮寄送达；自邮寄之日起满三个月，送达回证未退回，但根据各种情况足以认定已经送达的，视为送达；

（七）受送达人所在国法律允许的，可以采用传真、电子邮件等能够确认受送达人收悉的方式送达。

第四百九十六条 人民法院通过外交途径向在中华人民共和国领域外居住的受送达人送达刑事诉讼文书的，所送达的文书应当经高级人民法院审查后报最高人民法院审核。最高人民法院认为可以发出的，由最高人民法院交外交部主管部门转递。

外国法院通过外交途径请求人民法院送达刑事诉讼文书的，由该国驻华使馆将法律文书交我国外交部主管部门转最高人民法院。最高人民法院审核后认为属于人民法院职权范围，且可以代为送达的，应当转有关人民法院办理。

第二十一章 执行程序

第一节 死刑的执行

第四百九十七条 被判处死刑缓期执行的罪犯，在死刑缓期执行期间犯罪的，应当由罪犯服刑地的中级人民法院依法审判，所作的判决可以上诉、抗诉。

认定故意犯罪，情节恶劣，应当执行死刑的，在判决、裁定发生法律效力后，应当层报最高人民法院核准执行死刑。

对故意犯罪未执行死刑的，不再报高级人民法院核准，死刑缓期执行的期间重新计算，并层报最高人民法院备案。备案不影响判决、裁定的生效和执行。

最高人民法院经备案审查，认为原判不予执行死刑错误，确需改判的，应当依照审判监督程序予以纠正。

第四百九十八条 死刑缓期执行的期间，从判决或者裁定核准死刑缓期执行的法律文书宣告或者送达之日起计算。

死刑缓期执行期满，依法应当减刑的，人民法院应当及时减刑。死刑缓期执行期满减为无期徒刑、有期徒刑的，刑期自死刑缓期执行期满之日起计算。

第四百九十九条 最高人民法院的执行死刑命令，由高级人民法院交付第一审人民法院执行。第一审人民法院接到执行死刑命令后，应当在七日以内执行。

在死刑缓期执行期间故意犯罪，最高人民法院核准执行死刑的，由罪犯服刑地的中级人民法院执行。

第五百条 下级人民法院在接到执行死刑命令后、执行前，发现有下列情形之一的，应当暂停执行，并立即将请求停止执行死刑的报告和相关材料层报最高人民法院：

（一）罪犯可能有其他犯罪的；

（二）共同犯罪的其他犯罪嫌疑人到案，可能影响罪犯量刑的；

（三）共同犯罪的其他罪犯被暂停或者停止执行死刑，可能影响罪犯量刑的；

（四）罪犯揭发重大犯罪事实或者有其他重大立功表现，可能需要改判的；

（五）罪犯怀孕的；

（六）判决、裁定可能有影响定罪量刑的其他错误的。

最高人民法院经审查，认为可能影响罪犯定罪量刑的，应当裁定停止执行死刑；认为不影响的，应当决定继续执行死刑。

第五百零一条 最高人民法院在执行死刑命令签发后、执行前，发现有前条第一款规定情形的，应当立即裁定停止执行死刑，并将有关材料移交下级人民法院。

第五百零二条 下级人民法院接到最高人民法院停止执行死刑的裁定后，应当会同有关部门调查核实停止执行死刑的事由，并及时将调查结果和意见层报最高人民法院审核。

第五百零三条 对下级人民法院报送的停止执行死刑的调查结果和意见，由最高人民法院原作出核准死刑判决、裁定的合议庭负责审查；必要时，另行组成合议庭进行审查。

第五百零四条 最高人民法院对停止执行死刑的案件，应当按照下列情形分别处理：

（一）确认罪犯怀孕的，应当改判；

（二）确认罪犯有其他犯罪，依法应当追诉的，应当裁定不予核准死刑，撤销原判，发回重新审判；

（三）确认原判决、裁定有错误或者罪犯有重大立功表现，需要改判的，应当裁定不予核准死刑，撤销原判，发回重新审判；

（四）确认原判决、裁定没有错误，罪犯没有重大立功表现，或者重大立功表现不影响原判决、裁定执行的，应当裁定继续执行死刑，并由院长重新签发执行死刑的命令。

第五百零五条 第一审人民法院在执行死刑前，应当告知罪犯有权会见其近亲属。罪犯申请会见并提供具体联系方式的，人民法院应当通知其近亲属。确实无法与罪犯近亲属取得联系，或者其近亲属拒绝会见的，应当告知罪犯。罪犯申请通过录音录像等方式留下遗言的，人民法院可以准许。

罪犯近亲属申请会见的，人民法院应当准许并及时安排，但罪犯拒绝会见的除外。罪犯拒绝会见的，应当记录在案并及时告知其近亲属；必要时，应当录音录像。

罪犯申请会见近亲属以外的亲友，经人民法院审查，确有正当理由的，在确保安全的情况下可以准许。

罪犯申请会见未成年子女的，应当经未成年子女的监护人同意；会见可能影响未成年人身心健康的，人民法院可以通过视频方式安排会见，会见时监护人应当在场。

会见一般在罪犯羁押场所进行。

会见情况应当记录在案，附卷存档。

第五百零六条 第一审人民法院在执行死刑三日以前，应当通知同级人民检察院派员临场监督。

第五百零七条 死刑采用枪决或者注射等方法执行。

采用注射方法执行死刑的，应当在指定的刑场或者羁押场所内执行。

采用枪决、注射以外的其他方法执行死刑的，应当事先层报最高人民法院批准。

第五百零八条 执行死刑前，指挥执行的审判人员应当对罪犯验明正身，讯问有无遗言、信札，并制作笔录，再交执行人员执行死刑。

执行死刑应当公布，禁止游街示众或者其他有辱罪犯人格的行为。

第五百零九条 执行死刑后，应当由法医验明罪犯确实死亡，在场书记员制作笔录。负责执行的人民法院应当在执行死刑后十五日以内将执行情况，包括罪犯被执行死刑前后的照片，上报最高人民法院。

第五百一十条 执行死刑后，负责执行的人民法院应当办理以下事项：

（一）对罪犯的遗书、遗言笔录，应当及时审查；涉及财产继承、债务清偿、家事嘱托等内容的，将遗书、遗言笔录交给家属，同时复制附卷备查；涉及案件线索等问题的，抄送有关机关；

（二）通知罪犯家属在限期内领取罪犯骨灰；没有火化条件或者因民族、宗教等原因不宜火化的，通知领取尸体；过期不领取的，由人民法院通知有关单位处理，并要求有关单位出具处理情况的说明；对罪犯骨灰或者尸体的处理情况，应当记录在案；

（三）对外国籍罪犯执行死刑后，通知外国驻华使领馆的程序和时限，根据有关规定办理。

第二节 死刑缓期执行、无期徒刑、有期徒刑、拘役的交付执行

第五百一十一条 被判处死刑缓期执行、无期徒刑、有期徒刑、拘役的罪犯，第一审人民法院应当在判决、裁定生效后十日以内，将判决书、裁定书、起诉书副本、自诉状复印件、执行通知书、结案登记表送达公安机关、监狱或者其他执行机关。

第五百一十二条 同案审理的案件中，部分被告人被判处死刑，对未被判处死刑的同案被告人需要羁押执行刑罚的，应当根据前条规定及时交付执行。但是，该同案被告人参与实施有关死刑之罪的，应当在复核讯问被判处死刑的被告人后交付执行。

第五百一十三条 执行通知书回执经看守所盖章后，应当附卷备查。

第五百一十四条 罪犯在被交付执行前，因有严重疾病、怀孕或者正在哺乳自己婴儿的妇女、生活不能自理的原因，依法提出暂予监外执行的申请的，有关病情诊断、妊娠检查和生活不能自理的鉴别，由人民法院负责组织进行。

第五百一十五条 被判处无期徒刑、有期徒刑或者拘役的罪犯，符合刑事诉讼法第二百六十五条第一款、第二款的规定，人民法院决定暂予监外执行的，应当制作暂予监外执行决定书，写明罪犯基本情况、判决确定的罪名和刑罚、决定暂予监外执行的原因、依据等。

人民法院在作出暂予监外执行决定前，应当征求人民检察院的意见。

人民检察院认为人民法院的暂予监外执行决定不当，在法定期限内提出书面意见的，人民法院应当立即对该决定重新核查，并在一个月以内作出决定。

对暂予监外执行的罪犯，适用本解释第五百一十九条的有关规定，依法实行社区矫正。

人民法院决定暂予监外执行的，由看守所或者执行取保候审、监视居住的公安机关自收到决定之日起十日以内将罪犯移送社区矫正机构。

第五百一十六条 人民法院收到社区矫正机构的收监执行建议书后，经审查，确认暂予监外执行的罪犯具有下列情形之一的，应当作出收监执行的决定：

（一）不符合暂予监外执行条件的；

（二）未经批准离开所居住的市、县，经警告拒不改正，或者拒不报告行踪，脱离监管的；

（三）因违反监督管理规定受到治安管理处罚，仍不改正的；

（四）受到执行机关两次警告，仍不改正的；

（五）保外就医期间不按规定提交病情复查情况，经警告拒不改正的；

（六）暂予监外执行的情形消失后，刑期未满的；

（七）保证人丧失保证条件或者因不履行义务被取消保证人资格，不能在规定期限内提出新的保证人的；

（八）违反法律、行政法规和监督管理规定，情节严重的其他情形。

第五百一十七条 人民法院应当在收到社区矫正机构的收监执行建议书

后三十日以内作出决定。收监执行决定书一经作出，立即生效。

人民法院应当将收监执行决定书送达社区矫正机构和公安机关，并抄送人民检察院，由公安机关将罪犯交付执行。

第五百一十八条 被收监执行的罪犯有不计入执行刑期情形的，人民法院应当在作出收监决定时，确定不计入执行刑期的具体时间。

第三节 管制、缓刑、剥夺政治权利的交付执行

第五百一十九条 对被判处管制、宣告缓刑的罪犯，人民法院应当依法确定社区矫正执行地。社区矫正执行地为罪犯的居住地；罪犯在多个地方居住的，可以确定其经常居住地为执行地；罪犯的居住地、经常居住地无法确定或者不适宜执行社区矫正的，应当根据有利于罪犯接受矫正、更好地融入社会的原则，确定执行地。

宣判时，应当告知罪犯自判决、裁定生效之日起十日以内到执行地社区矫正机构报到，以及不按期报到的后果。

人民法院应当自判决、裁定生效之日起五日以内通知执行地社区矫正机构，并在十日以内将判决书、裁定书、执行通知书等法律文书送达执行地社区矫正机构，同时抄送人民检察院和执行地公安机关。人民法院与社区矫正执行地不在同一地方的，由执行地社区矫正机构将法律文书转送所在地的人民检察院和公安机关。

第五百二十条 对单处剥夺政治权利的罪犯，人民法院应当在判决、裁定生效后十日以内，将判决书、裁定书、执行通知书等法律文书送达罪犯居住地的县级公安机关，并抄送罪犯居住地的县级人民检察院。

第四节 刑事裁判涉财产部分和附带民事裁判的执行

第五百二十一条 刑事裁判涉财产部分的执行，是指发生法律效力的刑事裁判中下列判项的执行：

（一）罚金、没收财产；

（二）追缴、责令退赔违法所得；

（三）处置随案移送的赃款赃物；

（四）没收随案移送的供犯罪所用本人财物；

（五）其他应当由人民法院执行的相关涉财产的判项。

第五百二十二条 刑事裁判涉财产部分和附带民事裁判应当由人民法院执行的，由第一审人民法院负责裁判执行的机构执行。

第五百二十三条 罚金在判决规定的期限内一次或者分期缴纳。期满无故不缴纳或者未足额缴纳的，人民法院应当强制缴纳。经强制缴纳仍不能全部缴纳的，在任何时候，包括主刑执行完毕后，发现被执行人有可供执行的财产的，应当追缴。

行政机关对被告人就同一事实已经处以罚款的，人民法院判处罚金时应当折抵，扣除行政处罚已执行的部分。

第五百二十四条 因遭遇不能抗拒的灾祸等原因缴纳罚金确有困难，被执行人申请延期缴纳、酌情减少或者免除罚金的，应当提交相关证明材料。人民法院应当在收到申请后一个月以内作出裁定。符合法定条件的，应当准许；不符合条件的，驳回申请。

第五百二十五条 判处没收财产的，判决生效后，应当立即执行。

第五百二十六条 执行财产刑，应当参照被扶养人住所地政府公布的上年度当地居民最低生活费标准，保留被执行人及其所扶养人的生活必需费用。

第五百二十七条 被判处财产刑，同时又承担附带民事赔偿责任的被执行人，应当先履行民事赔偿责任。

第五百二十八条 执行刑事裁判涉财产部分、附带民事裁判过程中，当事人、利害关系人认为执行行为违反法律规定，或者案外人对被执行标的书面提出异议的，人民法院应当参照民事诉讼法的有关规定处理。

第五百二十九条 执行刑事裁判涉财产部分、附带民事裁判过程中，具有下列情形之一的，人民法院应当裁定终结执行：

（一）据以执行的判决、裁定被撤销的；

（二）被执行人死亡或者被执行死刑，且无财产可供执行的；

（三）被判处罚金的单位终止，且无财产可供执行的；

（四）依照刑法第五十三条规定免除罚金的；

（五）应当终结执行的其他情形。

裁定终结执行后，发现被执行人的财产有被隐匿、转移等情形的，应当追缴。

第五百三十条 被执行财产在外地的，第一审人民法院可以委托财产所在地的同级人民法院执行。

第五百三十一条 刑事裁判涉财产部分、附带民事裁判全部或者部分被撤销的，已经执行的财产应当全部或者部分返还被执行人；无法返还的，应当依法赔偿。

第五百三十二条 刑事裁判涉财产部分、附带民事裁判的执行，刑事诉讼法及有关刑事司法解释没有规定的，参照适用民事执行的有关规定。

第五节 减刑、假释案件的审理

第五百三十三条 被判处死刑缓期执行的罪犯，在死刑缓期执行期间，没有故意犯罪的，死刑缓期执行期满后，应当裁定减刑；死刑缓期执行期满后，尚未裁定减刑前又犯罪的，应当在依法减刑后，对其所犯新罪另行审判。

第五百三十四条 对减刑、假释案件，应当按照下列情形分别处理：

（一）对被判处死刑缓期执行的罪犯的减刑，由罪犯服刑地的高级人民法院在收到同级监狱管理机关审核同意的减刑建议书后一个月以内作出裁定；

（二）对被判处无期徒刑的罪犯的减刑、假释，由罪犯服刑地的高级人民法院在收到同级监狱管理机关审核同意的减刑、假释建议书后一个月以内作出裁定，案情复杂或者情况特殊的，可以延长一个月；

（三）对被判处有期徒刑和被减为有期徒刑的罪犯的减刑、假释，由罪犯服刑地的中级人民法院在收到执行机关提出的减刑、假释建议书后一个月以内作出裁定，案情复杂或者情况特殊的，可以延长一个月；

（四）对被判处管制、拘役的罪犯的减刑，由罪犯服刑地的中级人民法院在收到同级执行机关审核同意的减刑建议书后一个月以内作出裁定。

对社区矫正对象的减刑，由社区矫正执行地的中级以上人民法院在收到社区矫正机构减刑建议书后三十日以内作出裁定。

第五百三十五条 受理减刑、假释案件，应当审查执行机关移送的材料是否包括下列内容：

（一）减刑、假释建议书；

（二）原审法院的裁判文书、执行通知书、历次减刑裁定书的复制件；

（三）证明罪犯确有悔改、立功或者重大立功表现具体事实的书面材料；

（四）罪犯评审鉴定表、奖惩审批表等；

（五）罪犯假释后对所居住社区影响的调查评估报告；

（六）刑事裁判涉财产部分、附带民事裁判的执行、履行情况；

（七）根据案件情况需要移送的其他材料。

人民检察院对报请减刑、假释案件提出意见的，执行机关应当一并移送受理减刑、假释案件的人民法院。

经审查，材料不全的，应当通知提请减刑、假释的执行机关在三日以内补送；逾期未补送的，不予立案。

第五百三十六条 审理减刑、假释案件，对罪犯积极履行刑事裁判涉财产部分、附带民事裁判确定的义务的，可以认定有悔改表现，在减刑、假释时从宽掌握；对确有履行能力而不履行或者不全部履行的，在减刑、假释时从严掌握。

第五百三十七条 审理减刑、假释案件，应当在立案后五日以内对下列事项予以公示：

（一）罪犯的姓名、年龄等个人基本情况；

（二）原判认定的罪名和刑期；

（三）罪犯历次减刑情况；

（四）执行机关的减刑、假释建议和依据。

公示应当写明公示期限和提出意见的方式。

第五百三十八条 审理减刑、假释案件，应当组成合议庭，可以采用书面审理的方式，但下列案件应当开庭审理：

（一）因罪犯有重大立功表现提请减刑的；

（二）提请减刑的起始时间、间隔时间或者减刑幅度不符合一般规定的；

（三）被提请减刑、假释罪犯系职务犯罪罪犯，组织、领导、参加、包庇、纵容黑社会性质组织罪犯，破坏金融管理秩序罪犯或者金融诈骗罪犯的；

（四）社会影响重大或者社会关注度高的；

（五）公示期间收到不同意见的；

（六）人民检察院提出异议的；

（七）有必要开庭审理的其他案件。

第五百三十九条 人民法院作出减刑、假释裁定后，应当在七日以内送达提请减刑、假释的执行机关、同级人民检察院以及罪犯本人。人民检察院认为减刑、假释裁定不当，在法定期限内提出书面纠正意见的，人民法院应当在收到意见后另行组成合议庭审理，并在一个月以内作出裁定。

对假释的罪犯，适用本解释第五百一十九条的有关规定，依法实行社区矫正。

第五百四十条 减刑、假释裁定作出前，执行机关书面提请撤回减刑、假释建议的，人民法院可以决定是否准许。

第五百四十一条 人民法院发现本院已经生效的减刑、假释裁定确有错误的，应当另行组成合议庭审理；发现下级人民法院已经生效的减刑、假释裁定确有错误的，可以指令下级人民法院另行组成合议庭审理，也可以自行组成合议庭审理。

第六节 缓刑、假释的撤销

第五百四十二条 罪犯在缓刑、假释考验期限内犯新罪或者被发现在判决宣告前还有其他罪没有判决，应当撤销缓刑、假释的，由审判新罪的人民法院撤销原判决、裁定宣告的缓刑、假释，并书面通知原审人民法院和执行机关。

第五百四十三条 人民法院收到社区矫正机构的撤销缓刑建议书后，经审查，确认罪犯在缓刑考验期限内具有下列情形之一的，应当作出撤销缓刑的裁定：

（一）违反禁止令，情节严重的；

（二）无正当理由不按规定时间报到或者接受社区矫正期间脱离监管，超过一个月的；

（三）因违反监督管理规定受到治安管理处罚，仍不改正的；

（四）受到执行机关二次警告，仍不改正的；

（五）违反法律、行政法规和监督管理规定，情节严重的其他情形。

人民法院收到社区矫正机构的撤销假释建议书后，经审查，确认罪犯在假释考验期限内具有前款第二项、第四项规定情形之一，或者有其他违反监督管理规定的行为，尚未构成新的犯罪的，应当作出撤销假释的裁定。

第五百四十四条 被提请撤销缓刑、假释的罪犯可能逃跑或者可能发生社会危险，社区矫正机构在提出撤销缓刑、假释建议的同时，提请人民法院决定对其予以逮捕的，人民法院应当在四十八小时以内作出是否逮捕的决定。决定逮捕的，由公安机关执行。逮捕后的羁押期限不得超过三十日。

第五百四十五条 人民法院应当在收到社区矫正机构的撤销缓刑、假释建议书后三十日以内作出裁定。撤销缓刑、假释的裁定一经作出，立即生效。

人民法院应当将撤销缓刑、假释裁定书送达社区矫正机构和公安机关，并抄送人民检察院，由公安机关将罪犯送交执行。执行以前被逮捕的，羁押一日折抵刑期一日。

第二十二章 未成年人刑事案件诉讼程序

第一节 一般规定

第五百四十六条 人民法院审理未成年人刑事案件，应当贯彻教育、感化、挽救的方针，坚持教育为主、惩罚为辅的原则，加强对未成年人的特殊保护。

第五百四十七条 人民法院应当加强同政府有关部门、人民团体、社会组织等的配合，推动未成年人刑事案件人民陪审、情况调查、安置帮教等工作的开展，充分保障未成年人的合法权益，积极参与社会治安综合治理。

第五百四十八条 人民法院应当加强同政府有关部门、人民团体、社会组织等的配合，对遭受性侵害或者暴力伤害的未成年被害人及其家庭实施必要的心理干预、经济救助、法律援助、转学安置等保护措施。

第五百四十九条 人民法院应当确定专门机构或者指定专门人员，负责审理未成年人刑事案件。审理未成年人刑事案件的人员应当经过专门培训，熟悉未成年人身心特点、善于做未成年人思想教育工作。

参加审理未成年人刑事案件的人民陪审员，可以从熟悉未成年人身心特点、关心未成年人保护工作的人民陪审员名单中随机抽取确定。

第五百五十条 被告人实施被指控的犯罪时不满十八周岁、人民法院立案时不满二十周岁的案件，由未成年人案件审判组织审理。

下列案件可以由未成年人案件审判组织审理：

（一）人民法院立案时不满二十二周岁的在校学生犯罪案件；

（二）强奸、猥亵、虐待、遗弃未成年人等侵害未成年人人身权利的犯罪案件；

（三）由未成年人案件审判组织审理更为适宜的其他案件。

共同犯罪案件有未成年被告人的或者其他涉及未成年人的刑事案件，是否由未成年人案件审判组织审理，由院长根据实际情况决定。

第五百五十一条 对分案起诉至同一人民法院的未成年人与成年人共同犯罪案件，可以由同一个审判组织审理；不宜由同一个审判组织审理的，可以分别审理。

未成年人与成年人共同犯罪案件，由不同人民法院或者不同审判组织分别审理的，有关人民法院或者审判组织应当互相了解共同犯罪被告人的审判情况，注意全案的量刑平衡。

第五百五十二条 对未成年人刑事案件，必要时，上级人民法院可以根据刑事诉讼法第二十七条的规定，指定下级人民法院将案件移送其他人民法院审判。

第五百五十三条 对未成年被告人应当严格限制适用逮捕措施。

人民法院决定逮捕，应当讯问未成年被告人，听取辩护律师的意见。

对被逮捕且没有完成义务教育的未成年被告人，人民法院应当与教育行政部门互相配合，保证其接受义务教育。

第五百五十四条 人民法院对无固定住所、无法提供保证人的未成年被告人适用取保候审的，应当指定合适成年人作为保证人，必要时可以安排取保候审的被告人接受社会观护。

第五百五十五条 人民法院审理未成年人刑事案件，在讯问和开庭时，应当通知未成年被告人的法定代理人到场。法定代理人无法通知、不能到场或者是共犯的，也可以通知合适成年人到场，并将有关情况记录在案。

到场的法定代理人或者其他人员，除依法行使刑事诉讼法第二百八十一条第二款规定的权利外，经法庭同意，可以参与对未成年被告人的法庭教育等工作。

适用简易程序审理未成年人刑事案件，适用前两款规定。

第五百五十六条 询问未成年被害人、证人，适用前条规定。

审理未成年人遭受性侵害或者暴力伤害案件，在询问未成年被害人、证人时，应当采取同步录音录像等措施，尽量一次完成；未成年被害人、证人是女性的，应当由女性工作人员进行。

第五百五十七条 开庭审理时被告人不满十八周岁的案件，一律不公开审理。经未成年被告人及其法定代理人同意，未成年被告人所在学校和未成年人保护组织可以派代表到场。到场代表的人数和范围，由法庭决定。经法庭同意，到场代表可以参与对未成年被告人的法庭教育工作。

对依法公开审理，但可能需要封存犯罪记录的案件，不得组织人员旁听；有旁听人员的，应当告知其不得传播案件信息。

第五百五十八条 开庭审理涉及未成年人的刑事案件，未成年被害人、证人一般不出庭作证；必须出庭的，应当采取保护其隐私的技术手段和心理干预等保护措施。

第五百五十九条 审理涉及未成年人的刑事案件，不得向外界披露未成年人的姓名、住所、照片以及可能推断出未成年人身份的其他资料。

查阅、摘抄、复制的案卷材料，涉及未成年人的，不得公开和传播。

第五百六十条 人民法院发现有关单位未尽到未成年人教育、管理、救助、看护等保护职责的，应当向该单位提出司法建议。

第五百六十一条 人民法院应当结合实际，根据涉及未成年人刑事案件的特点，开展未成年人法治宣传教育工作。

第五百六十二条 审理未成年人刑事案件，本章没有规定的，适用本解释的有关规定。

第二节 开庭准备

第五百六十三条 人民法院向未成年被告人送达起诉书副本时，应当向其讲明被指控的罪行和有关法律规定，并告知其审判程序和诉讼权利、义务。

第五百六十四条 审判时不满十八周岁的未成年被告人没有委托辩护人的，人民法院应当通知法律援助机构指派熟悉未成年人身心特点的律师为其提供辩护。

第五百六十五条 未成年被害人及其法定代理人因经济困难或者其他原因没有委托诉讼代理人的，人民法院应当帮助其申请法律援助。

第五百六十六条 对未成年人刑事案件，人民法院决定适用简易程序审理的，应当征求未成年被告人及其法定代理人、辩护人的意见。上述人员提出异议的，不适用简易程序。

第五百六十七条 被告人实施被指控的犯罪时不满十八周岁，开庭时已满十八周岁、不满二十周岁的，人民法院开庭时，一般应当通知其近亲属到庭。经法庭同意，近亲属可以发表意见。近亲属无法通知、不能到场或者是共犯的，应当记录在案。

第五百六十八条 对人民检察院移送的关于未成年被告人性格特点、家庭情况、社会交往、成长经历、犯罪原因、犯罪前后的表现、监护教育等情况的调查报告，以及辩护人提交的反映未成年被告人上述情况的书面材料，法庭应当接受。

必要时，人民法院可以委托社区矫正机构、共青团、社会组织等对未成年被告人的上述情况进行调查，或者自行调查。

第五百六十九条 人民法院根据情况，可以对未成年被告人、被害人、证人进行心理疏导；根据实际需要并经未成年被告人及其法定代理人同意，可以对未成年被告人进行心理测评。

心理疏导、心理测评可以委托专门机构、专业人员进行。

心理测评报告可以作为办理案件和教育未成年人的参考。

第五百七十条 开庭前和休庭时，法庭根据情况，可以安排未成年被告人与其法定代理人或者合适成年人会见。

第三节 审 判

第五百七十一条 人民法院应当在辩护台靠近旁听区一侧为未成年被告人的法定代理人或者合适成年人设置席位。

审理可能判处五年有期徒刑以下刑罚或者过失犯罪的未成年人刑事案件，可以采取适合未成年人特点的方式设置法庭席位。

第五百七十二条 未成年被告人或者其法定代理人当庭拒绝辩护人辩护的，适用本解释第三百一十一条第二款、第三款的规定。

重新开庭后，未成年被告人或者其法定代理人再次当庭拒绝辩护人辩护的，不予准许。重新开庭时被告人已满十八周岁的，可以准许，但不得再另行委托辩护人或者要求另行指派律师，由其自行辩护。

第五百七十三条 法庭审理过程中，审判人员应当根据未成年被告人的智力发育程度和心理状态，使用适合未成年人的语言表达方式。

发现有对未成年被告人威胁、训斥、诱供或者讽刺等情形的，审判长应当制止。

第五百七十四条 控辩双方提出对未成年被告人判处管制、宣告缓刑等量刑建议的，应当向法庭提供有关未成年被告人能够获得监护、帮教以及对所居住社区无重大不良影响的书面材料。

第五百七十五条 对未成年被告人情况的调查报告，以及辩护人提交的有关未成年被告人情况的书面材料，法庭应当审查并听取控辩双方意见。上述报告和材料可以作为办理案件和教育未成年人的参考。

人民法院可以通知作出调查报告的人员出庭说明情况，接受控辩双方和法庭的询问。

第五百七十六条 法庭辩论结束后，法庭可以根据未成年人的生理、心理特点和案件情况，对未成年被告人进行法治教育；判决未成年被告人有罪的，宣判后，应当对未成年被告人进行法治教育。

对未成年被告人进行教育，其法定代理人以外的成年亲属或者教师、辅导员等参与有利于感化、挽救未成年人的，人民法院应当邀请其参加有关活动。

适用简易程序审理的案件，对未成年被告人进行法庭教育，适用前两款规定。

第五百七十七条 未成年被告人最后陈述后，法庭应当询问其法定代理人是否补充陈述。

第五百七十八条 对未成年人刑事案件，宣告判决应当公开进行。

对依法应当封存犯罪记录的案件，宣判时，不得组织人员旁听；有旁听人员的，应当告知其不得传播案件信息。

第五百七十九条 定期宣告判决的未成年人刑事案件，未成年被告人的法定代理人无法通知、不能到场或者是共犯的，法庭可以通知合适成年人到庭，并在宣判后向未成年被告人的成年亲属送达判决书。

第四节 执　　行

第五百八十条 将未成年罪犯送监执行刑罚或者送交社区矫正时，人民法院应当将有关未成年罪犯的调查报告及其在案件审理中的表现材料，连同有关法律文书，一并送达执行机关。

第五百八十一条 犯罪时不满十八周岁，被判处五年有期徒刑以下刑罚以及免予刑事处罚的未成年人的犯罪记录，应当封存。

司法机关或者有关单位向人民法院申请查询封存的犯罪记录的，应当提供查询的理由和依据。对查询申请，人民法院应当及时作出是否同意的决定。

第五百八十二条 人民法院可以与未成年犯管教所等服刑场所建立联系，了解未成年罪犯的改造情况，协助做好帮教、改造工作，并可以对正在服刑的未成年罪犯进行回访考察。

第五百八十三条 人民法院认为必要时，可以督促被收监服刑的未成年罪犯的父母或者其他监护人及时探视。

第五百八十四条 对被判处管制、宣告缓刑、裁定假释、决定暂予监外执行的未成年罪犯，人民法院可以协助社区矫正机构制定帮教措施。

第五百八十五条 人民法院可以适时走访被判处管制、宣告缓刑、免予刑事处罚、裁定假释、决定暂予监外执行等的未成年罪犯及其家庭，了解未成年罪犯的管理和教育情况，引导未成年罪犯的家庭承担管教责任，为未成年罪犯改过自新创造良好环境。

第五百八十六条 被判处管制、宣告缓刑、免予刑事处罚、裁定假释、决定暂予监外执行等的未成年罪犯，具备就学、就业条件的，人民法院可以就其安置问题向有关部门提出建议，并附送必要的材料。

第二十三章 当事人和解的公诉案件诉讼程序

第五百八十七条 对符合刑事诉讼法第二百八十八条规定的公诉案件，事实清楚、证据充分的，人民法院应当告知当事人可以自行和解；当事人提出申请的，人民法院可以主持双方当事人协商以达成和解。

根据案件情况，人民法院可以邀请人民调解员、辩护人、诉讼代理人、当事人亲友等参与促成双方当事人和解。

第五百八十八条 符合刑事诉讼法第二百八十八条规定的公诉案件，被害人死亡的，其近亲属可以与被告人和解。近亲属有多人的，达成和解协议，应当经处于最先继承顺序的所有近亲属同意。

被害人系无行为能力或者限制行为能力人的，其法定代理人、近亲属可以代为和解。

第五百八十九条 被告人的近亲属经被告人同意，可以代为和解。

被告人系限制行为能力人的，其法定代理人可以代为和解。

被告人的法定代理人、近亲属依照前两款规定代为和解的，和解协议约定的赔礼道歉等事项，应当由被告人本人履行。

第五百九十条 对公安机关、人民检察院主持制作的和解协议书，当事人提出异议的，人民法院应当审查。经审查，和解自愿、合法的，予以确认，无需重新制作和解协议书；和解违反自愿、合法原则的，应当认定无效。和解协议被认定无效后，双方当事人重新达成和解的，人民法院应当主持制作新的和解协议书。

第五百九十一条 审判期间，双方当事人和解的，人民法院应当听取当事人及其法定代理人等有关人员的意见。双方当事人在庭外达成和解的，人民法院应当通知人民检察院，并听取其意见。经审查，和解自愿、合法的，应当主持制作和解协议书。

第五百九十二条 和解协议书应当包括以下内容：

（一）被告人承认自己所犯罪行，对犯罪事实没有异议，并真诚悔罪；

（二）被告人通过向被害人赔礼道歉、赔偿损失等方式获得被害人谅解；涉及赔偿损失的，应当写明赔偿的数额、方式等；提起附带民事诉讼的，由附带民事诉讼原告人撤回起诉；

（三）被害人自愿和解，请求或者同意对被告人依法从宽处罚。

和解协议书应当由双方当事人和审判人员签名，但不加盖人民法院印章。

和解协议书一式三份，双方当事人各持一份，另一份交人民法院附卷备查。

对和解协议中的赔偿损失内容，双方当事人要求保密的，人民法院应当准许，并采取相应的保密措施。

第五百九十三条 和解协议约定的赔偿损失内容，被告人应当在协议签署后即时履行。

和解协议已经全部履行，当事人反悔的，人民法院不予支持，但有证据证明和解违反自愿、合法原则的除外。

第五百九十四条 双方当事人在侦查、审查起诉期间已经达成和解协议并全部履行，被害人或者其法定代理人、近亲属又提起附带民事诉讼的，人民法院不予受理，但有证据证明和解违反自愿、合法原则的除外。

第五百九十五条 被害人或者其法定代理人、近亲属提起附带民事诉讼后，双方愿意和解，但被告人不能即时履行全部赔偿义务的，人民法院应当制作附带民事调解书。

第五百九十六条 对达成和解协议的案件，人民法院应当对被告人从轻处罚；符合非监禁刑适用条件的，应当适用非监禁刑；判处法定最低刑仍然过重的，可以减轻处罚；综合全案认为犯罪情节轻微不需要判处刑罚的，可以免予刑事处罚。

共同犯罪案件，部分被告人与被害人达成和解协议的，可以依法对该部分被告人从宽处罚，但应当注意全案的量刑平衡。

第五百九十七条 达成和解协议的，裁判文书应当叙明，并援引刑事诉讼法的相关条文。

第二十四章 缺席审判程序

第五百九十八条 对人民检察院依照刑事诉讼法第二百九十一条第一款的规定提起公诉的案件，人民法院应当重点审查以下内容：

（一）是否属于可以适用缺席审判程序的案件范围；

（二）是否属于本院管辖；

（三）是否写明被告人的基本情况，包括明确的境外居住地、联系方式等；

（四）是否写明被告人涉嫌有关犯罪的主要事实，并附证据材料；

（五）是否写明被告人有无近亲属以及近亲属的姓名、身份、住址、联系方式等情况；

（六）是否列明违法所得及其他涉案财产的种类、数量、价值、所在地等，并附证据材料；

（七）是否附有查封、扣押、冻结违法所得及其他涉案财产的清单和相关法律手续。

前款规定的材料需要翻译件的，人民法院应当要求人民检察院一并移送。

第五百九十九条 对人民检察院依照刑事诉讼法第二百九十一条第一款的规定提起公诉的案件，人民法院审查后，应当按照下列情形分别处理：

（一）符合缺席审判程序适用条件，属于本院管辖，且材料齐全的，应当受理；

（二）不属于可以适用缺席审判程序的案件范围、不属于本院管辖或者不符合缺席审判程序的其他适用条件的，应当退回人民检察院；

（三）材料不全的，应当通知人民检察院在三十日以内补送；三十日以内不能补送的，应当退回人民检察院。

第六百条 对人民检察院依照刑事诉讼法第二百九十一条第一款的规定提起公诉的案件，人民法院立案后，应当将传票和起诉书副本送达被告人，传票应当载明被告人到案期限以及不按要求到案的法律后果等事项；应当将起诉书副本送达被告人近亲属，告知其有权代为委托辩护人，并通知其敦促被告人归案。

第六百零一条 人民法院审理人民检察院依照刑事诉讼法第二百九十一条第一款的规定提起公诉的案件，被告人有权委托或者由近亲属代为委托一至二名辩护人。委托律师担任辩护人的，应当委托具有中华人民共和国律师资格并依法取得执业证书的律师；在境外委托的，应当依照本解释第四百八十六条的规定对授权委托进行公证、认证。

被告人及其近亲属没有委托辩护人的，人民法院应当通知法律援助机构指派律师为被告人提供辩护。

被告人及其近亲属拒绝法律援助机构指派的律师辩护的，依照本解释第五十条第二款的规定处理。

第六百零二条 人民法院审理人民检察院依照刑事诉讼法第二百九十一条第一款的规定提起公诉的案件，被告人的近亲属申请参加诉讼的，应当在收到起诉书副本后、第一审开庭前提出，并提供与被告人关系的证明材料。有多名近亲属的，应当推选一至二人参加诉讼。

对被告人的近亲属提出申请的，人民法院应当及时审查决定。

第六百零三条 人民法院审理人民检察院依照刑事诉讼法第二百九十一条第一款的规定提起公诉的案件，参照适用公诉案件第一审普通程序的有关规定。被告人的近亲属参加诉讼的，可以发表意见，出示证据，申请法庭通知证人、鉴定人等出庭，进行辩论。

第六百零四条 对人民检察院依照刑事诉讼法第二百九十一条第一款的规定提起公诉的案件，人民法院审理后应当参照本解释第二百九十五条的规定作出判决、裁定。

作出有罪判决的，应当达到证据确实、充分的证明标准。

经审理认定的罪名不属于刑事诉讼法第二百九十一条第一款规定的罪名的，应当终止审理。

适用缺席审判程序审理案件，可以对违法所得及其他涉案财产一并作出处理。

第六百零五条 因被告人患有严重疾病导致缺乏受审能力，无法出庭受审，中止审理超过六个月，被告人仍无法出庭，被告人及其法定代理人、近亲属申请或者同意恢复审理的，人民法院可以根据刑事诉讼法第二百九十六条的规定缺席审判。

符合前款规定的情形，被告人无法表达意愿的，其法定代理人、近亲属可以代为申请或者同意恢复审理。

第六百零六条 人民法院受理案件后被告人死亡的，应当裁定终止审理；但有证据证明被告人无罪，经缺席审理确认无罪的，应当判决宣告被告人无罪。

前款所称“有证据证明被告人无罪，经缺席审理确认无罪”，包括案件事实清楚，证据确实、充分，依据法律认定被告人无罪的情形，以及证据不足，不能认定被告人有罪的情形。

第六百零七条 人民法院按照审判监督程序重新审判的案件，被告人死亡的，可以缺席审理。有证据证明被告人无罪，经缺席审理确认被告人无罪的，应当判决宣告被告人无罪；虽然构成犯罪，但原判量刑畸重的，应当依法作出判决。

第六百零八条 人民法院缺席审理案件，本章没有规定的，参照适用本解释的有关规定。

第二十五章　犯罪嫌疑人、被告人逃匿、死亡案件违法所得的没收程序

第六百零九条 刑事诉讼法第二百九十八条规定的“贪污贿赂犯罪、恐怖活动犯罪等”犯罪案件，是指下列案件：

（一）贪污贿赂、失职渎职等职务犯罪案件；

（二）刑法分则第二章规定的相关恐怖活动犯罪案件，以及恐怖活动组织、恐怖活动人员实施的杀人、爆炸、绑架等犯罪案件；

（三）危害国家安全、走私、洗钱、金融诈骗、黑社会性质组织、毒品犯罪案件；

（四）电信诈骗、网络诈骗犯罪案件。

第六百一十条 在省、自治区、直辖市或者全国范围内具有较大影响的犯罪案件，或者犯罪嫌疑人、被告人逃匿境外的犯罪案件，应当认定为刑事诉讼法第二百九十八条第一款规定的“重大犯罪案件”。

第六百一十一条 犯罪嫌疑人、被告人死亡，依照刑法规定应当追缴其违法所得及其他涉案财产，人民检察院提出没收违法所得申请的，人民法院应当依法受理。

第六百一十二条 对人民检察院提出的没收违法所得申请，人民法院应当审查以下内容：

（一）是否属于可以适用违法所得没收程序的案件范围；

（二）是否属于本院管辖；

（三）是否写明犯罪嫌疑人、被告人基本情况，以及涉嫌有关犯罪的情况，并附证据材料；

（四）是否写明犯罪嫌疑人、被告人逃匿、被通缉、脱逃、下落不明、死亡等情况，并附证据材料；

（五）是否列明违法所得及其他涉案财产的种类、数量、价值、所在地等，并附证据材料；

（六）是否附有查封、扣押、冻结违法所得及其他涉案财产的清单和法律手续；

（七）是否写明犯罪嫌疑人、被告人有无利害关系人，利害关系人的姓名、身份、住址、联系方式及其要求等情况；

（八）是否写明申请没收的理由和法律依据；

（九）其他依法需要审查的内容和材料。

前款规定的材料需要翻译件的，人民法院应当要求人民检察院一并移送。

第六百一十三条 对没收违法所得的申请，人民法院应当在三十日以内审查完毕，并按照下列情形分别处理：

（一）属于没收违法所得申请受案范围和本院管辖，且材料齐全、有证据证明有犯罪事实的，应当受理；

（二）不属于没收违法所得申请受案范围或者本院管辖的，应当退回人民检察院；

（三）没收违法所得申请不符合“有证据证明有犯罪事实”标准要求的，应当通知人民检察院撤回申请；

（四）材料不全的，应当通知人民检察院在七日以内补送；七日以内不能补送的，应当退回人民检察院。

人民检察院尚未查封、扣押、冻结申请没收的财产或者查封、扣押、冻结期限即将届满，涉案财产有被隐匿、转移或者毁损、灭失危险的，人民法院可以查封、扣押、冻结申请没收的财产。

第六百一十四条 人民法院受理没收违法所得的申请后，应当在十五日以内发布公告。公告应当载明以下内容：

（一）案由、案件来源；

（二）犯罪嫌疑人、被告人的基本情况；

（三）犯罪嫌疑人、被告人涉嫌犯罪的事实；

（四）犯罪嫌疑人、被告人逃匿、被通缉、脱逃、下落不明、死亡等情况；

（五）申请没收的财产的种类、数量、价值、所在地等以及已查封、扣押、冻结财产的清单和法律手续；

（六）申请没收的财产属于违法所得及其他涉案财产的相关事实；

（七）申请没收的理由和法律依据；

（八）利害关系人申请参加诉讼的期限、方式以及未按照该期限、方式申请参加诉讼可能承担的不利法律后果；

（九）其他应当公告的情况。

公告期为六个月，公告期间不适用中止、中断、延长的规定。

第六百一十五条 公告应当在全国公开发行的报纸、信息网络媒体、最高人民法院的官方网站发布，并在人民法院公告栏发布。必要时，公告可以在犯罪地、犯罪嫌疑人、被告人居住地或者被申请没收财产所在地发布。最后发布的公告的日期为公告日期。发布公告的，应当采取拍照、录像等方式记录发布过程。

人民法院已经掌握境内利害关系人联系方式的，应当直接送达含有公告内容的通知；直接送达有困难的，可以委托代为送达、邮寄送达。经受送达人同意的，可以采用传真、电子邮件等能够确认其收悉的方式告知公告内容，并记录在案。

人民法院已经掌握境外犯罪嫌疑人、被告人、利害关系人联系方式，经受送达人同意的，可以采用传真、电子邮件等能够确认其收悉的方式告知公告内容，并记录在案；受送达人未表示同意，或者人民法院未掌握境外犯罪嫌疑人、被告人、利害关系人联系方式，其所在国、地区的主管机关明确提出应当向受送达人送达含有公告内容的通知的，人民法院可以决定是否送达。决定送达的，应当依照本解释第四百九十三条的规定请求所在国、地区提供司法协助。

第六百一十六条 刑事诉讼法第二百九十九条第二款、第三百条第二款规定的“其他利害关系人”，是指除犯罪嫌疑人、被告人的近亲属以外的，对申请没收的财产主张权利的自然人和单位。

第六百一十七条 犯罪嫌疑人、被告人的近亲属和其他利害关系人申请参加诉讼的，应当在公告期间内提出。犯罪嫌疑人、被告人的近亲属应当提供其与犯罪嫌疑人、被告人关系的证明材料，其他利害关系人应当提供证明其对违法所得及其他涉案财产主张权利的证据材料。

利害关系人可以委托诉讼代理人参加诉讼。委托律师担任诉讼代理人的，应当委托具有中华人民共和国律师资格并依法取得执业证书的律师；在境外委托的，应当依照本解释第四百八十六条的规定对授权委托进行公证、认证。

利害关系人在公告期满后申请参加诉讼，能够合理说明理由的，人民法院应当准许。

第六百一十八条 犯罪嫌疑人、被告人逃匿境外，委托诉讼代理人申请参加诉讼，且违法所得或者其他涉案财产所在国、地区主管机关明确提出意见予以支持的，人民法院可以准许。

人民法院准许参加诉讼的，犯罪嫌疑人、被告人的诉讼代理人依照本解释关于利害关系人的诉讼代理人的规定行使诉讼权利。

第六百一十九条 公告期满后，人民法院应当组成合议庭对申请没收违法所得的案件进行审理。

利害关系人申请参加或者委托诉讼代理人参加诉讼的，应当开庭审理。没有利害关系人申请参加诉讼的，或者利害关系人及其诉讼代理人无正当理由拒不到庭的，可以不开庭审理。

人民法院确定开庭日期后，应当将开庭的时间、地点通知人民检察院、利害关系人及其诉讼代理人、证人、鉴定人、翻译人员。通知书应当依照本解释第六百一十五条第二款、第三款规定的方式，至迟在开庭审理三日以前送达；受送达人在境外的，至迟在开庭审理三十日以前送达。

第六百二十条 开庭审理申请没收违法所得的案件，按照下列程序进行：

（一）审判长宣布法庭调查开始后，先由检察员宣读申请书，后由利害关系人、诉讼代理人发表意见；

（二）法庭应当依次就犯罪嫌疑人、被告人是否实施了贪污贿赂犯罪、恐怖活动犯罪等重大犯罪并已经通缉一年不能到案，或者是否已经死亡，以及申请没收的财产是否依法应当追缴进行调查；调查时，先由检察员出示证据，后由利害关系人、诉讼代理人出示证据，并进行质证；

（三）法庭辩论阶段，先由检察员发言，后由利害关系人、诉讼代理人发言，并进行辩论。

利害关系人接到通知后无正当理由拒不到庭，或者未经法庭许可中途退庭的，可以转为不开庭审理，但还有其他利害关系人参加诉讼的除外。

第六百二十一条 对申请没收违法所得的案件，人民法院审理后，应当按照下列情形分别处理：

（一）申请没收的财产属于违法所得及其他涉案财产的，除依法返还被害人的以外，应当裁定没收；

（二）不符合刑事诉讼法第二百九十八条第一款规定的条件的，应当裁定驳回申请，解除查封、扣押、冻结措施。

申请没收的财产具有高度可能属于违法所得及其他涉案财产的，应当认定为前款规定的“申请没收的财产属于违法所得及其他涉案财产”。巨额财产来源不明犯罪案件中，没有利害关系人对违法所得及其他涉案财产主张权利，或者利害关系人对违法所得及其他涉案财产虽然主张权利但提供的证据没有达到相应证明标准的，应当视为“申请没收的财产属于违法所得及其他涉案财产”。

第六百二十二条 对没收违法所得或者驳回申请的裁定，犯罪嫌疑人、被告人的近亲属和其他利害关系人或者人民检察院可以在五日以内提出上诉、抗诉。

第六百二十三条 对不服第一审没收违法所得或者驳回申请裁定的上诉、抗诉案件，第二审人民法院经审理，应当按照下列情形分别处理：

（一）第一审裁定认定事实清楚和适用法律正确的，应当驳回上诉或者抗诉，维持原裁定；

（二）第一审裁定认定事实清楚，但适用法律有错误的，应当改变原裁定；

（三）第一审裁定认定事实不清的，可以在查清事实后改变原裁定，也可以撤销原裁定，发回原审人民法院重新审判；

（四）第一审裁定违反法定诉讼程序，可能影响公正审判的，应当撤销原裁定，发回原审人民法院重新审判。

第一审人民法院对发回重新审判的案件作出裁定后，第二审人民法院对不服第一审人民法院裁定的上诉、抗诉，应当依法作出裁定，不得再发回原审人民法院重新审判；但是，第一审人民法院在重新审判过程中违反法定诉讼程序，可能影响公正审判的除外。

第六百二十四条 利害关系人非因故意或者重大过失在第一审期间未参加诉讼，在第二审期间申请参加诉讼的，人民法院应当准许，并撤销原裁定，发回原审人民法院重新审判。

第六百二十五条 在审理申请没收违法所得的案件过程中，在逃的犯罪嫌疑人、被告人到案的，人民法院应当裁定终止审理。人民检察院向原受理申请的人民法院提起公诉的，可以由同一审判组织审理。

第六百二十六条 在审理案件过程中，被告人脱逃或者死亡，符合刑事诉讼法第二百九十八条第一款规定的，人民检察院可以向人民法院提出没收违法所得的申请；符合刑事诉讼法第二百九十一条第一款规定的，人民检察院可以按照缺席审判程序向人民法院提起公诉。

人民检察院向原受理案件的人民法院提出没收违法所得申请的，可以由同一审判组织审理。

第六百二十七条 审理申请没收违法所得案件的期限，参照公诉案件第一审普通程序和第二审程序的审理期限执行。

公告期间和请求刑事司法协助的时间不计入审理期限。

第六百二十八条 没收违法所得裁定生效后，犯罪嫌疑人、被告人到案并对没收裁定提出异议，人民检察院向原作出裁定的人民法院提起公诉的，可以由同一审判组织审理。

人民法院经审理，应当按照下列情形分别处理：

（一）原裁定正确的，予以维持，不再对涉案财产作出判决；

（二）原裁定确有错误的，应当撤销原裁定，并在判决中对有关涉案财产一并作出处理。

人民法院生效的没收裁定确有错误的，除第一款规定的情形外，应当依照审判监督程序予以纠正。

第六百二十九条 人民法院审理申请没收违法所得的案件，本章没有规定的，参照适用本解释的有关规定。

第二十六章 依法不负刑事责任的精神病人的强制医疗程序

第六百三十条 实施暴力行为，危害公共安全或者严重危害公民人身安全，社会危害性已经达到犯罪程度，但经法定程序鉴定依法不负刑事责任的精神病人，有继续危害社会可能的，可以予以强制医疗。

第六百三十一条 人民检察院申请对依法不负刑事责任的精神病人强制医疗的案件，由被申请人实施暴力行为所在地的基层人民法院管辖；由被申请人居住地的人民法院审判更为适宜的，可以由被申请人居住地的基层人民法院管辖。

第六百三十二条 对人民检察院提出的强制医疗申请，人民法院应当审查以下内容：

（一）是否属于本院管辖；

（二）是否写明被申请人的身份，实施暴力行为的时间、地点、手段、所造成的损害等情况，并附证据材料；

（三）是否附有法医精神病鉴定意见和其他证明被申请人属于依法不负刑事责任的精神病人的证据材料；

（四）是否列明被申请人的法定代理人的姓名、住址、联系方式；

（五）需要审查的其他事项。

第六百三十三条 对人民检察院提出的强制医疗申请，人民法院应当在七日以内审查完毕，并按照下列情形分别处理：

（一）属于强制医疗程序受案范围和本院管辖，且材料齐全的，应当受理；

（二）不属于本院管辖的，应当退回人民检察院；

（三）材料不全的，应当通知人民检察院在三日以内补送；三日以内不能补送的，应当退回人民检察院。

第六百三十四条 审理强制医疗案件，应当通知被申请人或者被告人的法定代理人到场；被申请人或者被告人的法定代理人经通知未到场的，可以通知被申请人或者被告人的其他近亲属到场。

被申请人或者被告人没有委托诉讼代理人的，应当自受理强制医疗申请或者发现被告人符合强制医疗条件之日起三日以内，通知法律援助机构指派律师担任其诉讼代理人，为其提供法律帮助。

第六百三十五条 审理强制医疗案件，应当组成合议庭，开庭审理。但是，被申请人、被告人的法定代理人请求不开庭审理，并经人民法院审查同意的除外。

审理强制医疗案件，应当会见被申请人，听取被害人及其法定代理人的意见。

第六百三十六条 开庭审理申请强制医疗的案件，按照下列程序进行：

（一）审判长宣布法庭调查开始后，先由检察员宣读申请书，后由被申请人的法定代理人、诉讼代理人发表意见；

（二）法庭依次就被申请人是否实施了危害公共安全或者严重危害公民人身安全的暴力行为、是否属于依法不负刑事责任的精神病人、是否有继续危害社会的可能进行调查；调查时，先由检察员出示证据，后由被申请人的法定代理人、诉讼代理人出示证据，并进行质证；必要时，可以通知鉴定人出庭对鉴定意见作出说明；

（三）法庭辩论阶段，先由检察员发言，后由被申请人的法定代理人、诉讼代理人发言，并进行辩论。

被申请人要求出庭，人民法院经审查其身体和精神状态，认为可以出庭的，应当准许。出庭的被申请人，在法庭调查、辩论阶段，可以发表意见。

检察员宣读申请书后，被申请人的法定代理人、诉讼代理人无异议的，法庭调查可以简化。

第六百三十七条 对申请强制医疗的案件，人民法院审理后，应当按照下列情形分别处理：

（一）符合刑事诉讼法第三百零二条规定的强制医疗条件的，应当作出对被申请人强制医疗的决定；

（二）被申请人属于依法不负刑事责任的精神病人，但不符合强制医疗条件的，应当作出驳回强制医疗申请的决定；被申请人已经造成危害结果的，应当同时责令其家属或者监护人严加看管和医疗；

（三）被申请人具有完全或者部分刑事责任能力，依法应当追究刑事责任的，应当作出驳回强制医疗申请的决定，并退回人民检察院依法处理。

第六百三十八条 第一审人民法院在审理刑事案件过程中，发现被告人可能符合强制医疗条件的，应当依照法定程序对被告人进行法医精神病鉴定。经鉴定，被告人属于依法不负刑事责任的精神病人的，应当适用强制医疗程序，对案件进行审理。

开庭审理前款规定的案件，应当先由合议庭组成人员宣读对被告人的法医精神病鉴定意见，说明被告人可能符合强制医疗的条件，后依次由公诉人和被告人的法定代理人、诉讼代理人发表意见。经审判长许可，公诉人和被告人的法定代理人、诉讼代理人可以进行辩论。

第六百三十九条 对前条规定的案件，人民法院审理后，应当按照下列情形分别处理：

（一）被告人符合强制医疗条件的，应当判决宣告被告人不负刑事责任，同时作出对被告人强制医疗的决定；

（二）被告人属于依法不负刑事责任的精神病人，但不符合强制医疗条件的，应当判决宣告被告人无罪或者不负刑事责任；被告人已经造成危害结果的，应当同时责令其家属或者监护人严加看管和医疗；

（三）被告人具有完全或者部分刑事责任能力，依法应当追究刑事责任的，应当依照普通程序继续审理。

第六百四十条 第二审人民法院在审理刑事案件过程中，发现被告人可能符合强制医疗条件的，可以依照强制医疗程序对案件作出处理，也可以裁定发回原审人民法院重新审判。

第六百四十一条 人民法院决定强制医疗的，应当在作出决定后五日以内，向公安机关送达强制医疗决定书和强制医疗执行通知书，由公安机关将被决定强制医疗的人送交强制医疗。

第六百四十二条 被决定强制医疗的人、被害人及其法定代理人、近亲属对强制医疗决定不服的，可以自收到决定书第二日起五日以内向上一级人民法院申请复议。复议期间不停止执行强制医疗的决定。

第六百四十三条 对不服强制医疗决定的复议申请，上一级人民法院应当组成合议庭审理，并在一个月以内，按照下列情形分别作出复议决定：

（一）被决定强制医疗的人符合强制医疗条件的，应当驳回复议申请，维持原决定；

（二）被决定强制医疗的人不符合强制医疗条件的，应当撤销原决定；

（三）原审违反法定诉讼程序，可能影响公正审判的，应当撤销原决定，发回原审人民法院重新审判。

第六百四十四条 对本解释第六百三十九条第一项规定的判决、决定，人民检察院提出抗诉，同时被决定强制医疗的人、被害人及其法定代理人、近亲属申请复议的，上一级人民法院应当依照第二审程序一并处理。

第六百四十五条 被强制医疗的人及其近亲属申请解除强制医疗的，应当向决定强制医疗的人民法院提出。

被强制医疗的人及其近亲属提出的解除强制医疗申请被人民法院驳回，六个月后再次提出申请的，人民法院应当受理。

第六百四十六条 强制医疗机构提出解除强制医疗意见，或者被强制医疗的人及其近亲属申请解除强制医疗的，人民法院应当审查是否附有对被强制医疗的人的诊断评估报告。

强制医疗机构提出解除强制医疗意见，未附诊断评估报告的，人民法院应当要求其提供。

被强制医疗的人及其近亲属向人民法院申请解除强制医疗，强制医疗机构未提供诊断评估报告的，申请人可以申请人民法院调取。必要时，人民法院可以委托鉴定机构对被强制医疗的人进行鉴定。

第六百四十七条 强制医疗机构提出解除强制医疗意见，或者被强制医疗的人及其近亲属申请解除强制医疗的，人民法院应当组成合议庭进行审查，并在一个月以内，按照下列情形分别处理：

（一）被强制医疗的人已不具有人身危险性，不需要继续强制医疗的，应当作出解除强制医疗的决定，并可责令被强制医疗的人的家属严加看管和医疗；

（二）被强制医疗的人仍具有人身危险性，需要继续强制医疗的，应当作出继续强制医疗的决定。

对前款规定的案件，必要时，人民法院可以开庭审理，通知人民检察院派员出庭。

人民法院应当在作出决定后五日以内，将决定书送达强制医疗机构、申请解除强制医疗的人、被决定强制医疗的人和人民检察院。决定解除强制医疗的，应当通知强制医疗机构在收到决定书的当日解除强制医疗。

第六百四十八条 人民检察院认为强制医疗决定或者解除强制医疗决定不当，在收到决定书后二十日以内提出书面纠正意见的，人民法院应当另行组成合议庭审理，并在一个月以内作出决定。

第六百四十九条 审理强制医疗案件，本章没有规定的，参照适用本解释的有关规定。

第二十七章　附　　则

第六百五十条 人民法院讯问被告人，宣告判决，审理减刑、假释案件等，可以根据情况采取视频方式。

第六百五十一条 向人民法院提出自诉、上诉、申诉、申请等的，应当以书面形式提出。书写有困难的，除另有规定的以外，可以口头提出，由人民法院工作人员制作笔录或者记录在案，并向口述人宣读或者交其阅读。

第六百五十二条 诉讼期间制作、形成的工作记录、告知笔录等材料，应当由制作人员和其他有关人员签名、盖章。宣告或者送达裁判文书、通知书等诉讼文书的，应当由接受宣告或者送达的人在诉讼文书、送达回证上签名、盖章。

诉讼参与人未签名、盖章的，应当捺指印；刑事被告人除签名、盖章外，还应当捺指印。

当事人拒绝签名、盖章、捺指印的，办案人员应当在诉讼文书或者笔录材料中注明情况，有见证人见证或者有录音录像证明的，不影响相关诉讼文书或者笔录材料的效力。

第六百五十三条 本解释的有关规定适用于军事法院等专门人民法院。

第六百五十四条 本解释有关公安机关的规定，依照刑事诉讼法的有关规定，适用于国家安全机关、军队保卫部门、中国海警局和监狱。

第六百五十五条 本解释自 2021 年 3 月 1 日起施行。最高人民法院 2012 年 12 月 20 日发布的《关于适用〈中华人民共和国刑事诉讼法〉的解释》（法释〔2012〕21 号）同时废止。最高人民法院以前发布的司法解释和规范性文件，与本解释不一致的，以本解释为准。

最高人民法院关于适用《中华人民共和国刑事诉讼法》的解释新旧对照

（左栏删除线部分为删除的内容，左栏下划线部分为修改的内容，右栏黑体部分为增加或修改后的内容）

修正前	修正后
第一章　管　　辖	**第一章　管　　辖**
第一条　人民法院直接受理的自诉案件包括： （一）告诉才处理的案件： 1. 侮辱、诽谤案（刑法第二百四十六条规定的，但严重危害社会秩序和国家利益的除外）； 2. 暴力干涉婚姻自由案（刑法第二百五十七条第一款规定的）； 3. 虐待案（刑法第二百六十条第一款规定的）； 4. 侵占案（刑法第二百七十条规定的）。 （二）人民检察院没有提起公诉，被害人有证据证明的轻微刑事案件：	**第一条**　人民法院直接受理的自诉案件包括： （一）告诉才处理的案件： 1. 侮辱、诽谤案（刑法第二百四十六条规定的，但严重危害社会秩序和国家利益的除外）； 2. 暴力干涉婚姻自由案（刑法第二百五十七条第一款规定的）； 3. 虐待案（刑法第二百六十条第一款规定的，**但被害人没有能力告诉或者因受到强制、威吓无法告诉的除外**）； 4. 侵占案（刑法第二百七十条规定的）。 （二）人民检察院没有提起公诉，被害人有证据证明的轻微刑事案件：

修正前	修正后
1. 故意伤害案（刑法第二百三十四条第一款规定的）； 2. 非法侵入住宅案（刑法第二百四十五条规定的）； 3. 侵犯通信自由案（刑法第二百五十二条规定的）； 4. 重婚案（刑法第二百五十八条规定的）； 5. 遗弃案（刑法第二百六十一条规定的）； 6. 生产、销售伪劣商品案（刑法分则第三章第一节规定的，但严重危害社会秩序和国家利益的除外）； 7. 侵犯知识产权案（刑法分则第三章第七节规定的，但严重危害社会秩序和国家利益的除外）； 8. 刑法分则第四章、第五章规定的，~~对被告人~~可能判处三年有期徒刑以下刑罚的案件。 本项规定的案件，被害人直接向人民法院起诉的，人民法院应当依法受理。对其中证据不足、可以由公安机关受理的，或者认为对被告人可能判处三年有期徒刑以上刑罚的，应当告知被害人向公安机关报案，或者移送公安机关立案侦查。 （三）被害人有证据证明对被告人侵犯自己人身、财产权利的行为应当依法追究刑事责任，且有证据证明曾经提出控告，而公安机关或者人民检察院不予追究被告人刑事责任的案件。	1. 故意伤害案（刑法第二百三十四条第一款规定的）； 2. 非法侵入住宅案（刑法第二百四十五条规定的）； 3. 侵犯通信自由案（刑法第二百五十二条规定的）； 4. 重婚案（刑法第二百五十八条规定的）； 5. 遗弃案（刑法第二百六十一条规定的）； 6. 生产、销售伪劣商品案（刑法分则第三章第一节规定的，但严重危害社会秩序和国家利益的除外）； 7. 侵犯知识产权案（刑法分则第三章第七节规定的，但严重危害社会秩序和国家利益的除外）； 8. 刑法分则第四章、第五章规定的，可能判处三年有期徒刑以下刑罚的案件。 本项规定的案件，被害人直接向人民法院起诉的，人民法院应当依法受理。对其中证据不足，可以由公安机关受理的，或者认为对被告人可能判处三年有期徒刑以上刑罚的，应当告知被害人向公安机关报案，或者移送公安机关立案侦查。 （三）被害人有证据证明对被告人侵犯自己人身、财产权利的行为应当依法追究刑事责任，且有证据证明曾经提出控告，而公安机关或者人民检察院不予追究被告人刑事责任的案件。

修正前	修正后
第二条 犯罪地包括犯罪行为~~发生~~地和犯罪结果~~发生~~地。 针对或者利用计算机网络实施的犯罪，犯罪地包括犯罪行为发生地的网站服务器所在地，~~网络接入地，~~网站建立者、管理者所在地，被侵害的计算机信息系统及其管理者所在地，被告人、被害人使用的计算机信息系统所在地，以及被害人财产遭受损失地。	**第二条** 犯罪地包括犯罪行为地和犯罪结果地。 针对或者**主要**利用计算机网络实施的犯罪，犯罪地包括**用于实施**犯罪行为**的网络服务使用的**服务器所在地，**网络服务提供者**所在地，被侵害的**信息网络系统**及其管理者所在地，**犯罪过程中**被告人、被害人使用的**信息网络系统**所在地，以及**被害人被侵害时所在地和**被害人财产遭受损失地**等**。
第三条 被告人的户籍地为其居住地。经常居住地与户籍地不一致的，经常居住地为其居住地。经常居住地为被告人被追诉前已连续居住一年以上的地方，但住院就医的除外。 被告单位登记的住所地为其居住地。主要营业地或者主要办事机构所在地与登记的住所地不一致的，主要营业地或者主要办事机构所在地为其居住地。	**第三条** 被告人的户籍地为其居住地。经常居住地与户籍地不一致的，经常居住地为其居住地。经常居住地为被告人被追诉前已连续居住一年以上的地方，但住院就医的除外。 被告单位登记的住所地为其居住地。主要营业地或者主要办事机构所在地与登记的住所地不一致的，主要营业地或者主要办事机构所在地为其居住地。
	第四条 在中华人民共和国内水、领海发生的刑事案件，由犯罪地或者被告人登陆地的人民法院管辖。由被告人居住地的人民法院审判更为适宜的，可以由被告人居住地的人民法院管辖。

修正前	修正后
	第五条　在列车上的犯罪，被告人在列车运行途中被抓获的，由前方停靠站所在地负责审判铁路运输刑事案件的人民法院管辖。必要时，也可以由始发站或者终点站所在地负责审判铁路运输刑事案件的人民法院管辖。 **被告人不是在列车运行途中被抓获的，由负责该列车乘务的铁路公安机关对应的审判铁路运输刑事案件的人民法院管辖；被告人在列车运行途经车站被抓获的，也可以由该车站所在地负责审判铁路运输刑事案件的人民法院管辖。**
第六条　在国际列车上的犯罪，根据我国与相关国家签订的协定确定管辖；没有协定的，由该列车最初停靠的中国车站所在地~~或者目的地的~~铁路运输法院管辖。	**第六条**　在国际列车上的犯罪，根据我国与相关国家签订的协定确定管辖；没有协定的，由该列车**始发或者前方**停靠的中国车站所在地**负责审判铁路运输刑事案件的人民法院**管辖。
第四条　在中华人民共和国领域外的中国船舶内的犯罪，由该船舶最初停泊的中国口岸所在地的人民法院管辖。	**第七条**　在中华人民共和国领域外的中国船舶内的犯罪，由该船舶最初停泊的中国口岸所在地**或者被告人登陆地、入境地**的人民法院管辖。
第五条　在中华人民共和国领域外的中国航空器内的犯罪，由该航空器在中国最初降落地的人民法院管辖。	**第八条**　在中华人民共和国领域外的中国航空器内的犯罪，由该航空器在中国最初降落地的人民法院管辖。

修正前	修正后
第七条 中国公民在中国驻外使领馆内的犯罪，由其主管单位所在地或者原户籍地的人民法院管辖。	**第九条** 中国公民在中国驻外使领馆内的犯罪，由其主管单位所在地或者原户籍地的人民法院管辖。
第八条 中国公民在中华人民共和国领域外的犯罪，由其入境地<u>或者</u>离境前居住地的人民法院管辖；被害人是中国公民的，也可由被害人离境前居住地的人民法院管辖。	**第十条** 中国公民在中华人民共和国领域外的犯罪，由其**登陆地、**入境地、离境前居住地**或者现居住地**的人民法院管辖；被害人是中国公民的，也可**以**由被害人离境前居住地**或者现居住地**的人民法院管辖。
第九条 外国人在中华人民共和国领域外对中华人民共和国国家或者公民犯罪，根据《中华人民共和国刑法》应当受处罚的，由该外国人入境地<u>、</u>入境后居住地<u>或者被害中国公民</u>离境前居住地的人民法院管辖。	**第十一条** 外国人在中华人民共和国领域外对中华人民共和国国家或者公民犯罪，根据《中华人民共和国刑法》应当受处罚的，由该外国人**登陆地、**入境地**或者**入境后居住地**的人民法院管辖，也可以由被害人**离境前居住地**或者现居住地**的人民法院管辖。
第十条 对中华人民共和国缔结或者参加的国际条约所规定的罪行，中华人民共和国在所承担条约义务的范围内行使刑事管辖权的，由被告人被抓获地的人民法院管辖。	**第十二条** 对中华人民共和国缔结或者参加的国际条约所规定的罪行，中华人民共和国在所承担条约义务的范围内行使刑事管辖权的，由被告人被抓获地**、登陆地或者入境地**的人民法院管辖。
第十一条 正在服刑的罪犯在判决宣告前还有其他罪没有判决的，由原审地人民法院管辖；由罪犯	**第十三条** 正在服刑的罪犯在判决宣告前还有其他罪没有判决的，由原审地人民法院管辖；由罪犯

修正前	修正后
服刑地或者犯罪地的人民法院审判更为适宜的，可以由罪犯服刑地或者犯罪地的人民法院管辖。 罪犯在服刑期间又犯罪的，由服刑地的人民法院管辖。 罪犯在脱逃期间犯罪的，由服刑地的人民法院管辖。但是，在犯罪地抓获罪犯并发现其在脱逃期间的犯罪的，由犯罪地的人民法院管辖。	服刑地或者犯罪地的人民法院审判更为适宜的，可以由罪犯服刑地或者犯罪地的人民法院管辖。 罪犯在服刑期间又犯罪的，由服刑地的人民法院管辖。 罪犯在脱逃期间**又**犯罪的，由服刑地的人民法院管辖。但是，在犯罪地抓获罪犯并发现其在脱逃期间犯罪的，由犯罪地的人民法院管辖。
第十二条 人民检察院认为可能判处无期徒刑、死刑，向中级人民法院提起公诉的案件，中级人民法院受理后，认为不需要判处无期徒刑、死刑的，应当依法审判，不再交基层人民法院审判。	**第十四条** 人民检察院认为可能判处无期徒刑、死刑，向中级人民法院提起公诉的案件，中级人民法院受理后，认为不需要判处无期徒刑、死刑的，应当依法审判，不再交基层人民法院审判。
第十三条 一人犯数罪、共同犯罪和其他需要并案审理的案件，其中一人或者一罪属于上级人民法院管辖的，全案由上级人民法院管辖。	**第十五条** 一人犯数罪、共同犯罪**或者**其他需要并案审理的案件，其中一人或者一罪属于上级人民法院管辖的，全案由上级人民法院管辖。
第十四条 上级人民法院决定审判下级人民法院管辖的第一审刑事案件的，应当向下级人民法院下达改变管辖决定书，并书面通知同级人民检察院。	**第十六条** 上级人民法院决定审判下级人民法院管辖的第一审刑事案件的，应当向下级人民法院下达改变管辖决定书，并书面通知同级人民检察院。
第十五条 基层人民法院对可能判处无期徒刑、死刑的第一审刑事案件，应当移送中级人民法院审判。	**第十七条** 基层人民法院对可能判处无期徒刑、死刑的第一审刑事案件，应当移送中级人民法院审判。

修正前	修正后
基层人民法院对下列第一审刑事案件，可以请求移送中级人民法院审判： （一）重大、复杂案件； （二）新类型的疑难案件； （三）在法律适用上具有普遍指导意义的案件。 需要将案件移送中级人民法院审判的，应当在报请院长决定后，至迟于案件审理期限届满十五日前书面请求移送。中级人民法院应当在接到申请后十日内作出决定。不同意移送的，应当下达不同意移送决定书，由请求移送的人民法院依法审判；同意移送的，应当下达同意移送决定书，并书面通知同级人民检察院。	基层人民法院对下列第一审刑事案件，可以请求移送中级人民法院审判： （一）重大、复杂案件； （二）新类型的疑难案件； （三）在法律适用上具有普遍指导意义的案件。 需要将案件移送中级人民法院审判的，应当在报请院长决定后，至迟于案件审理期限届满十五日**以**前书面请求移送。中级人民法院应当在接到申请后十日**以**内作出决定。不同意移送的，应当下达不同意移送决定书，由请求移送的人民法院依法审判；同意移送的，应当下达同意移送决定书，并书面通知同级人民检察院。
第十六条　有管辖权的人民法院因案件涉及本院院长需要回避等原因，不宜行使管辖权的，可以请求移送上一级人民法院管辖。上一级人民法院可以管辖，也可以指定与提出请求的人民法院同级的其他人民法院管辖。	**第十八条**　有管辖权的人民法院因案件涉及本院院长需要回避**或者其他**原因，不宜行使管辖权的，可以请求移送上一级人民法院管辖。上一级人民法院可以管辖，也可以指定与提出请求的人民法院同级的其他人民法院管辖。
第十七条　两个以上同级人民法院都有管辖权的案件，由最初受理的人民法院审判。必要时，可以移送~~被告人~~主要犯罪地的人民法院审判。 管辖权发生争议的，应当在审理期限内协商解决；协商不成的，由争议的人民法院分别层报共同的上级人民法院指定管辖。	**第十九条**　两个以上同级人民法院都有管辖权的案件，由最初受理的人民法院审判。必要时，可以移送主要犯罪地的人民法院审判。 管辖权发生争议的，应当在审理期限内协商解决；协商不成的，由争议的人民法院分别层报共同的上级人民法院指定管辖。

修正前	修正后
第十八条 上级人民法院~~在必要时，~~可以指定下级人民法院~~将其管辖的案件移送其他下级人民法院~~审判。	**第二十条 管辖不明的案件，**上级人民法院可以指定下级人民法院审判。 **有关案件，由犯罪地、被告人居住地以外的人民法院审判更为适宜的，上级人民法院可以指定下级人民法院管辖。**
第十九条 上级人民法院指定管辖，应当将指定管辖决定书~~分别~~送达被指定管辖的人民法院和其他有关的人民法院。	**第二十一条** 上级人民法院指定管辖，应当将指定管辖决定书送达被指定管辖的人民法院和其他有关的人民法院。
第二十条 原受理案件的人民法院在收到上级人民法院改变管辖决定书、同意移送决定书或者指定其他人民法院管辖决定书后，对公诉案件，应当书面通知同级人民检察院，并将案卷材料退回，同时书面通知当事人；对自诉案件，应当将案卷材料移送被指定管辖的人民法院，并书面通知当事人。	**第二十二条** 原受理案件的人民法院在收到上级人民法院改变管辖决定书、同意移送决定书或者指定其他人民法院管辖**的**决定书后，对公诉案件，应当书面通知同级人民检察院，并将案卷材料退回，同时书面通知当事人；对自诉案件，应当将案卷材料移送被指定管辖的人民法院，并书面通知当事人。
第二十一条 第二审人民法院发回重新审判的案件，人民检察院撤回起诉后，又向原第一审人民法院的下级人民法院重新提起公诉的，下级人民法院应当将有关情况层报原第二审人民法院。原第二审人民法院根据具体情况，可以决定将案件移送原第一审人民法院或者其他人民法院审判。	**第二十三条** 第二审人民法院发回重新审判的案件，人民检察院撤回起诉后，又向原第一审人民法院的下级人民法院重新提起公诉的，下级人民法院应当将有关情况层报原第二审人民法院。原第二审人民法院根据具体情况，可以决定将案件移送原第一审人民法院或者其他人民法院审判。

修正前	修正后
	第二十四条 人民法院发现被告人还有其他犯罪被起诉的，可以并案审理；涉及同种犯罪的，一般应当并案审理。 人民法院发现被告人还有其他犯罪被审查起诉、立案侦查、立案调查的，可以参照前款规定协商人民检察院、公安机关、监察机关并案处理，但可能造成审判过分迟延的除外。 根据前两款规定并案处理的案件，由最初受理地的人民法院审判。必要时，可以由主要犯罪地的人民法院审判。
	第二十五条 第二审人民法院在审理过程中，发现被告人还有其他犯罪没有判决的，参照前条规定处理。第二审人民法院决定并案审理的，应当发回第一审人民法院，由第一审人民法院作出处理。
第二十二条 军队和地方互涉刑事案件，按照有关规定确定管辖。	**第二十六条** 军队和地方互涉刑事案件，按照有关规定确定管辖。
第二章 回 避	**第二章 回 避**
第二十三条 审判人员具有下列情形之一的，应当自行回避，当事人及其法定代理人有权申请其回避： （一）是本案的当事人或者是当事人的近亲属的；	**第二十七条** 审判人员具有下列情形之一的，应当自行回避，当事人及其法定代理人有权申请其回避： （一）是本案的当事人或者是当事人的近亲属的；

修正前	修正后
（二）本人或者其近亲属与本案有利害关系的； （三）担任过本案的证人、鉴定人、辩护人、诉讼代理人、翻译人员的； （四）与本案的辩护人、诉讼代理人有近亲属关系的； （五）与本案当事人有其他利害关系，可能影响公正审判的。	（二）本人或者其近亲属与本案有利害关系的； （三）担任过本案的证人、鉴定人、辩护人、诉讼代理人、翻译人员的； （四）与本案的辩护人、诉讼代理人有近亲属关系的； （五）与本案当事人有其他利害关系，可能影响公正审判的。
第二十四条 审判人员~~违反规定，~~具有下列情形之一的，当事人及其法定代理人有权申请其回避： （一）违反规定会见本案当事人、辩护人、诉讼代理人的； （二）为本案当事人推荐、介绍辩护人、诉讼代理人，或者为律师、其他人员介绍办理本案的； （三）索取、接受本案当事人及其委托人的财物或者其他利益的； （四）接受本案当事人及其委托人的宴请，或者参加由其支付费用的活动的； （五）向本案当事人及其委托人借用款物的； （六）有其他不正当行为，可能影响公正审判的。	**第二十八条** 审判人员具有下列情形之一的，当事人及其法定代理人有权申请其回避： （一）违反规定会见本案当事人、辩护人、诉讼代理人的； （二）为本案当事人推荐、介绍辩护人、诉讼代理人，或者为律师、其他人员介绍办理本案的； （三）索取、接受本案当事人及其委托**的**人的财物或者其他利益的； （四）接受本案当事人及其委托**的**人的宴请，或者参加由其支付费用的活动的； （五）向本案当事人及其委托**的**人借用款物的； （六）有其他不正当行为，可能影响公正审判的。
第二十五条 参与过本案侦查、审查起诉工作的侦查、检察人员，调至人民法院工作的，不得担任本案的审判人员。	**第二十九条** 参与过本案**调查、**侦查、审查起诉工作的**监察、**侦查、检察人员，调至人民法院工作的，不得担任本案的审判人员。

修正前	修正后
在一个审判程序中参与过本案审判工作的合议庭组成人员或者独任审判员，不得再参与本案其他程序的审判。但是，发回重新审判的案件，在第一审人民法院作出裁判后又进入第二审程序或者死刑复核程序的，原第二审程序或者死刑复核程序中的合议庭组成人员不受本款规定的限制。	在一个审判程序中参与过本案审判工作的合议庭组成人员或者独任审判员，不得再参与本案其他程序的审判。但是，发回重新审判的案件，在第一审人民法院作出裁判后又进入第二审程序、**在法定刑以下判处刑罚的复核程序**或者死刑复核程序的，原第二审程序、**在法定刑以下判处刑罚的复核程序**或者死刑复核程序中的合议庭组成人员不受本款规定的限制。
	第三十条　依照法律和有关规定应当实行任职回避的，不得担任案件的审判人员。
第二十六条　人民法院应当依法告知当事人及其法定代理人有权申请回避，并告知其合议庭组成人员、独任审判员、书记员等人员的名单。	**第三十一条**　人民法院应当依法告知当事人及其法定代理人有权申请回避，并告知其合议庭组成人员、独任审判员、**法官助理**、书记员等人员的名单。
第二十七条　审判人员自行申请回避，或者当事人及其法定代理人申请审判人员回避的，可以口头或者书面提出，并说明理由，由院长决定。 院长自行申请回避，或者当事人及其法定代理人申请院长回避的，由审判委员会讨论决定。审判委员会讨论时，由副院长主持，院长不得参加。	**第三十二条**　审判人员自行申请回避，或者当事人及其法定代理人申请审判人员回避的，可以口头或者书面提出，并说明理由，由院长决定。 院长自行申请回避，或者当事人及其法定代理人申请院长回避的，由审判委员会讨论决定。审判委员会讨论时，由副院长主持，院长不得参加。

修正前	修正后
第二十八条 当事人及其法定代理人依照刑事诉讼法第二十九条和本解释第二十四条规定申请回避，应当提供证明材料。	**第三十三条** 当事人及其法定代理人依照刑事诉讼法**第三十条**和本解释**第二十八条的**规定申请回避**的**，应当提供证明材料。
第二十九条 应当回避的审判人员没有自行回避，当事人及其法定代理人也没有申请其回避的，院长或者审判委员会应当决定其回避。	**第三十四条** 应当回避的审判人员没有自行回避，当事人及其法定代理人也没有申请其回避的，院长或者审判委员会应当决定其回避。
第三十条 对当事人及其法定代理人提出的回避申请，人民法院可以口头或者书面作出决定，并将决定告知申请人。 当事人及其法定代理人申请回避被驳回的，可以在接到决定时申请复议一次。不属于刑事诉讼法第二十八条、第二十九条规定情形的回避申请，由法庭当庭驳回，并不得申请复议。	**第三十五条** 对当事人及其法定代理人提出的回避申请，人民法院可以口头或者书面作出决定，并将决定告知申请人。 当事人及其法定代理人申请回避被驳回的，可以在接到决定时申请复议一次。不属于刑事诉讼法**第二十九条**、**第三十条**规定情形的回避申请，由法庭当庭驳回，并不得申请复议。
第三十一条 当事人及其法定代理人申请出庭的检察人员回避的，人民法院应当决定休庭，并通知人民检察院。	**第三十六条** 当事人及其法定代理人申请出庭的检察人员回避的，人民法院应当**区分情况作出处理：** **（一）属于刑事诉讼法第二十九条、第三十条规定情形的回避申请，应当**决定休庭，并通知人民检察院**尽快作出决定；** **（二）不属于刑事诉讼法第二十九条、第三十条规定情形的回避申请，应当当庭驳回，并不得申请复议。**

修正前	修正后
第三十二条 本章所称的审判人员，包括人民法院院长、副院长、审判委员会委员、庭长、副庭长、审判员~~、助理审判员~~和人民陪审员。	**第三十七条** 本章所称的审判人员，包括人民法院院长、副院长、审判委员会委员、庭长、副庭长、审判员和人民陪审员。
第三十三条 书记员、翻译人员和鉴定人适用审判人员回避的有关规定，其回避问题由院长决定。	**第三十八条** **法官助理、**书记员、翻译人员和鉴定人适用审判人员回避的有关规定，其回避问题由院长决定。
第三十四条 辩护人、诉讼代理人可以依照本章的有关规定要求回避、申请复议。	**第三十九条** 辩护人、诉讼代理人可以依照本章的有关规定要求回避、申请复议。
第三章 辩护与代理	**第三章 辩护与代理**
第三十五条 人民法院审判案件，应当充分保障被告人依法享有的辩护权利。 被告人除自己行使辩护权以外，还可以委托辩护人辩护。下列人员不得担任辩护人： （一）正在被执行刑罚或者处于缓刑、假释考验期间的人； （二）依法被剥夺、限制人身自由的人； （三）无行为能力或者限制行为能力的人； （四）人民法院、人民检察院、公安机关、国家安全机关、监狱的现职人员； （五）人民陪审员；	**第四十条** 人民法院审判案件，应当充分保障被告人依法享有的辩护权利。 被告人除自己行使辩护权以外，还可以委托辩护人辩护。下列人员不得担任辩护人： （一）正在被执行刑罚或者处于缓刑、假释考验期间的人； （二）依法被剥夺、限制人身自由的人； （三）**被开除公职或者被吊销律师、公证员执业证书的人；** （四）人民法院、人民检察院、**监察机关、**公安机关、国家安全机关、监狱的现职人员； （五）人民陪审员；

修正前	修正后
（六）与本案审理结果有利害关系的人； （七）外国人或者无国籍人。 前款第四项至第七项规定的人员，如果是被告人的监护人、近亲属，由被告人委托担任辩护人的，可以准许。	（六）与本案审理结果有利害关系的人； （七）外国人或者无国籍人； **（八）无行为能力或者限制行为能力的人。** 前款第**三**项至第七项规定的人员，如果是被告人的监护人、近亲属，由被告人委托担任辩护人的，可以准许。
第三十六条 审判人员和人民法院其他工作人员从人民法院离任后二年内，不得以律师身份担任辩护人。 审判人员和人民法院其他工作人员从人民法院离任后，不得担任原任职法院所审理案件的辩护人，但作为被告人的监护人、近亲属~~进行辩护~~的除外。 审判人员和人民法院其他工作人员的配偶、子女或者父母不得担任其任职法院所审理案件的辩护人，但作为被告人的监护人、近亲属~~进行辩护~~的除外。	**第四十一条** 审判人员和人民法院其他工作人员从人民法院离任后二年内，不得以律师身份担任辩护人。 审判人员和人民法院其他工作人员从人民法院离任后，不得担任原任职法院所审理案件的辩护人，但**系**被告人的监护人、近亲属的除外。 审判人员和人民法院其他工作人员的配偶、子女或者父母不得担任其任职法院所审理案件的辩护人，但**系**被告人的监护人、近亲属的除外。
第三十七条 律师，人民团体、被告人所在单位推荐的人，或者被告人的监护人、亲友被委托为辩护人的，人民法院应当核实其身份证明和授权委托书。	**第四十二条** **对接受委托担任**辩护人的，人民法院应当核实其身份证明和授权委托书。
第三十八条 一名被告人可以委托一至二人作为辩护人。 一名辩护人不得为两名以上的同案被告人，或者未同案处理但犯罪事实存在关联的被告人辩护。	**第四十三条** 一名被告人可以委托一至二人作为辩护人。 一名辩护人不得为两名以上的同案被告人，或者未同案处理但犯罪事实存在关联的被告人辩护。

修正前	修正后
第三十九条　被告人没有委托辩护人的，人民法院自受理案件之日起三日内，应当告知其有权委托辩护人；被告人因经济困难或者其他原因没有委托辩护人的，应当告知其可以申请法律援助；被告人属于应当提供法律援助情形的，应当告知其将依法通知法律援助机构指派律师为其提供辩护。 告知可以采取口头或者书面方式。	**第四十四条**　被告人没有委托辩护人的，人民法院自受理案件之日起三日**以**内，应当告知其有权委托辩护人；被告人因经济困难或者其他原因没有委托辩护人的，应当告知其可以申请法律援助；被告人属于应当提供法律援助情形的，应当告知其将依法通知法律援助机构指派律师为其提供辩护。 **被告人没有委托辩护人，法律援助机构也没有指派律师为其提供辩护的，人民法院应当告知被告人有权约见值班律师，并为被告人约见值班律师提供便利。** 告知可以采取口头或者书面方式。
第四十条　审判期间，在押的被告人要求委托辩护人的，人民法院应当在三日内向其监护人、近亲属或者其指定的人员转达要求。被告人应当提供有关人员的联系方式。有关人员无法通知的，应当告知被告人。	**第四十五条**　审判期间，在押的被告人要求委托辩护人的，人民法院应当在三日**以**内向其监护人、近亲属或者其指定的人员转达要求。被告人应当提供有关人员的联系方式。有关人员无法通知的，应当告知被告人。
第四十一条　人民法院收到在押被告人提出的法律援助申请，应当在二十四小时内转交~~所在地的~~法律援助机构。	**第四十六条**　人民法院收到在押被告人提出的法律援助**或者法律帮助**申请，应当**依照有关规定及时**转交法律援助机构**或者通知值班律师**。
第四十二条　对下列没有委托辩护人的被告人，人民法院应当通知法律援助机构指派律师为其提供辩护：	**第四十七条**　对下列没有委托辩护人的被告人，人民法院应当通知法律援助机构指派律师为其提供辩护：

修正前	修正后
（一）盲、聋、哑人； （二）尚未完全丧失辨认或者控制自己行为能力的精神病人； （三）可能被判处无期徒刑、死刑的人。 高级人民法院复核死刑案件，被告人没有委托辩护人的，应当通知法律援助机构指派律师为其提供辩护。	（一）盲、聋、哑人； （二）尚未完全丧失辨认或者控制自己行为能力的精神病人； （三）可能被判处无期徒刑、死刑的人。 高级人民法院复核死刑案件，被告人没有委托辩护人的，应当通知法律援助机构指派律师为其提供辩护。 **死刑缓期执行期间故意犯罪的案件，适用前两款规定。**
第四十三条 具有下列情形之一，被告人没有委托辩护人的，人民法院可以通知法律援助机构指派律师为其提供辩护： （一）共同犯罪案件中，其他被告人已经委托辩护人； （二）有重大社会影响的案件； （三）人民检察院抗诉的~~案件~~； （四）被告人的行为可能不构成犯罪； （五）有必要指派律师提供辩护的其他情形。	**第四十八条** 具有下列情形之一，被告人没有委托辩护人的，人民法院可以通知法律援助机构指派律师为其提供辩护： （一）共同犯罪案件中，其他被告人已经委托辩护人**的**； （二）**案件**有重大社会影响的； （三）人民检察院抗诉的； （四）被告人的行为可能不构成犯罪**的**； （五）有必要指派律师提供辩护的其他情形。
第四十四条 人民法院通知法律援助机构指派律师提供辩护的，应当将法律援助通知书、起诉书副本或者判决书送达法律援助机构；决定开庭审理的，除适用简易程序审理的以外，应当在开庭十五日前将上述材料送达法律援助机构。	**第四十九条** 人民法院通知法律援助机构指派律师提供辩护的，应当将法律援助通知书、起诉书副本或者判决书送达法律援助机构；决定开庭审理的，除适用简易程序**或者速裁程序**审理的以外，应当在开庭十五日**以**前将上述材料送达法律援助机构。

修正前	修正后
法律援助通知书应当写明案由、被告人姓名、提供法律援助的理由、审判人员的姓名和联系方式；已确定开庭审理的，应当写明开庭的时间、地点。	法律援助通知书应当写明案由、被告人姓名、提供法律援助的理由、审判人员的姓名和联系方式；已确定开庭审理的，应当写明开庭的时间、地点。
第四十五条 被告人拒绝法律援助机构指派的律师为其辩护，坚持自己行使辩护权的，人民法院应当准许。 属于应当提供法律援助的情形，被告人拒绝指派的律师为其辩护的，人民法院应当查明原因。理由正当的，应当准许，但被告人须另行委托辩护人；被告人未另行委托辩护人的，人民法院应当在三日内~~书面~~通知法律援助机构另行指派律师为其提供辩护。	**第五十条** 被告人拒绝法律援助机构指派的律师为其辩护，坚持自己行使辩护权的，人民法院应当准许。 属于应当提供法律援助的情形，被告人拒绝指派的律师为其辩护的，人民法院应当查明原因。理由正当的，应当准许，但被告人**应当在五日以内**另行委托辩护人；被告人未另行委托辩护人的，人民法院应当在三日**以**内通知法律援助机构另行指派律师为其提供辩护。
	第五十一条 对法律援助机构指派律师为被告人提供辩护，被告人的监护人、近亲属又代为委托辩护人的，应当听取被告人的意见，由其确定辩护人人选。
第四十六条 审判期间，辩护人接受被告人委托的，应当在接受委托之日起三日内，将委托手续提交人民法院。 法律援助机构~~决定~~为被告人~~指派律师~~提供辩护的，<u>承办律师应当在接受指派之日起三日内，将法律援助手续提交人民法院</u>。	**第五十二条** 审判期间，辩护人接受被告人委托的，应当在接受委托之日起三日**以**内，将委托手续提交人民法院。 **接受**法律援助机构**指派**为被告人提供辩护的，**适用前款规定**。

修正前	修正后
第四十七条 辩护律师可以查阅、摘抄、复制案卷材料。其他辩护人经人民法院许可，也可以查阅、摘抄、复制案卷材料。合议庭、审判委员会的讨论记录以及其他依法不公开的材料不得查阅、摘抄、复制。 辩护人查阅、摘抄、复制案卷材料的，人民法院应当提供<u>方便</u>，并保证必要的时间。 复制案卷材料可以采用复印、拍照、扫描等方式。	**第五十三条** 辩护律师可以查阅、摘抄、复制案卷材料。其他辩护人经人民法院许可，也可以查阅、摘抄、复制案卷材料。合议庭、审判委员会的讨论记录以及其他依法不公开的材料不得查阅、摘抄、复制。 辩护人查阅、摘抄、复制案卷材料的，人民法院应当提供**便利**，并保证必要的时间。 **值班律师查阅案卷材料的，适用前两款规定。** 复制案卷材料可以采用复印、拍照、扫描、**电子数据拷贝**等方式。
	第五十四条 对作为证据材料向人民法院移送的讯问录音录像，辩护律师申请查阅的，人民法院应当准许。
	第五十五条 查阅、摘抄、复制案卷材料，涉及国家秘密、商业秘密、个人隐私的，应当保密；对不公开审理案件的信息、材料，或者在办案过程中获悉的案件重要信息、证据材料，不得违反规定泄露、披露，不得用于办案以外的用途。人民法院可以要求相关人员出具承诺书。 **违反前款规定的，人民法院可以通报司法行政机关或者有关部门，建议给予相应处罚；构成犯罪的，依法追究刑事责任。**

修正前	修正后
第四十八条 辩护律师可以同在押的或者被监视居住的被告人会见和通信。其他辩护人经人民法院许可，也可以同在押的或者被监视居住的被告人会见和通信。	**第五十六条** 辩护律师可以同在押的或者被监视居住的被告人会见和通信。其他辩护人经人民法院许可，也可以同在押的或者被监视居住的被告人会见和通信。
第四十九条 辩护人认为在侦查、审查起诉期间公安机关、人民检察院收集的证明被告人无罪或者罪轻的证据材料未随案移送，申请人民法院调取的，应当以书面形式提出，并提供相关线索或者材料。人民法院接受申请后，应当向人民检察院调取。人民检察院移送相关证据材料后，人民法院应当及时通知辩护人。	**第五十七条** 辩护人认为在**调查**、侦查、审查起诉期间**监察机关**、公安机关、人民检察院收集的证明被告人无罪或者罪轻的证据材料未随案移送，申请人民法院调取的，应当以书面形式提出，并提供相关线索或者材料。人民法院接受申请后，应当向人民检察院调取。人民检察院移送相关证据材料后，人民法院应当及时通知辩护人。
第五十条 辩护律师申请向被害人及其近亲属、被害人提供的证人收集与本案有关的材料，人民法院认为确有必要的，应当签发准许调查书。	**第五十八条** 辩护律师申请向被害人及其近亲属、被害人提供的证人收集与本案有关的材料，人民法院认为确有必要的，应当签发准许调查书。
第五十一条 辩护律师向证人或者有关单位、个人收集、调取与本案有关的证据材料，因证人或者有关单位、个人不同意，申请人民法院收集、调取，或者申请通知证人出庭作证，人民法院认为确有必要的，应当同意。	**第五十九条** 辩护律师向证人或者有关单位、个人收集、调取与本案有关的证据材料，因证人或者有关单位、个人不同意，申请人民法院收集、调取，或者申请通知证人出庭作证，人民法院认为确有必要的，应当同意。

修正前	修正后
第五十二条　辩护律师直接申请人民法院向证人或者有关单位、个人收集、调取证据材料，人民法院认为确有~~收集、调取~~必要，且不宜或者不能由辩护律师收集、调取的，应当同意。~~人民法院收集、调取证据材料时，辩护律师可以在场~~。 人民法院向有关单位收集、调取的书面证据材料，必须由提供人签名，并加盖单位印章；向个人收集、调取的书面证据材料，必须由提供人签名。 人民法院对有关单位、个人提供的证据材料，应当出具收据，写明证据材料的名称、收到的时间、件数、页数以及是否为原件等，由书记员或者审判人员签名。 收集、调取证据材料后，应当及时通知辩护律师查阅、摘抄、复制，并告知人民检察院。	**第六十条**　辩护律师直接申请人民法院向证人或者有关单位、个人收集、调取证据材料，人民法院认为确有必要，且不宜或者不能由辩护律师收集、调取的，应当同意。 人民法院向有关单位收集、调取的书面证据材料，必须由提供人签名，并加盖单位印章；向个人收集、调取的书面证据材料，必须由提供人签名。 人民法院对有关单位、个人提供的证据材料，应当出具收据，写明证据材料的名称、收到的时间、件数、页数以及是否为原件等，由书记员、**法官助理**或者审判人员签名。 收集、调取证据材料后，应当及时通知辩护律师查阅、摘抄、复制，并告知人民检察院。
第五十三条　本解释第五十条至第五十二条规定的申请，应当以书面形式提出，并说明理由，写明需要收集、调取证据材料的内容或者需要调查问题的提纲。 对辩护律师的申请，人民法院应当在五日内作出是否准许、同意的决定，并通知申请人；决定不准许、不同意的，应当说明理由。	**第六十一条**　本解释**第五十八条**至**第六十条**规定的申请，应当以书面形式提出，并说明理由，写明需要收集、调取证据材料的内容或者需要调查问题的提纲。 对辩护律师的申请，人民法院应当在五日**以**内作出是否准许、同意的决定，并通知申请人；决定不准许、不同意的，应当说明理由。

修正前	修正后
第五十四条 人民法院自受理自诉案件之日起三日内，应当告知自诉人及其法定代理人、附带民事诉讼当事人及其法定代理人，有权委托诉讼代理人，并告知如果经济困难~~的~~，可以申请法律援助。	**第六十二条** 人民法院自受理自诉案件之日起三日**以**内，应当告知自诉人及其法定代理人、附带民事诉讼当事人及其法定代理人，有权委托诉讼代理人，并告知**其**如果经济困难，可以申请法律援助。
第五十五条 当事人委托诉讼代理人的，参照适用刑事诉讼法第三十二条和本解释的有关规定。	**第六十三条** 当事人委托诉讼代理人的，参照适用刑事诉讼法**第三十三条**和本解释的有关规定。
第五十六条 诉讼代理人有权根据事实和法律，维护被害人、自诉人或者附带民事诉讼当事人的诉讼权利和其他合法权益。	**第六十四条** 诉讼代理人有权根据事实和法律，维护被害人、自诉人或者附带民事诉讼当事人的诉讼权利和其他合法权益。
第五十七条 ~~经人民法院许可，~~诉讼代理人可以查阅、摘抄、复制~~本案的~~案卷材料。 律师担任诉讼代理人，需要收集、调取与本案有关的证据材料的，参照适用本解释第五十一条至第五十三条的规定。	**第六十五条** **律师担任**诉讼代理人**的，**可以查阅、摘抄、复制案卷材料。**其他诉讼代理人经人民法院许可，也可以查阅、摘抄、复制案卷材料。** 律师担任诉讼代理人，需要收集、调取与本案有关的证据材料的，参照适用本解释**第五十九条**至**第六十一条**的规定。
第五十八条 诉讼代理人接受当事人委托或者法律援助机构指派后，应当在三日内将委托手续或者法律援助手续提交人民法院。	**第六十六条** 诉讼代理人接受当事人委托或者法律援助机构指派后，应当在三日**以**内将委托手续或者法律援助手续提交人民法院。
~~**第五十九条** 辩护人、诉讼代理人复制案卷材料的，人民法院只收取工本费；法律援助律师复制必要的案卷材料的，应当免收或者减收费用。~~	

修正前	修正后
第六十条 辩护律师向人民法院告知其委托人或者其他人准备实施、正在实施危害国家安全、公共安全以及严重危害他人人身安全犯罪的，人民法院应当记录在案，立即转告主管机关依法处理，并为反映有关情况的辩护律师保密。	**第六十七条** 辩护律师向人民法院告知其委托人或者其他人准备实施、正在实施危害国家安全、公共安全以及严重危害他人人身安全犯罪的，人民法院应当记录在案，立即转告主管机关依法处理，并为反映有关情况的辩护律师保密。
	第六十八条 律师担任辩护人、诉讼代理人，经人民法院准许，可以带一名助理参加庭审。律师助理参加庭审的，可以从事辅助工作，但不得发表辩护、代理意见。
第四章 证 据	**第四章 证 据**
第一节 一般规定	第一节 一般规定
第六十一条 认定案件事实，必须以证据为根据。	**第六十九条** 认定案件事实，必须以证据为根据。
第六十二条 审判人员应当依照法定程序收集、审查、核实、认定证据。	**第七十条** 审判人员应当依照法定程序收集、审查、核实、认定证据。
第六十三条 证据未经当庭出示、辨认、质证等法庭调查程序查证属实，不得作为定案的根据~~，但法律和本解释另有规定的除外~~。	**第七十一条** 证据未经当庭出示、辨认、质证等法庭调查程序查证属实，不得作为定案的根据。
第六十四条 应当运用证据证明的案件事实包括： （一）被告人、被害人的身份； （二）被指控的犯罪是否存在； （三）被指控的犯罪是否为被告人所实施；	**第七十二条** 应当运用证据证明的案件事实包括： （一）被告人、被害人的身份； （二）被指控的犯罪是否存在； （三）被指控的犯罪是否为被告人所实施；

修正前	修正后
（四）被告人有无刑事责任能力，有无罪过，实施犯罪的动机、目的； （五）实施犯罪的时间、地点、手段、后果以及案件起因等； （六）被告人在~~共同~~犯罪中的地位、作用； （七）被告人有无从重、从轻、减轻、免除处罚情节； （八）有关~~附带民事诉讼、~~涉案财物处理的事实； <u>（九）</u>有关管辖、回避、延期审理等的程序事实； <u>（十）</u>与定罪量刑有关的其他事实。 认定被告人有罪和对被告人从重处罚，~~应当~~适用证据确实、充分的证明标准。	（四）被告人有无刑事责任能力，有无罪过，实施犯罪的动机、目的； （五）实施犯罪的时间、地点、手段、后果以及案件起因等； （六）**是否系共同犯罪或者犯罪事实存在关联，以及**被告人在犯罪中的地位、作用； （七）被告人有无从重、从轻、减轻、免除处罚情节； （八）有关涉案财物处理的事实； **（九）有关附带民事诉讼的事实；** **（十）**有关管辖、回避、延期审理等的程序事实； **（十一）**与定罪量刑有关的其他事实。 认定被告人有罪和对被告人从重处罚，适用证据确实、充分的证明标准。
	第七十三条　对提起公诉的案件，人民法院应当审查证明被告人有罪、无罪、罪重、罪轻的证据材料是否全部随案移送；未随案移送的，应当通知人民检察院在指定时间内移送。人民检察院未移送的，人民法院应当根据在案证据对案件事实作出认定。

修正前	修正后
	第七十四条　依法应当对讯问过程录音录像的案件，相关录音录像未随案移送的，必要时，人民法院可以通知人民检察院在指定时间内移送。人民检察院未移送，导致不能排除属于刑事诉讼法第五十六条规定的以非法方法收集证据情形的，对有关证据应当依法排除；导致有关证据的真实性无法确认的，不得作为定案的根据。
第六十五条　行政机关在行政执法和查办案件过程中收集的物证、书证、视听资料、电子数据等证据材料，~~在刑事诉讼中可以作为证据使用；~~经法庭查证属实，且收集程序符合有关法律、行政法规规定的，可以作为定案的根据。 根据法律、行政法规规定行使国家行政管理职权的组织，在行政执法和查办案件过程中收集的证据材料，视为行政机关收集的证据材料。	**第七十五条**　行政机关在行政执法和查办案件过程中收集的物证、书证、视听资料、电子数据等证据材料，经法庭查证属实，且收集程序符合有关法律、行政法规规定的，可以作为定案的根据。 根据法律、行政法规规定行使国家行政管理职权的组织，在行政执法和查办案件过程中收集的证据材料，视为行政机关收集的证据材料。
	第七十六条　监察机关依法收集的证据材料，在刑事诉讼中可以作为证据使用。 **对前款规定证据的审查判断，适用刑事审判关于证据的要求和标准。**
第四百零五条　对来自境外的证据材料，~~人民法院~~应当~~对~~材料来源、提供人、~~提供时间以及~~提取人、	**第七十七条**　对来自境外的证据材料，**人民检察院**应当**随案移送有关**材料来源、提供人、提取人、

修正前	修正后
提取时间等~~进行审查~~。经审查，能够证明案件事实且符合刑事诉讼法规定的，可以作为证据使用，但提供人或者我国与有关国家签订的双边条约对材料的使用范围有明确限制的除外；材料来源不明或者其真实性无法确认的，不得作为定案的根据。 当事人及其辩护人、诉讼代理人提供来自境外的证据材料的，该证据材料应当经所在国公证机关证明，所在国中央外交主管机关或者其授权机关认证，并经我国驻该国使领馆认证。	提取时间等**情况的说明**。经**人民法院**审查，**相关证据材料**能够证明案件事实且符合刑事诉讼法规定的，可以作为证据使用，但提供人或者我国与有关国家签订的双边条约对材料的使用范围有明确限制的除外；材料来源不明或者真实性无法确认的，不得作为定案的根据。 当事人及其辩护人、诉讼代理人提供来自境外的证据材料的，该证据材料应当经所在国公证机关证明，所在国中央外交主管机关或者其授权机关认证，并经**中华人民共和国**驻该国使领馆认证，**或者履行中华人民共和国与该所在国订立的有关条约中规定的证明手续，但我国与该国之间有互免认证协定的除外。**
	第七十八条　控辩双方提供的证据材料涉及外国语言、文字的，应当附中文译本。
第六十六条　人民法院依照刑事诉讼法第一百九十一条的规定调查核实证据，必要时，可以通知检察人员、辩护人、自诉人及其法定代理人到场。上述人员未到场的，应当记录在案。 人民法院调查核实证据时，发现对定罪量刑有重大影响的新的证据材料的，应当告知检察人员、辩护人、自诉人及其法定代理人。必要时，也可以直接提取，并及时通知检察人员、辩护人、自诉人及其法定代理人查阅、摘抄、复制。	**第七十九条**　人民法院依照刑事诉讼法**第一百九十六条**的规定调查核实证据，必要时，可以通知检察人员、辩护人、自诉人及其法定代理人到场。上述人员未到场的，应当记录在案。 人民法院调查核实证据时，发现对定罪量刑有重大影响的新的证据材料的，应当告知检察人员、辩护人、自诉人及其法定代理人。必要时，也可以直接提取，并及时通知检察人员、辩护人、自诉人及其法定代理人查阅、摘抄、复制。

修正前	修正后
第六十七条 下列人员不得担任~~刑事诉讼活动的~~见证人： （一）生理上、精神上有缺陷或者年幼，不具有相应辨别能力或者不能正确表达的人； （二）与案件有利害关系，可能影响案件公正处理的人； （三）行使勘验、检查、搜查、扣押等刑事诉讼职权的公安、司法机关的工作人员或者其聘用的人员。 由于客观原因无法由符合条件的人员担任见证人的，应当在笔录材料中注明情况，并对相关活动进行录像。	**第八十条** 下列人员不得担任见证人： （一）生理上、精神上有缺陷或者年幼，不具有相应辨别能力或者不能正确表达的人； （二）与案件有利害关系，可能影响案件公正处理的人； （三）行使勘验、检查、搜查、扣押、**组织辨认**等**监察调查**、刑事诉讼职权的**监察**、公安、司法机关的工作人员或者其聘用的人员。 **对见证人是否属于前款规定的人员，人民法院可以通过相关笔录载明的见证人的姓名、身份证件种类及号码、联系方式以及常住人口信息登记表等材料进行审查。** 由于客观原因无法由符合条件的人员担任见证人的，应当在笔录材料中注明情况，并对相关活动进行**全程录音**录像。
第六十八条 公开审理案件时，公诉人、诉讼参与人提出涉及国家秘密、商业秘密或者个人隐私的证据的，法庭应当制止。~~有关证据~~确与本案有关的，可以根据具体情况，决定将案件转为不公开审理，或者对相关证据的法庭调查不公开进行。	**第八十一条** 公开审理案件时，公诉人、诉讼参与人提出涉及国家秘密、商业秘密或者个人隐私的证据的，法庭应当制止；确与本案有关的，可以根据具体情况，决定将案件转为不公开审理，或者对相关证据的法庭调查不公开进行。

修正前	修正后
第二节　物证、书证的审查与认定	第二节　物证、书证的审查与认定
第六十九条　对物证、书证应当着重审查以下内容： （一）物证、书证是否为原物、原件，是否经过辨认、鉴定；物证的照片、录像、复制品或者书证的副本、复制件是否与原物、原件相符，是否由二人以上制作，有无制作人关于制作过程以及原物、原件存放于何处的文字说明和签名； （二）物证、书证的收集程序、方式是否符合法律、有关规定；经勘验、检查、搜查提取、扣押的物证、书证，是否附有相关笔录、清单，笔录、清单是否经侦查人员、物品持有人、见证人签名，没有~~物品持有人~~签名的，是否注明原因；物品的名称、特征、数量、质量等是否注明清楚； （三）物证、书证在收集、保管、鉴定过程中是否受损或者改变； （四）物证、书证与案件事实有无关联；对现场遗留与犯罪有关的具备鉴定条件的血迹、体液、毛发、指纹等生物样本、痕迹、物品，是否已作DNA鉴定、指纹鉴定等，并与被告人或者被害人的相应~~生物检材、~~生物特征、物品等比对； （五）与案件事实有关联的物证、书证是否全面收集。	**第八十二条**　对物证、书证应当着重审查以下内容： （一）物证、书证是否为原物、原件，是否经过辨认、鉴定；物证的照片、录像、复制品或者书证的副本、复制件是否与原物、原件相符，是否由二人以上制作，有无制作人关于制作过程以及原物、原件存放于何处的文字说明和签名； （二）物证、书证的收集程序、方式是否符合法律、有关规定；经勘验、检查、搜查提取、扣押的物证、书证，是否附有相关笔录、清单，笔录、清单是否经**调查人员或者**侦查人员、物品持有人、见证人签名，没有签名的，是否注明原因；物品的名称、特征、数量、质量等是否注明清楚； （三）物证、书证在收集、保管、鉴定过程中是否受损或者改变； （四）物证、书证与案件事实有无关联；对现场遗留与犯罪有关的具备鉴定条件的血迹、体液、毛发、指纹等生物样本、痕迹、物品，是否已作DNA鉴定、指纹鉴定等，并与被告人或者被害人的相应生物特征、物品等比对； （五）与案件事实有关联的物证、书证是否全面收集。

修正前	修正后
第七十条 据以定案的物证应当是原物。原物不便搬运，不易保存，依法应当由有关部门保管、处理，或者依法应当返还的，可以拍摄、制作足以反映原物外形和特征的照片、录像、复制品。 物证的照片、录像、复制品，不能反映原物的外形和特征的，不得作为定案的根据。 物证的照片、录像、复制品，经与原物核对无误、经鉴定为真实或者以其他方式确认为真实的，可以作为定案的根据。	**第八十三条** 据以定案的物证应当是原物。原物不便搬运、不易保存、**依法应当返还或者**依法应当由有关部门保管、处理的，可以拍摄、制作足以反映原物外形和特征的照片、录像、复制品。**必要时，审判人员可以前往保管场所查看原物。** 物证的照片、录像、复制品，不能反映原物的外形和特征的，不得作为定案的根据。 物证的照片、录像、复制品，经与原物核对无误、经鉴定或者以其他方式确认真实的，可以作为定案的根据。
第七十一条 据以定案的书证应当是原件。取得原件确有困难的，可以使用副本、复制件。 书证有更改或者更改迹象不能作出合理解释，或者书证的副本、复制件不能反映原件及其内容的，不得作为定案的根据。 书证的副本、复制件，经与原件核对无误、经鉴定为真实或者以其他方式确认为真实的，可以作为定案的根据。	**第八十四条** 据以定案的书证应当是原件。取得原件确有困难的，可以使用副本、复制件。 **对**书证**的**更改或者更改迹象不能作出合理解释，或者书证的副本、复制件不能反映原件及其内容的，不得作为定案的根据。 书证的副本、复制件，经与原件核对无误、经鉴定或者以其他方式确认真实的，可以作为定案的根据。
第七十二条 对与案件事实可能有关联的血迹、体液、毛发、人体组织、指纹、足迹、字迹等生物样本、痕迹和物品，应当提取而没有提取，应当检验而没有检验，导	**第八十五条** 对与案件事实可能有关联的血迹、体液、毛发、人体组织、指纹、足迹、字迹等生物样本、痕迹和物品，应当提取而没有提取，应当**鉴定**而没有**鉴定，应**

修正前	修正后
致案件事实存疑的，人民法院应当~~向人民检察院说明情况，由~~人民检察院依法补充收集、调取证据~~或者作出合理说明~~。	**当移送鉴定意见而没有移送，**导致案件事实存疑的，人民法院应当**通知**人民检察院依法补充收集、调取、**移送**证据。
第七十三条　在勘验、检查、搜查过程中提取、扣押的物证、书证，未附笔录或者清单，不能证明物证、书证来源的，不得作为定案的根据。 物证、书证的收集程序、方式有下列瑕疵，经补正或者作出合理解释的，可以采用： （一）勘验、检查、搜查、提取笔录或者扣押清单上没有侦查人员、物品持有人、见证人签名，或者对物品的名称、特征、数量、质量等注明不详的； （二）物证的照片、录像、复制品，书证的副本、复制件未注明与原件核对无异，无复制时间，或者无被收集、调取人签名~~、盖章~~的； （三）物证的照片、录像、复制品，书证的副本、复制件没有制作人关于制作过程和原物、原件存放地点的说明，或者说明中无签名的； （四）有其他瑕疵的。 ~~对~~物证、书证的来源、收集程序有疑问，不能作出合理解释的，~~该物证、书证~~不得作为定案的根据。	**第八十六条**　在勘验、检查、搜查过程中提取、扣押的物证、书证，未附笔录或者清单，不能证明物证、书证来源的，不得作为定案的根据。 物证、书证的收集程序、方式有下列瑕疵，经补正或者作出合理解释的，可以采用： （一）勘验、检查、搜查、提取笔录或者扣押清单上没有**调查人员或者**侦查人员、物品持有人、见证人签名，或者对物品的名称、特征、数量、质量等注明不详的； （二）物证的照片、录像、复制品，书证的副本、复制件未注明与原件核对无异，无复制时间，或者无被收集、调取人签名的； （三）物证的照片、录像、复制品，书证的副本、复制件没有制作人关于制作过程和原物、原件存放地点的说明，或者说明中无签名的； （四）有其他瑕疵的。 物证、书证的来源、收集程序有疑问，不能作出合理解释的，不得作为定案的根据。

修正前	修正后
第三节　证人证言、被害人陈述的审查与认定	第三节　证人证言、被害人陈述的审查与认定
第七十四条　对证人证言应当着重审查以下内容： （一）证言的内容是否为证人直接感知； （二）证人作证时的年龄，认知、记忆和表达能力，生理和精神状态是否影响作证； （三）证人与案件当事人、案件处理结果有无利害关系； （四）询问证人是否个别进行； （五）询问笔录的制作、修改是否符合法律、有关规定，是否注明询问的起止时间和地点，首次询问时是否告知证人有关~~作证的~~权利义务和法律责任，证人对询问笔录是否核对确认； （六）询问未成年证人时，是否通知其法定代理人或者有关人员到场，~~其法定代理人或者~~有关人员是否到场； （七）证人证言有无以暴力、威胁等非法方法收集的情形； （八）证言之间以及与其他证据之间能否相互印证，有无矛盾。	**第八十七条**　对证人证言应当着重审查以下内容： （一）证言的内容是否为证人直接感知； （二）证人作证时的年龄，认知、记忆和表达能力，生理和精神状态是否影响作证； （三）证人与案件当事人、案件处理结果有无利害关系； （四）询问证人是否个别进行； （五）询问笔录的制作、修改是否符合法律、有关规定，是否注明询问的起止时间和地点，首次询问时是否告知证人有关权利义务和法律责任，证人对询问笔录是否核对确认； （六）询问未成年证人时，是否通知其法定代理人或者**刑事诉讼法第二百八十一条第一款规定的合适成年人**到场，有关人员是否到场； （七）有无以暴力、威胁等非法方法收集**证人证言**的情形； （八）证言之间以及与其他证据之间能否相互印证，有无矛盾；**存在矛盾的，能否得到合理解释**。

修正前	修正后
第七十五条 处于明显醉酒、中毒或者麻醉等状态，不能正常感知或者正确表达的证人所提供的证言，不得作为证据使用。 证人的猜测性、评论性、推断性的证言，不得作为证据使用，但根据一般生活经验判断符合事实的除外。	**第八十八条** 处于明显醉酒、中毒或者麻醉等状态，不能正常感知或者正确表达的证人所提供的证言，不得作为证据使用。 证人的猜测性、评论性、推断性的证言，不得作为证据使用，但根据一般生活经验判断符合事实的除外。
第七十六条 证人证言具有下列情形之一的，不得作为定案的根据： （一）询问证人没有个别进行的； （二）书面证言没有经证人核对确认的； （三）询问聋、哑人，应当提供通晓聋、哑手势的人员而未提供的； （四）询问不通晓当地通用语言、文字的证人，应当提供翻译人员而未提供的。	**第八十九条** 证人证言具有下列情形之一的，不得作为定案的根据： （一）询问证人没有个别进行的； （二）书面证言没有经证人核对确认的； （三）询问聋、哑人，应当提供通晓聋、哑手势的人员而未提供的； （四）询问不通晓当地通用语言、文字的证人，应当提供翻译人员而未提供的。
第七十七条 证人证言的收集程序、方式有下列瑕疵，经补正或者作出合理解释的，可以采用；不能补正或者作出合理解释的，不得作为定案的根据： （一）询问笔录没有填写询问人、记录人、法定代理人姓名以及询问的起止时间、地点的； （二）询问地点不符合规定的；	**第九十条** 证人证言的收集程序、方式有下列瑕疵，经补正或者作出合理解释的，可以采用；不能补正或者作出合理解释的，不得作为定案的根据： （一）询问笔录没有填写询问人、记录人、法定代理人姓名以及询问的起止时间、地点的； （二）询问地点不符合规定的；

修正前	修正后
（三）询问笔录没有记录告知证人有关~~作证的~~权利义务和法律责任的； （四）询问笔录反映出在同一时段，同一询问人员询问不同证人的。	（三）询问笔录没有记录告知证人有关权利义务和法律责任的； （四）询问笔录反映出在同一时段，同一询问人员询问不同证人的； **（五）询问未成年人，其法定代理人或者合适成年人不在场的。**
第七十八条　证人当庭作出的证言，经控辩双方质证、法庭查证属实的，应当作为定案的根据。 证人当庭作出的证言与其庭前证言矛盾，证人能够作出合理解释，并有相关证据印证的，应当采信其庭审证言；不能作出合理解释，而其庭前证言有相关证据印证的，可以采信其庭前证言。 经人民法院通知，证人没有正当理由拒绝出庭或者出庭后拒绝作证，法庭对其证言的真实性无法确认的，该证人证言不得作为定案的根据。	**第九十一条**　证人当庭作出的证言，经控辩双方质证、法庭查证属实的，应当作为定案的根据。 证人当庭作出的证言与其庭前证言矛盾，证人能够作出合理解释，并有**其他**证据印证的，应当采信其庭审证言；不能作出合理解释，而其庭前证言有**其他**证据印证的，可以采信其庭前证言。 经人民法院通知，证人没有正当理由拒绝出庭或者出庭后拒绝作证，法庭对其证言的真实性无法确认的，该证人证言不得作为定案的根据。
第七十九条　对被害人陈述的审查与认定，参照适用本节的有关规定。	**第九十二条**　对被害人陈述的审查与认定，参照适用本节的有关规定。
第四节　被告人供述和辩解的审查与认定	第四节　被告人供述和辩解的审查与认定
第八十条　对被告人供述和辩解应当着重审查以下内容： （一）讯问的时间、地点，讯问人的身份、人数以及讯问方式等是否符合法律、有关规定；	**第九十三条**　对被告人供述和辩解应当着重审查以下内容： （一）讯问的时间、地点，讯问人的身份、人数以及讯问方式等是否符合法律、有关规定；

修正前	修正后
（二）讯问笔录的制作、修改是否符合法律、有关规定，是否注明讯问的具体起止时间和地点，首次讯问时是否告知被告人相关权利和法律规定，被告人是否核对确认； （三）讯问未成年被告人时，是否通知其法定代理人或者有关人员到场，~~其法定代理人或者~~有关人员是否到场； （四）被告人的供述有无以刑讯逼供等非法方法收集的情形； （五）被告人的供述是否前后一致，有无反复以及出现反复的原因；被告人的~~所有~~供述和辩解是否均已随案移送； （六）被告人的辩解内容是否符合案情和常理，有无矛盾； （七）被告人的供述和辩解与同案被告人的供述和辩解以及其他证据能否相互印证，有无矛盾。 必要时，可以调取讯问~~过程的~~录音录像、被告人进出看守所的健康检查记录、笔录，~~并结合录音录像、记录、笔录对上述内容~~进行审查。	（二）讯问笔录的制作、修改是否符合法律、有关规定，是否注明讯问的具体起止时间和地点，首次讯问时是否告知被告人**有关**权利和法律规定，被告人是否核对确认； （三）讯问未成年被告人时，是否通知其法定代理人或者**合适成年人**到场，有关人员是否到场； （四）**讯问女性未成年被告人时，是否有女性工作人员在场；** **（五）**有无以刑讯逼供等非法方法收集**被告人供述**的情形； **（六）**被告人的供述是否前后一致，有无反复以及出现反复的原因； **（七）**被告人的供述和辩解是否**全部**随案移送； **（八）**被告人的辩解内容是否符合案情和常理，有无矛盾； **（九）**被告人的供述和辩解与同案被告人的供述和辩解以及其他证据能否相互印证，有无矛盾；**存在矛盾的，能否得到合理解释**。 必要时，可以**结合现场执法音视频记录**、讯问录音录像、被告人进出看守所的健康检查记录、笔录等，**对被告人的供述和辩解**进行审查。
第八十一条　被告人供述具有下列情形之一的，不得作为定案的根据：	**第九十四条**　被告人供述具有下列情形之一的，不得作为定案的根据：

修正前	修正后
（一）讯问笔录没有经被告人核对确认的； （二）讯问聋、哑人，应当提供通晓聋、哑手势的人员而未提供的； （三）讯问不通晓当地通用语言、文字的被告人，应当提供翻译人员而未提供的。	（一）讯问笔录没有经被告人核对确认的； （二）讯问聋、哑人，应当提供通晓聋、哑手势的人员而未提供的； （三）讯问不通晓当地通用语言、文字的被告人，应当提供翻译人员而未提供的； **（四）讯问未成年人，其法定代理人或者合适成年人不在场的。**
第八十二条　讯问笔录有下列瑕疵，经补正或者作出合理解释的，可以采用；不能补正或者作出合理解释的，不得作为定案的根据： （一）讯问笔录填写的讯问时间、讯问人、记录人、法定代理人等有误或者存在矛盾的； （二）讯问人没有签名的； （三）首次讯问笔录没有记录告知被讯问人相关权利和法律规定的。	**第九十五条**　讯问笔录有下列瑕疵，经补正或者作出合理解释的，可以采用；不能补正或者作出合理解释的，不得作为定案的根据： （一）讯问笔录填写的讯问时间、**讯问地点**、讯问人、记录人、法定代理人等有误或者存在矛盾的； （二）讯问人没有签名的； （三）首次讯问笔录没有记录告知被讯问人**有关**权利和法律规定的。
第八十三条　审查被告人供述和辩解，应当结合控辩双方提供的所有证据以及被告人的全部供述和辩解进行。 被告人庭审中翻供，但不能合理说明翻供原因或者其辩解与全案证据矛盾，而其庭前供述与其他证据相互印证的，可以采信其庭前供述。	**第九十六条**　审查被告人供述和辩解，应当结合控辩双方提供的所有证据以及被告人的全部供述和辩解进行。 被告人庭审中翻供，但不能合理说明翻供原因或者其辩解与全案证据矛盾，而其庭前供述与其他证据相互印证的，可以采信其庭前供述。

修正前	修正后
被告人庭前供述和辩解存在反复，但庭审中供认，且与其他证据相互印证的，可以采信其庭审供述；被告人庭前供述和辩解存在反复，庭审中不供认，且无其他证据与庭前供述印证的，不得采信其庭前供述。	被告人庭前供述和辩解存在反复，但庭审中供认，且与其他证据相互印证的，可以采信其庭审供述；被告人庭前供述和辩解存在反复，庭审中不供认，且无其他证据与庭前供述印证的，不得采信其庭前供述。
第五节　鉴定意见的审查与认定	第五节　鉴定意见的审查与认定
第八十四条　对鉴定意见应当着重审查以下内容： （一）鉴定机构和鉴定人是否具有法定资质； （二）鉴定人是否存在应当回避的情形； （三）检材的来源、取得、保管、送检是否符合法律、有关规定，与相关提取笔录、扣押~~物品~~清单等记载的内容是否相符，检材是否~~充足、~~可靠； （四）鉴定意见的形式要件是否完备，是否注明提起鉴定的事由、鉴定委托人、鉴定机构、鉴定要求、鉴定过程、鉴定方法、鉴定日期等相关内容，是否由鉴定机构<u>加盖司法鉴定专用章</u>并由鉴定人签名~~、盖章~~； （五）鉴定程序是否符合法律、有关规定； （六）鉴定的过程和方法是否符合相关专业的规范要求； （七）鉴定意见是否明确；	**第九十七条**　对鉴定意见应当着重审查以下内容： （一）鉴定机构和鉴定人是否具有法定资质； （二）鉴定人是否存在应当回避的情形； （三）检材的来源、取得、保管、送检是否符合法律、有关规定，与相关提取笔录、扣押清单等记载的内容是否相符，检材是否可靠； （四）鉴定意见的形式要件是否完备，是否注明提起鉴定的事由、鉴定委托人、鉴定机构、鉴定要求、鉴定过程、鉴定方法、鉴定日期等相关内容，是否由鉴定机构**盖章**并由鉴定人签名； （五）鉴定程序是否符合法律、有关规定； （六）鉴定的过程和方法是否符合相关专业的规范要求； （七）鉴定意见是否明确；

修正前	修正后
（八）鉴定意见与案件~~待证~~事实有无关联； （九）鉴定意见与勘验、检查笔录及相关照片等其他证据是否矛盾； （十）鉴定意见是否依法及时告知相关人员，当事人对鉴定意见有无异议。	（八）鉴定意见与案件事实有无关联； （九）鉴定意见与勘验、检查笔录及相关照片等其他证据是否矛盾；**存在矛盾的，能否得到合理解释；** （十）鉴定意见是否依法及时告知相关人员，当事人对鉴定意见有无异议。
第八十五条　鉴定意见具有下列情形之一的，不得作为定案的根据： （一）鉴定机构不具备法定资质，或者鉴定事项超出该鉴定机构业务范围、技术条件的； （二）鉴定人不具备法定资质，不具有相关专业技术或者职称，或者违反回避规定的； （三）送检材料、样本来源不明，或者因污染不具备鉴定条件的； （四）鉴定对象与送检材料、样本不一致的； （五）鉴定程序违反规定的； （六）鉴定过程和方法不符合相关专业的规范要求的； （七）鉴定文书缺少签名、盖章的； （八）鉴定意见与案件~~待证~~事实没有关联的； （九）违反有关规定的其他情形。	**第九十八条**　鉴定意见具有下列情形之一的，不得作为定案的根据： （一）鉴定机构不具备法定资质，或者鉴定事项超出该鉴定机构业务范围、技术条件的； （二）鉴定人不具备法定资质，不具有相关专业技术或者职称，或者违反回避规定的； （三）送检材料、样本来源不明，或者因污染不具备鉴定条件的； （四）鉴定对象与送检材料、样本不一致的； （五）鉴定程序违反规定的； （六）鉴定过程和方法不符合相关专业的规范要求的； （七）鉴定文书缺少签名、盖章的； （八）鉴定意见与案件事实没有关联的； （九）违反有关规定的其他情形。

修正前	修正后
第八十六条　经人民法院通知，鉴定人拒不出庭作证的，鉴定意见不得作为定案的根据。 鉴定人由于不能抗拒的原因或者有其他正当理由无法出庭的，人民法院可以根据情况决定延期审理或者重新鉴定。 ~~对~~没有正当理由拒不出庭作证的鉴定人，人民法院应当通报司法行政机关或者有关部门。	**第九十九条**　经人民法院通知，鉴定人拒不出庭作证的，鉴定意见不得作为定案的根据。 鉴定人由于不能抗拒的原因或者有其他正当理由无法出庭的，人民法院可以根据情况决定延期审理或者重新鉴定。 **鉴定人无**正当理由拒不出庭作证的，人民法院应当通报司法行政机关或者有关部门。
第八十七条　~~对案件中的专门性问题需要鉴定，~~但没有~~法定司法~~鉴定机构，或者法律、司法解释规定~~可以进行检验的~~，~~可以~~指派、聘请有专门知识的人进行检验，检验报告可以作为定罪量刑的参考。 对检验报告的审查与认定，参照适用本节的有关规定。 经人民法院通知，检验人拒不出庭作证的，检验报告不得作为定罪量刑的参考。	**第一百条**　**因无**鉴定机构，或者**根据**法律、司法解释**的**规定，指派、聘请有专门知识的人**就案件的专门性问题出具的报告，**可以作为**证据使用**。 对**前款规定的报告**的审查与认定，参照适用本节的有关规定。 经人民法院通知，**出具报告的人**拒不出庭作证的，**有关报告**不得作为**定案的根据**。
	第一百零一条　有关部门对事故进行调查形成的报告，在刑事诉讼中可以作为证据使用；报告中涉及专门性问题的意见，经法庭查证属实，且调查程序符合法律、有关规定的，可以作为定案的根据。

修正前	修正后
第六节　勘验、检查、辨认、侦查实验等笔录的审查与认定	第六节　勘验、检查、辨认、侦查实验等笔录的审查与认定
第八十八条　对勘验、检查笔录应当着重审查以下内容： （一）勘验、检查是否依法进行，笔录~~的~~制作是否符合法律、有关规定，勘验、检查人员和见证人是否签名或者盖章； （二）勘验、检查笔录是否记录了提起勘验、检查的事由，勘验、检查的时间、地点，在场人员、现场方位、周围环境等，现场的物品、人身、尸体等的位置、特征等情况，以及勘验、检查~~、搜查~~的过程；文字记录与实物或者绘图、照片、录像是否相符；现场、物品、痕迹等是否伪造、有无破坏；人身特征、伤害情况、生理状态有无伪装或者变化等； （三）补充进行勘验、检查的，是否说明了再次勘验、检查的原由，前后勘验、检查的情况是否矛盾。	**第一百零二条**　对勘验、检查笔录应当着重审查以下内容： （一）勘验、检查是否依法进行，笔录制作是否符合法律、有关规定，勘验、检查人员和见证人是否签名或者盖章； （二）勘验、检查笔录是否记录了提起勘验、检查的事由，勘验、检查的时间、地点，在场人员、现场方位、周围环境等，现场的物品、人身、尸体等的位置、特征等情况，以及勘验、检查的过程；文字记录与实物或者绘图、照片、录像是否相符；现场、物品、痕迹等是否伪造、有无破坏；人身特征、伤害情况、生理状态有无伪装或者变化等； （三）补充进行勘验、检查的，是否说明了再次勘验、检查的原由，前后勘验、检查的情况是否矛盾。
第八十九条　勘验、检查笔录存在明显不符合法律、有关规定的情形，不能作出合理解释~~或者说明~~的，不得作为定案的根据。	**第一百零三条**　勘验、检查笔录存在明显不符合法律、有关规定的情形，不能作出合理解释的，不得作为定案的根据。

修正前	修正后
第九十条 对辨认笔录应当着重审查辨认的过程、方法，以及辨认笔录的制作是否符合有关规定。 辨认笔录具有下列情形之一的，不得作为定案的根据： （一）辨认不是在侦查人员主持下进行的； （二）辨认前使辨认人见到辨认对象的； （三）辨认活动没有个别进行的； （四）辨认对象没有混杂在具有类似特征的其他对象中，或者供辨认的对象数量不符合规定的； （五）辨认中给辨认人明显暗示或者明显有指认嫌疑的； （六）违反有关规定、不能确定辨认笔录真实性的其他情形。	**第一百零四条** 对辨认笔录应当着重审查辨认的过程、方法，以及辨认笔录的制作是否符合有关规定。 **第一百零五条** 辨认笔录具有下列情形之一的，不得作为定案的根据： （一）辨认不是在**调查人员、**侦查人员主持下进行的； （二）辨认前使辨认人见到辨认对象的； （三）辨认活动没有个别进行的； （四）辨认对象没有混杂在具有类似特征的其他对象中，或者供辨认的对象数量不符合规定的； （五）辨认中给辨认人明显暗示或者明显有指认嫌疑的； （六）违反有关规定**，**不能确定辨认笔录真实性的其他情形。
第九十一条 对侦查实验笔录应当着重审查实验的过程、方法，以及笔录的制作是否符合有关规定。 侦查实验的条件与事件发生时的条件有明显差异，或者存在影响实验结论科学性的其他情形的，侦查实验笔录不得作为定案的根据。	**第一百零六条** 对侦查实验笔录应当着重审查实验的过程、方法，以及笔录的制作是否符合有关规定。 **第一百零七条** 侦查实验的条件与事件发生时的条件有明显差异，或者存在影响实验结论科学性的其他情形的，侦查实验笔录不得作为定案的根据。

修正前	修正后
第七节　视听资料、电子数据的审查与认定	第七节　视听资料、电子数据的审查与认定
第九十二条　对视听资料应当着重审查以下内容： （一）是否附有提取过程的说明，来源是否合法； （二）是否为原件，有无复制及复制份数；是复制件的，是否附有无法调取原件的原因、复制件制作过程和原件存放地点的说明，制作人、原视听资料持有人是否签名~~或者盖章~~； （三）制作过程中是否存在威胁、引诱当事人等违反法律、有关规定的情形； （四）是否写明制作人、持有人的身份，制作的时间、地点、条件和方法； （五）内容和制作过程是否真实，有无剪辑、增加、删改等情形； （六）内容与案件事实有无关联。 对视听资料有疑问的，应当进行鉴定。	**第一百零八条**　对视听资料应当着重审查以下内容： （一）是否附有提取过程的说明，来源是否合法； （二）是否为原件，有无复制及复制份数；是复制件的，是否附有无法调取原件的原因、复制件制作过程和原件存放地点的说明，制作人、原视听资料持有人是否签名； （三）制作过程中是否存在威胁、引诱当事人等违反法律、有关规定的情形； （四）是否写明制作人、持有人的身份，制作的时间、地点、条件和方法； （五）内容和制作过程是否真实，有无剪辑、增加、删改等情形； （六）内容与案件事实有无关联。 对视听资料有疑问的，应当进行鉴定。
第九十四条　视听资料~~、电子数据~~具有下列情形之一的，不得作为定案的根据： （一）~~经审查~~无法确定真伪的； （二）制作、取得的时间、地点、方式等有疑问，不能~~提供必要证明或者~~作出合理解释的。	**第一百零九条**　视听资料具有下列情形之一的，不得作为定案的根据： （一）**系篡改、伪造或者**无法确定真伪的； （二）制作、取得的时间、地点、方式等有疑问，不能作出合理解释的。

修正前	修正后
第九十三条 对电子邮件、电子数据交换、网上聊天记录、博客、微博客、手机短信、电子签名、域名等电子数据，应当着重审查以下内容： （一）是否随原始存储介质移送；在原始存储介质无法封存、不便移动或者依法应当由有关部门保管、处理、返还时，提取、复制电子数据是否由二人以上进行，是否足以保证电子数据的完整性，有无提取、复制过程及原始存储介质存放地点的文字说明和签名； （二）收集程序、方式是否符合法律及有关技术规范；经勘验、检查、搜查等侦查活动收集的电子数据，是否附有笔录、清单，并经侦查人员、电子数据持有人、见证人签名；没有持有人签名的，是否注明原因；远程调取境外或者异地的电子数据的，是否注明相关情况；对电子数据的规格、类别、文件格式等注明是否清楚； （三）电子数据内容是否真实，有无删除、修改、增加等情形； （四）电子数据与案件事实有无关联； （五）与案件事实有关联的电子数据是否全面收集。 对电子数据有疑问的，应当进行鉴定或者检验。	**第一百一十条** 对电子数据**是否真实**，应当着重审查以下内容： （一）是否**移送**原始存储介质；在原始存储介质无法封存、不便移动时，有无**说明原因，并注明收集**、提取过程及原始存储介质**的**存放地点**或者电子数据的来源等情况**； **（二）是否具有数字签名、数字证书等特殊标识；** **（三）收集、提取的过程是否可以重现；** **（四）如有增加、删除、修改等情形的，是否附有说明；** **（五）完整性是否可以保证。**

修正前	修正后
	第一百一十一条　对电子数据是否完整，应当根据保护电子数据完整性的相应方法进行审查、验证： （一）审查原始存储介质的扣押、封存状态； （二）审查电子数据的收集、提取过程，查看录像； （三）比对电子数据完整性校验值； （四）与备份的电子数据进行比较； （五）审查冻结后的访问操作日志； （六）其他方法。
	第一百一十二条　对收集、提取电子数据是否合法，应当着重审查以下内容： （一）收集、提取电子数据是否由二名以上调查人员、侦查人员进行，取证方法是否符合相关技术标准； （二）收集、提取电子数据，是否附有笔录、清单，并经调查人员、侦查人员、电子数据持有人、提供人、见证人签名或者盖章；没有签名或者盖章的，是否注明原因；对电子数据的类别、文件格式等是否注明清楚； （三）是否依照有关规定由符合条件的人员担任见证人，是否对相关活动进行录像；

修正前	修正后
	（四）采用技术调查、侦查措施收集、提取电子数据的，是否依法经过严格的批准手续； **（五）进行电子数据检查的，检查程序是否符合有关规定。**
	第一百一十三条　电子数据的收集、提取程序有下列瑕疵，经补正或者作出合理解释的，可以采用；不能补正或者作出合理解释的，不得作为定案的根据： **（一）未以封存状态移送的；** **（二）笔录或者清单上没有调查人员或者侦查人员、电子数据持有人、提供人、见证人签名或者盖章的；** **（三）对电子数据的名称、类别、格式等注明不清的；** **（四）有其他瑕疵的。**
第九十四条　~~视听资料、~~电子数据具有下列情形之一的，不得作为定案的根据： （一）~~经审查~~无法确定真伪的； （二）~~制作、取得的时间、地点、方式等有疑问，不能提供必要证明或者作出合理解释的~~。	**第一百一十四条**　电子数据具有下列情形之一的，不得作为定案的根据： （一）**系篡改、伪造或者**无法确定真伪的； （二）**有增加、删除、修改等情形，影响电子数据真实性的；** **（三）其他无法保证电子数据真实性的情形。**
	第一百一十五条　对视听资料、电子数据，还应当审查是否移送文字抄清材料以及对绰号、暗语、俗语、方言等不易理解内容的说明。未移送的，必要时，可以要求人民检察院移送。

修正前	修正后
	第八节　技术调查、侦查证据的审查与认定
	第一百一十六条　依法采取技术调查、侦查措施收集的材料在刑事诉讼中可以作为证据使用。 采取技术调查、侦查措施收集的材料，作为证据使用的，应当随案移送。
	第一百一十七条　使用采取技术调查、侦查措施收集的证据材料可能危及有关人员的人身安全，或者可能产生其他严重后果的，可以采取下列保护措施： （一）使用化名等代替调查、侦查人员及有关人员的个人信息； （二）不具体写明技术调查、侦查措施使用的技术设备和技术方法； （三）其他必要的保护措施。
	第一百一十八条　移送技术调查、侦查证据材料的，应当附采取技术调查、侦查措施的法律文书、技术调查、侦查证据材料清单和有关说明材料。 移送采用技术调查、侦查措施收集的视听资料、电子数据的，应当制作新的存储介质，并附制作说明，写明原始证据材料、原始存储介质的存放地点等信息，由制作人签名，并加盖单位印章。
	第一百一十九条　对采取技术调查、侦查措施收集的证据材料，除根据相关证据材料所属的证据种

修正前	修正后
	类，依照本章第二节至第七节的相应规定进行审查外，还应当着重审查以下内容： （一）技术调查、侦查措施所针对的案件是否符合法律规定； （二）技术调查措施是否经过严格的批准手续，按照规定交有关机关执行；技术侦查措施是否在刑事立案后，经过严格的批准手续； （三）采取技术调查、侦查措施的种类、适用对象和期限是否按照批准决定载明的内容执行； （四）采取技术调查、侦查措施收集的证据材料与其他证据是否矛盾；存在矛盾的，能否得到合理解释。
	第一百二十条　采取技术调查、侦查措施收集的证据材料，应当经过当庭出示、辨认、质证等法庭调查程序查证。 当庭调查技术调查、侦查证据材料可能危及有关人员的人身安全，或者可能产生其他严重后果的，法庭应当采取不暴露有关人员身份和技术调查、侦查措施使用的技术设备、技术方法等保护措施。必要时，审判人员可以在庭外对证据进行核实。
	第一百二十一条　采用技术调查、侦查证据作为定案根据的，人民法院在裁判文书中可以表述相关

修正前	修正后
	证据的名称、证据种类和证明对象，但不得表述有关人员身份和技术调查、侦查措施使用的技术设备、技术方法等。
	第一百二十二条 人民法院认为应当移送的技术调查、侦查证据材料未随案移送的，应当通知人民检察院在指定时间内移送。人民检察院未移送的，人民法院应当根据在案证据对案件事实作出认定。
第八节 非法证据排除	第九节 非法证据排除
~~**第九十五条第一款** 使用肉刑或者变相肉刑，或者采用其他使被告人在肉体上或者精神上遭受剧烈疼痛或者痛苦的方法，迫使被告人违背意愿供述的，应当认定为刑事诉讼法第五十四条规定的“刑讯逼供等非法方法”。~~	
	第一百二十三条 采用下列非法方法收集的被告人供述，应当予以排除： （一）采用殴打、违法使用戒具等暴力方法或者变相肉刑的恶劣手段，使被告人遭受难以忍受的痛苦而违背意愿作出的供述； （二）采用以暴力或者严重损害本人及其近亲属合法权益等相威胁的方法，使被告人遭受难以忍受的痛苦而违背意愿作出的供述； （三）采用非法拘禁等非法限制人身自由的方法收集的被告人供述。

修正前	修正后
	第一百二十四条　采用刑讯逼供方法使被告人作出供述，之后被告人受该刑讯逼供行为影响而作出的与该供述相同的重复性供述，应当一并排除，但下列情形除外： （一）调查、侦查期间，监察机关、侦查机关根据控告、举报或者自己发现等，确认或者不能排除以非法方法收集证据而更换调查、侦查人员，其他调查、侦查人员再次讯问时告知有关权利和认罪的法律后果，被告人自愿供述的； （二）审查逮捕、审查起诉和审判期间，检察人员、审判人员讯问时告知诉讼权利和认罪的法律后果，被告人自愿供述的。
	第一百二十五条　采用暴力、威胁以及非法限制人身自由等非法方法收集的证人证言、被害人陈述，应当予以排除。
第九十五条第二款　认定~~刑事诉讼法第五十四条规定的~~“可能严重影响司法公正”，应当综合考虑收集物证、书证违反法定程序以及所造成后果的严重程度等情况。	第一百二十六条　收集物证、书证不符合法定程序，可能严重影响司法公正的，应当予以补正或者作出合理解释；不能补正或者作出合理解释的，对该证据应当予以排除。 认定“可能严重影响司法公正”，应当综合考虑收集**证据**违反法定程序以及所造成后果的严重程度等情况。

修正前	修正后
第九十六条　当事人及其辩护人、诉讼代理人申请人民法院排除以非法方法收集的证据的，应当提供涉嫌非法取证的人员、时间、地点、方式、内容等相关线索或者材料。	**第一百二十七条**　当事人及其辩护人、诉讼代理人申请人民法院排除以非法方法收集的证据的，应当提供涉嫌非法取证的人员、时间、地点、方式、内容等相关线索或者材料。
第九十七条　人民法院向被告人及其辩护人送达起诉书副本时，应当告知其申请排除非法证据的，应当在开庭审理前提出，但在庭审期间才发现相关线索或者材料的除外。	**第一百二十八条**　人民法院向被告人及其辩护人送达起诉书副本时，应当告知其申请排除非法证据的，应当在开庭审理前提出，但庭审期间才发现相关线索或者材料的除外。
第九十八条　开庭审理前，当事人及其辩护人、诉讼代理人申请人民法院排除非法证据的，人民法院应当在开庭前及时将申请书或者申请笔录及相关线索、材料的复制件送交人民检察院。	**第一百二十九条**　开庭审理前，当事人及其辩护人、诉讼代理人申请人民法院排除非法证据的，人民法院应当在开庭前及时将申请书或者申请笔录及相关线索、材料的复制件送交人民检察院。
第九十九条　开庭审理前，~~当事人及其辩护人、诉讼代理人申请排除非法证据，~~人民法院~~经审查，对证据收集的合法性有疑问的，应当依照刑事诉讼法第一百八十二条第二款的规定~~召开庭前会议，就非法证据排除等问题了解情况，听取意见。人民检察院可以通过出示有关证据材料等方式，对证据收集的合法性加以说明。	**第一百三十条**　开庭审理前，人民法院**可以**召开庭前会议，就非法证据排除等问题了解情况，听取意见。 **在庭前会议中，**人民检察院可以通过出示有关证据材料等方式，对证据收集的合法性加以说明。**必要时，可以通知调查人员、侦查人员或者其他人员参加庭前会议，说明情况。**

修正前	修正后
	第一百三十一条　在庭前会议中，人民检察院可以撤回有关证据。撤回的证据，没有新的理由，不得在庭审中出示。 **当事人及其辩护人、诉讼代理人可以撤回排除非法证据的申请。撤回申请后，没有新的线索或者材料，不得再次对有关证据提出排除申请。**
第一百条　~~法庭审理过程中，~~当事人及其辩护人、诉讼代理人申请排除非法证据的，法庭应当进行审查。经审查，对证据收集的合法性有疑问的，应当进行调查；没有疑问的，应当当庭说明情况和理由，继续法庭审理。当事人及其辩护人、诉讼代理人以相同理由再次申请~~排除非法证据~~的，法庭不再进行审查。 ~~对证据收集合法性的调查，根据具体情况，可以在当事人及其辩护人、诉讼代理人提出排除非法证据的申请后进行，也可以在法庭调查结束前一并进行。~~ ~~法庭审理过程中，当事人及其辩护人、诉讼代理人申请排除非法证据，人民法院经审查，不符合本解释第九十七条规定的，应当在法庭调查结束前一并进行审查，并决定是否进行证据收集合法性的调查。~~	**第一百三十二条**　当事人及其辩护人、诉讼代理人**在开庭审理前未申请排除非法证据，在庭审过程中提出申请的，应当说明理由。人民法院**经审查，对证据收集的合法性有疑问的，应当进行调查；没有疑问的，**驳回申请**。 **驳回排除非法证据的申请后，**当事人及其辩护人、诉讼代理人**没有新的线索或者材料，**以相同理由再次**提出**申请的，**人民法院**不再审查。

修正前	修正后
	第一百三十三条　控辩双方在庭前会议中对证据收集是否合法未达成一致意见，人民法院对证据收集的合法性有疑问的，应当在庭审中进行调查；对证据收集的合法性没有疑问，且无新的线索或者材料表明可能存在非法取证的，可以决定不再进行调查并说明理由。
	第一百三十四条　庭审期间，法庭决定对证据收集的合法性进行调查的，应当先行当庭调查。但为防止庭审过分迟延，也可以在法庭调查结束前调查。
第一百零一条　法庭决定对证据收集的合法性进行调查的，~~可以~~由公诉人通过~~出示、~~宣读讯问笔录或者其他证据，有针对性地播放讯问~~过程的~~录音录像，提请法庭通知有关侦查人员或者其他人员出庭说明情况等方式，证明证据收集的合法性。 公诉人提交的取证过程合法的说明材料，应当经有关侦查人员签名，并加盖公章。未经~~有关侦查人员~~签名的，不得作为证据使用。上述说明材料不能单独作为证明取证过程合法的根据。	**第一百三十五条**　法庭决定对证据收集的合法性进行调查的，由公诉人通过宣读**调查、侦查**讯问笔录、**出示提讯登记、体检记录、对讯问合法性的核查材料等证据材料**，有针对性地播放讯问录音录像，提请法庭通知有关**调查人员、**侦查人员或者其他人员出庭说明情况等方式，证明证据收集的合法性。 **讯问录音录像涉及国家秘密、商业秘密、个人隐私或者其他不宜公开内容的，法庭可以决定对讯问录音录像不公开播放、质证。** 公诉人提交的取证过程合法的说明材料，应当经有关**调查人员、**侦查人员签名，并加盖**单位印章**。未经签名**或者盖章**的，不得作为证据使用。上述说明材料不能单独作为证明取证过程合法的根据。

修正前	修正后
	第一百三十六条　控辩双方申请法庭通知调查人员、侦查人员或者其他人员出庭说明情况，法庭认为有必要的，应当通知有关人员出庭。 **根据案件情况，法庭可以依职权通知调查人员、侦查人员或者其他人员出庭说明情况。** **调查人员、侦查人员或者其他人员出庭的，应当向法庭说明证据收集过程，并就相关情况接受控辩双方和法庭的询问。**
第一百零二条　经审理，确认或者不能排除存在刑事诉讼法第五十四条规定的以非法方法收集证据情形的，对有关证据应当排除。 ~~人民法院对证据收集的合法性进行调查后，应当将调查结论告知公诉人、当事人和辩护人、诉讼代理人。~~	**第一百三十七条　法庭对证据收集的合法性进行调查后，**确认或者不能排除存在刑事诉讼法**第五十六条**规定的以非法方法收集证据情形的，对有关证据应当排除。
第一百零三条　具有下列情形之一的，第二审人民法院应当对证据收集的合法性进行审查，并根据刑事诉讼法和本解释的有关规定作出处理： （一）第一审人民法院对当事人及其辩护人、诉讼代理人排除非法证据的申请没有审查，且以该证据作为定案根据的； （二）人民检察院或者被告人、自诉人及其法定代理人不服第一审	**第一百三十八条**　具有下列情形之一的，第二审人民法院应当对证据收集的合法性进行审查，并根据刑事诉讼法和本解释的有关规定作出处理： （一）第一审人民法院对当事人及其辩护人、诉讼代理人排除非法证据的申请没有审查，且以该证据作为定案根据的； （二）人民检察院或者被告人、自诉人及其法定代理人不服第一审

修正前	修正后
人民法院作出的有关证据收集合法性的调查结论，提出抗诉、上诉的； （三）当事人及其辩护人、诉讼代理人在第一审结束后才发现相关线索或者材料，申请人民法院排除非法证据的。	人民法院作出的有关证据收集合法性的调查结论，提出抗诉、上诉的； （三）当事人及其辩护人、诉讼代理人在第一审结束后才发现相关线索或者材料，申请人民法院排除非法证据的。
第九节　证据的综合审查与运用	第十节　证据的综合审查与运用
第一百零四条　对证据的真实性，应当综合全案证据进行审查。 对证据的证明力，应当根据具体情况，从证据与待证事实的关联程度、证据之间的联系等方面进行审查判断。 ~~证据之间具有内在联系，共同指向同一待证事实，不存在无法排除的矛盾和无法解释的疑问的，才能作为定案的根据。~~	**第一百三十九条**　对证据的真实性，应当综合全案证据进行审查。 对证据的证明力，应当根据具体情况，从证据与**案件**事实的关联程度、证据之间的联系等方面进行审查判断。
第一百零五条　没有直接证据，但间接证据同时符合下列条件的，可以认定被告人有罪： （一）证据已经查证属实； （二）证据之间相互印证，不存在无法排除的矛盾和无法解释的疑问； （三）全案证据~~已经~~形成完整的证明体系； （四）根据证据认定案件事实足以排除合理怀疑，结论具有唯一性； （五）运用证据进行的推理符合逻辑和经验。	**第一百四十条**　没有直接证据，但间接证据同时符合下列条件的，可以认定被告人有罪： （一）证据已经查证属实； （二）证据之间相互印证，不存在无法排除的矛盾和无法解释的疑问； （三）全案证据形成完整的**证据链**； （四）根据证据认定案件事实足以排除合理怀疑，结论具有唯一性； （五）运用证据进行的推理符合逻辑和经验。

修正前	修正后
第一百零六条 根据被告人的供述、指认提取到了隐蔽性很强的物证、书证，且被告人的供述与其他证明犯罪事实发生的证据相互印证，并排除串供、逼供、诱供等可能性的，可以认定被告人有罪。	**第一百四十一条** 根据被告人的供述、指认提取到了隐蔽性很强的物证、书证，且被告人的供述与其他证明犯罪事实发生的证据相互印证，并排除串供、逼供、诱供等可能性的，可以认定被告人有罪。
~~**第一百零七条** 采取技术侦查措施收集的证据材料，经当庭出示、辨认、质证等法庭调查程序查证属实的，可以作为定案的根据。~~ ~~使用前款规定的证据可能危及有关人员的人身安全，或者可能产生其他严重后果的，法庭应当采取不暴露有关人员身份、技术方法等保护措施，必要时，审判人员可以在庭外核实。~~	
第一百零八条 对侦查机关出具的被告人到案经过、抓获经过等材料，应当审查是否有出具该说明材料的办案人、办案机关的签名、盖章。 对到案经过、抓获经过或者确定被告人有重大嫌疑的根据有疑问的，应当要求侦查机关补充说明。	**第一百四十二条** 对**监察机关、**侦查机关出具的被告人到案经过、抓获经过等材料，应当审查是否有出具该说明材料的办案人**员**、办案机关的签名、盖章。 对到案经过、抓获经过或者确定被告人有重大嫌疑的根据有疑问的，应当**通知人民检察院**补充说明。
第一百零九条 下列证据应当慎重使用，有其他证据印证的，可以采信： （一）生理上、精神上有缺陷，对案件事实的认知和表达存在一定困难，但尚未丧失正确认知、表达能力的被害人、证人和被告人所作的陈述、证言和供述；	**第一百四十三条** 下列证据应当慎重使用，有其他证据印证的，可以采信： （一）生理上、精神上有缺陷，对案件事实的认知和表达存在一定困难，但尚未丧失正确认知、表达能力的被害人、证人和被告人所作的陈述、证言和供述；

修正前	修正后
（二）与被告人有亲属关系或者其他密切关系的证人所作的有利被告人的证言，或者与被告人有利害冲突的证人所作的不利被告人的证言。	（二）与被告人有亲属关系或者其他密切关系的证人所作的有利**于**被告人的证言，或者与被告人有利害冲突的证人所作的不利**于**被告人的证言。
第一百一十条　证明被告人自首、坦白、立功的证据材料，没有加盖接受被告人投案、坦白、检举揭发等的单位的印章，或者接受人员没有签名的，不得作为定案的根据。 对被告人及其辩护人提出有自首、坦白、立功的事实和理由，有关机关未予认定，或者有关机关提出被告人有自首、坦白、立功表现，但证据材料不全的，人民法院应当要求有关机关提供证明材料，或者要求相关人员作证，并结合其他证据作出认定。	**第一百四十四条**　证明被告人自首、坦白、立功的证据材料，没有加盖接受被告人投案、坦白、检举揭发等的单位的印章，或者接受人员没有签名的，不得作为定案的根据。 对被告人及其辩护人提出有自首、坦白、立功的事实和理由，有关机关未予认定，或者有关机关提出被告人有自首、坦白、立功表现，但证据材料不全的，人民法院应当要求有关机关提供证明材料，或者要求**有关**人员作证，并结合其他证据作出认定。
第一百一十一条　证明被告人构成累犯、毒品再犯的证据材料，应当包括前罪的裁判文书、释放证明等材料；材料不全的，应当要求有关机关提供。	**第一百四十五条**　证明被告人**具有**累犯、毒品再犯**情节等**的证据材料，应当包括前罪的裁判文书、释放证明等材料；材料不全的，应当**通知人民检察院**提供。
第一百一十二条　审查被告人实施被指控的犯罪时或者审判时是否达到相应法定责任年龄，应当根据户籍证明、出生证明文件、学籍卡、人口普查登记、无利害关系人的证言等证据综合判断。	**第一百四十六条**　审查被告人实施被指控的犯罪时或者审判时是否达到相应法定责任年龄，应当根据户籍证明、出生证明文件、学籍卡、人口普查登记、无利害关系人的证言等证据综合判断。

修正前	修正后
证明被告人已满十四周岁、十六周岁、十八周岁或者不满七十五周岁的证据不足的，应当认定被告人不满十四周岁、不满十六周岁、不满十八周岁或者已满七十五周岁。	证明被告人已满**十二周岁、**十四周岁、十六周岁、十八周岁或者不满七十五周岁的证据不足的，应当**作出有利于被告人的认定**。
第五章　强制措施	**第五章　强制措施**
第一百一十三条　人民法院~~审判案件~~，根据情况，对被告人可以决定拘传、取保候审、监视居住或者逮捕。 对被告人采取、撤销或者变更强制措施的，由院长决定。	**第一百四十七条**　人民法院根据**案件**情况，可以决定**对被告人**拘传、取保候审、监视居住或者逮捕。 对被告人采取、撤销或者变更强制措施的，由院长决定；**决定继续取保候审、监视居住的，可以由合议庭或者独任审判员决定**。
第一百一十四条　对经依法传唤拒不到庭的被告人，或者根据案件情况有必要拘传的被告人，可以拘传。 拘传被告人，应当由院长签发拘传票，由司法警察执行，执行人员不得少于二人。 拘传被告人，应当出示拘传票。对抗拒拘传的被告人，可以使用戒具。	**第一百四十八条**　对经依法传唤拒不到庭的被告人，或者根据案件情况有必要拘传的被告人，可以拘传。 拘传被告人，应当由院长签发拘传票，由司法警察执行，执行人员不得少于二人。 拘传被告人，应当出示拘传票。对抗拒拘传的被告人，可以使用戒具。
第一百一十五条　拘传被告人，持续的时间不得超过十二小时；案情特别重大、复杂，需要采取逮捕措施的，持续的时间不得超过二十四小时。不得以连续拘传的形式变相拘禁被告人。应当保证被拘传人的饮食和必要的休息时间。	**第一百四十九条**　拘传被告人，持续的时间不得超过十二小时；案情特别重大、复杂，需要采取逮捕措施的，持续的时间不得超过二十四小时。不得以连续拘传的形式变相拘禁被告人。应当保证被拘传人的饮食和必要的休息时间。

修正前	修正后
第一百一十六条 被告人具有刑事诉讼法第六十五条第一款规定情形之一的，人民法院可以决定取保候审。 对被告人决定取保候审的，应当责令其提出保证人或者交纳保证金，不得同时使用保证人保证与保证金保证。	**第一百五十条** 被告人具有刑事诉讼法**第六十七条**第一款规定情形之一的，人民法院可以决定取保候审。 对被告人决定取保候审的，应当责令其提出保证人或者交纳保证金，不得同时使用保证人保证与保证金保证。
第一百一十七条 对下列被告人决定取保候审的，可以责令其提出一至二名保证人： （一）无力交纳保证金的； （二）未成年或者已满七十五周岁的； （三）不宜收取保证金的其他被告人。	**第一百五十一条** 对下列被告人决定取保候审的，可以责令其提出一至二名保证人： （一）无力交纳保证金的； （二）未成年或者已满七十五周岁的； （三）不宜收取保证金的其他被告人。
第一百一十八条 人民法院应当审查保证人是否符合法定条件。符合条件的，应当告知其必须履行的义务，并由其出具保证书。	**第一百五十二条** 人民法院应当审查保证人是否符合法定条件。符合条件的，应当告知其必须履行的**保证**义务，**以及不履行义务的法律后果**，并由其出具保证书。
第一百一十九条 对决定取保候审的被告人使用保证金保证的，应当依照刑事诉讼法第七十条第一款的规定确定保证金的具体数额，并责令被告人或者为其提供保证金的单位、个人将保证金一次性存入公安机关指定银行的专门账户。	**第一百五十三条** 对决定取保候审的被告人使用保证金保证的，应当依照刑事诉讼法**第七十二条**第一款的规定确定保证金的具体数额，并责令被告人或者为其提供保证金的单位、个人将保证金一次性存入公安机关指定银行的专门账户。

修正前	修正后
第一百二十条 人民法院向被告人宣布取保候审决定后，应当将取保候审决定书等相关材料送交当地~~同级~~公安机关~~执行；被告人不在本地居住的，送交其居住地公安机关执行~~。 对被告人使用保证金保证的，应当在核实保证金已经存入公安机关指定银行的专门账户后，将银行出具的收款凭证一并送交公安机关。	**第一百五十四条** 人民法院向被告人宣布取保候审决定后，应当将取保候审决定书等相关材料送交当地公安机关。 对被告人使用保证金保证的，应当在核实保证金已经存入公安机关指定银行的专门账户后，将银行出具的收款凭证一并送交公安机关。
第一百二十一条 被告人被取保候审期间，保证人不愿继续履行保证义务或者丧失履行保证义务能力的，人民法院应当在收到保证人的申请或者公安机关的书面通知后三日内，责令被告人重新提出保证人或者交纳保证金，或者变更强制措施，并通知公安机关。	**第一百五十五条** 被告人被取保候审期间，保证人不愿继续履行保证义务或者丧失履行保证义务能力的，人民法院应当在收到保证人的申请或者公安机关的书面通知后三日**以**内，责令被告人重新提出保证人或者交纳保证金，或者变更强制措施，并通知公安机关。
	第一百五十六条 人民法院发现保证人未履行保证义务的，应当书面通知公安机关依法处理。
第一百二十二条 根据案件事实和法律规定，认为已经构成犯罪的被告人在取保候审期间逃匿的，如果系保证人协助被告人逃匿，或者保证人明知被告人藏匿地点但拒绝向司法机关提供，对保证人应当依法追究~~刑事~~责任。	**第一百五十七条** 根据案件事实和法律规定，认为已经构成犯罪的被告人在取保候审期间逃匿的，如果系保证人协助被告人逃匿，或者保证人明知被告人藏匿地点但拒绝向司法机关提供，对保证人应当依法追究责任。

修正前	修正后
第一百二十三条 人民法院发现使用保证金保证的被取保候审人违反刑事诉讼法第六十九条第一款、第二款规定的，应当~~提出没收部分或者全部保证金的~~书面~~意见，连同有关材料一并送交负责执行的~~公安机关处理。 人民法院收到公安机关已经没收保证金的书面通知或者变更强制措施的建议后，应当区别情形，在五日内责令被告人具结悔过，重新交纳保证金或者提出保证人，或者变更强制措施，并通知公安机关。 人民法院决定对被依法没收保证金的被告人继续取保候审的，取保候审的期限连续计算。	**第一百五十八条** 人民法院发现使用保证金保证的被取保候审人违反刑事诉讼法**第七十一条**第一款、第二款规定的，应当书面**通知**公安机关**依法**处理。 人民法院收到公安机关已经没收保证金的书面通知或者变更强制措施的建议后，应当区别情形，在五日**以**内责令被告人具结悔过，重新交纳保证金或者提出保证人，或者变更强制措施，并通知公安机关。 人民法院决定对被依法没收保证金的被告人继续取保候审的，取保候审的期限连续计算。
第一百二十四条 对被取保候审的被告人的判决、裁定生效后，~~应当解除取保候审、退还保证金的，~~如果保证金属于其个人财产，人民法院可以书面通知公安机关将保证金移交人民法院，用以退赔被害人、履行附带民事赔偿义务或者执行财产刑，剩余部分~~应当~~退还被告人。	**第一百五十九条** 对被取保候审的被告人的判决、裁定生效后，如果保证金属于其个人财产，**且需要**用以退赔被害人、履行附带民事赔偿义务或者执行财产刑**的**，人民法院可以书面通知公安机关**移交全部保证金，由人民法院作出处理，**剩余部分退还被告人。
第一百二十五条 对具有刑事诉讼法第七十二条第一款、第二款规定情形的被告人，人民法院可以决定监视居住。 人民法院决定对被告人监视居住的，应当核实其住处；没有固定住处的，应当为其指定居所。	**第一百六十条** 对具有刑事诉讼法**第七十四条**第一款、第二款规定情形的被告人，人民法院可以决定监视居住。 人民法院决定对被告人监视居住的，应当核实其住处；没有固定住处的，应当为其指定居所。

修正前	修正后
第一百二十六条 人民法院向被告人宣布监视居住决定后，应当将监视居住决定书等相关材料送交被告人住处或者指定居所所在地的~~同级~~公安机关执行。 对被告人指定居所监视居住后，人民法院应当在二十四小时内，将监视居住的原因和处所通知其家属；确实无法通知的，应当记录在案。	**第一百六十一条** 人民法院向被告人宣布监视居住决定后，应当将监视居住决定书等相关材料送交被告人住处或者指定居所所在地的公安机关执行。 对被告人指定居所监视居住后，人民法院应当在二十四小时**以**内，将监视居住的原因和处所通知其家属；确实无法通知的，应当记录在案。
第一百二十七条 人民检察院、公安机关已经对犯罪嫌疑人取保候审、监视居住，案件起诉至人民法院后，需要继续取保候审、监视居住或者变更强制措施的，人民法院应当在七日内作出决定，并通知人民检察院、公安机关。 决定继续取保候审、监视居住的，应当重新办理手续，期限重新计算；继续使用保证金保证的，不再收取保证金。 ~~人民法院不得对被告人重复采取取保候审、监视居住措施。~~	**第一百六十二条** 人民检察院、公安机关已经对犯罪嫌疑人取保候审、监视居住，案件起诉至人民法院后，需要继续取保候审、监视居住或者变更强制措施的，人民法院应当在七日**以**内作出决定，并通知人民检察院、公安机关。 决定继续取保候审、监视居住的，应当重新办理手续，期限重新计算；继续使用保证金保证的，不再收取保证金。
第一百二十八条 对具有刑事诉讼法第七十九条第一款、第二款规定情形的被告人，人民法院应当决定逮捕。	**第一百六十三条** 对具有刑事诉讼法**第八十一条**第一款、**第三款**规定情形的被告人，人民法院应当决定逮捕。
第一百二十九条 被取保候审的被告人具有下列情形之一的，人民法院应当决定逮捕： （一）故意实施新的犯罪的；	**第一百六十四条** 被取保候审的被告人具有下列情形之一的，人民法院应当决定逮捕： （一）故意实施新的犯罪的；

修正前	修正后
（二）企图自杀、逃跑的； （三）毁灭、伪造证据，干扰证人作证或者串供的； （四）对被害人、举报人、控告人实施打击报复的； （五）经传唤，无正当理由不到案，影响审判活动正常进行的； （六）擅自改变联系方式或者居住地，导致无法传唤，影响审判活动正常进行的； （七）未经批准，擅自离开所居住的市、县，影响审判活动正常进行，或者两次未经批准，擅自离开所居住的市、县的； （八）违反规定进入特定场所、与特定人员会见或者通信、从事特定活动，影响审判活动正常进行，或者两次违反有关规定的； （九）依法应当决定逮捕的其他情形。	（二）企图自杀**或者**逃跑的； （三）毁灭、伪造证据，干扰证人作证或者串供的； （四）**打击报复、恐吓滋扰**被害人、**证人、鉴定人**、举报人、控告人**等**的； （五）经传唤，无正当理由不到案，影响审判活动正常进行的； （六）擅自改变联系方式或者居住地，导致无法传唤，影响审判活动正常进行的； （七）未经批准，擅自离开所居住的市、县，影响审判活动正常进行，或者两次未经批准，擅自离开所居住的市、县的； （八）违反规定进入特定场所、与特定人员会见或者通信、从事特定活动，影响审判活动正常进行，或者两次违反有关规定的； （九）依法应当决定逮捕的其他情形。
第一百三十条　被监视居住的被告人具有下列情形之一的，人民法院应当决定逮捕： （一）具有前条第一项至第五项规定情形之一的； （二）未经批准，擅自离开执行监视居住的处所，影响审判活动正常进行，或者两次未经批准，擅自离开执行监视居住的处所的；	**第一百六十五条**　被监视居住的被告人具有下列情形之一的，人民法院应当决定逮捕： （一）具有前条第一项至第五项规定情形之一的； （二）未经批准，擅自离开执行监视居住的处所，影响审判活动正常进行，或者两次未经批准，擅自离开执行监视居住的处所的；

修正前	修正后
（三）未经批准，擅自会见他人或者通信，影响审判活动正常进行，或者两次未经批准，擅自会见他人或者通信的； （四）对因患有严重疾病、生活不能自理，或者因怀孕、正在哺乳自己婴儿而未予逮捕的被告人，疾病痊愈或者哺乳期已满的； （五）依法应当决定逮捕的其他情形。	（三）未经批准，擅自会见他人或者通信，影响审判活动正常进行，或者两次未经批准，擅自会见他人或者通信的； （四）对因患有严重疾病、生活不能自理，或者因怀孕、正在哺乳自己婴儿而未予逮捕的被告人，疾病痊愈或者哺乳期已满的； （五）依法应当决定逮捕的其他情形。
	第一百六十六条　对可能判处徒刑以下刑罚的被告人，违反取保候审、监视居住规定，严重影响诉讼活动正常进行的，可以决定逮捕。
第一百三十一条　人民法院作出逮捕决定后，应当将逮捕决定书等相关材料送交~~同级~~公安机关执行，并将逮捕决定书抄送人民检察院。逮捕被告人后，人民法院应当将逮捕的原因和羁押的处所，在二十四小时内通知其家属；确实无法通知的，应当记录在案。	**第一百六十七条**　人民法院作出逮捕决定后，应当将逮捕决定书等相关材料送交公安机关执行，并将逮捕决定书抄送人民检察院。逮捕被告人后，人民法院应当将逮捕的原因和羁押的处所，在二十四小时**以**内通知其家属；确实无法通知的，应当记录在案。
第一百三十二条　人民法院对决定逮捕的被告人，应当在逮捕后二十四小时内讯问。发现不应当逮捕的，应当~~变更强制措施或者~~立即释放。	**第一百六十八条**　人民法院对决定逮捕的被告人，应当在逮捕后二十四小时**以**内讯问。发现不应当逮捕的，应当立即释放。**必要时，可以依法变更强制措施**。
第一百三十三条　被逮捕的被告人具有下列情形之一的，人民法院可以变更强制措施：	**第一百六十九条**　被逮捕的被告人具有下列情形之一的，人民法院可以变更强制措施：

修正前	修正后
（一）患有严重疾病、生活不能自理的； （二）怀孕或者正在哺乳自己婴儿的； （三）系生活不能自理的人的唯一扶养人。	（一）患有严重疾病、生活不能自理的； （二）怀孕或者正在哺乳自己婴儿的； （三）系生活不能自理的人的唯一扶养人。
第一百三十四条 第一审人民法院判决被告人无罪、不负刑事责任或者免除刑事处罚，~~被告人在押的，应当在宣判后立即释放~~。 被逮捕的被告人具有下列情形之一的，人民法院应当变更强制措施或者予以释放： （一）第一审人民法院判处管制、宣告缓刑、单独适用附加刑，判决尚未发生法律效力的； （二）被告人被羁押的时间已到第一审人民法院对其判处的刑期期限的； （三）案件不能在法律规定的期限内审结的。	**第一百七十条** 被逮捕的被告人具有下列情形之一的，人民法院应当**立即释放；必要时，可以依法变更强制措施**： **（一）**第一审人民法院判决被告人无罪、不负刑事责任或者免予刑事处罚的； **（二）**第一审人民法院判处管制、宣告缓刑、单独适用附加刑，判决尚未发生法律效力的； **（三）**被告人被羁押的时间已到第一审人民法院对其判处的刑期期限的； **（四）**案件不能在法律规定的期限内审结的。
第一百三十五条 人民法院决定~~变更强制措施或者~~释放被告人的，应当立即将~~变更强制措施决定书或者~~释放通知书送交公安机关执行。	**第一百七十一条** 人民法院决定释放被告人的，应当立即将释放通知书送交公安机关执行。
	第一百七十二条 被采取强制措施的被告人，被判处管制、缓刑的，在社区矫正开始后，强制措施自动解除；被单处附加刑的，在判决、裁定发生法律效力后，强制措施自动解除；被判处监禁刑的，在刑罚开始执行后，强制措施自动解除。

修正前	修正后
第一百三十六条 对人民法院决定逮捕的被告人，人民检察院建议释放或者变更强制措施的，人民法院应当在收到建议后十日内将处理情况通知人民检察院。	**第一百七十三条** 对人民法院决定逮捕的被告人，人民检察院建议释放或者变更强制措施的，人民法院应当在收到建议后十日**以**内将处理情况通知人民检察院。
第一百三十七条 被告人及其法定代理人、近亲属或者辩护人申请变更强制措施的，应当说明理由。人民法院收到申请后，应当在三日内作出决定。同意变更强制措施的，应当依照本解释规定处理；不同意的，应当告知申请人，并说明理由。	**第一百七十四条** 被告人及其法定代理人、近亲属或者辩护人申请变更、**解除**强制措施的，应当说明理由。人民法院收到申请后，应当在三日**以**内作出决定。同意变更、**解除**强制措施的，应当依照本解释规定处理；不同意的，应当告知申请人，并说明理由。
第六章 附带民事诉讼	**第六章 附带民事诉讼**
第一百三十八条 被害人因人身权利受到犯罪侵犯或者财物被犯罪分子毁坏而遭受物质损失的，有权在刑事诉讼过程中提起附带民事诉讼；被害人死亡或者丧失行为能力的，其法定代理人、近亲属有权提起附带民事诉讼。 因受到犯罪侵犯，提起附带民事诉讼或者单独提起民事诉讼要求赔偿精神损失的，人民法院不予受理。	**第一百七十五条** 被害人因人身权利受到犯罪侵犯或者财物被犯罪分子毁坏而遭受物质损失的，有权在刑事诉讼过程中提起附带民事诉讼；被害人死亡或者丧失行为能力的，其法定代理人、近亲属有权提起附带民事诉讼。 因受到犯罪侵犯，提起附带民事诉讼或者单独提起民事诉讼要求赔偿精神损失的，人民法院**一般**不予受理。
第一百三十九条 被告人非法占有、处置被害人财产的，应当依法予以追缴或者责令退赔。被害人提起附带民事诉讼的，人民法院不予受理。追缴、退赔的情况，可以作为量刑情节考虑。	**第一百七十六条** 被告人非法占有、处置被害人财产的，应当依法予以追缴或者责令退赔。被害人提起附带民事诉讼的，人民法院不予受理。追缴、退赔的情况，可以作为量刑情节考虑。

修正前	修正后
第一百四十条 国家机关工作人员在行使职权时，侵犯他人人身、财产权利构成犯罪，被害人或者其法定代理人、近亲属提起附带民事诉讼的，人民法院不予受理，但应当告知其可以依法申请国家赔偿。	**第一百七十七条** 国家机关工作人员在行使职权时，侵犯他人人身、财产权利构成犯罪，被害人或者其法定代理人、近亲属提起附带民事诉讼的，人民法院不予受理，但应当告知其可以依法申请国家赔偿。
第一百四十一条 人民法院受理刑事案件后，对符合刑事诉讼法第九十九条和本解释第一百三十八条第一款规定的，可以告知被害人或者其法定代理人、近亲属有权提起附带民事诉讼。 有权提起附带民事诉讼的人放弃诉讼权利的，应当准许，并记录在案。	**第一百七十八条** 人民法院受理刑事案件后，对符合刑事诉讼法**第一百零一条**和本解释**第一百七十五条**第一款规定的，可以告知被害人或者其法定代理人、近亲属有权提起附带民事诉讼。 有权提起附带民事诉讼的人放弃诉讼权利的，应当准许，并记录在案。
第一百四十二条 国家财产、集体财产遭受损失，受损失的单位未提起附带民事诉讼，人民检察院在提起公诉时提起附带民事诉讼的，人民法院应当受理。 人民检察院提起附带民事诉讼的，应当列为附带民事诉讼原告人。 被告人非法占有、处置国家财产、集体财产的，依照本解释第一百三十九条的规定处理。	**第一百七十九条** 国家财产、集体财产遭受损失，受损失的单位未提起附带民事诉讼，人民检察院在提起公诉时提起附带民事诉讼的，人民法院应当受理。 人民检察院提起附带民事诉讼的，应当列为附带民事诉讼原告人。 被告人非法占有、处置国家财产、集体财产的，依照本解释**第一百七十六条**的规定处理。
第一百四十三条 附带民事诉讼中依法负有赔偿责任的人包括： （一）刑事被告人以及未被追究刑事责任的其他共同侵害人；	**第一百八十条** 附带民事诉讼中依法负有赔偿责任的人包括： （一）刑事被告人以及未被追究刑事责任的其他共同侵害人；

修正前	修正后
（二）刑事被告人的监护人； （三）死刑罪犯的遗产继承人； （四）共同犯罪案件中，案件审结前死亡的被告人的遗产继承人； （五）对被害人的物质损失依法应当承担赔偿责任的其他单位和个人。 附带民事诉讼被告人的亲友自愿代为赔偿的，<u>应当</u>准许。	（二）刑事被告人的监护人； （三）死刑罪犯的遗产继承人； （四）共同犯罪案件中，案件审结前死亡的被告人的遗产继承人； （五）对被害人的物质损失依法应当承担赔偿责任的其他单位和个人。 附带民事诉讼被告人的亲友自愿代为赔偿的，**可以**准许。
第一百四十四条　被害人或者其法定代理人、近亲属仅对部分共同侵害人提起附带民事诉讼的，人民法院应当告知其可以对其他共同侵害人，包括没有被追究刑事责任的共同侵害人，一并提起附带民事诉讼，但共同犯罪案件中同案犯在逃的除外。 被害人或者其法定代理人、近亲属放弃对其他共同侵害人的诉讼权利的，人民法院应当告知其相应法律后果，并在裁判文书中说明其放弃诉讼请求的情况。	**第一百八十一条**　被害人或者其法定代理人、近亲属仅对部分共同侵害人提起附带民事诉讼的，人民法院应当告知其可以对其他共同侵害人，包括没有被追究刑事责任的共同侵害人，一并提起附带民事诉讼，但共同犯罪案件中同案犯在逃的除外。 被害人或者其法定代理人、近亲属放弃对其他共同侵害人的诉讼权利的，人民法院应当告知其相应法律后果，并在裁判文书中说明其放弃诉讼请求的情况。
第一百四十五条　附带民事诉讼的起诉条件是： （一）起诉人符合法定条件； （二）有明确的被告人； （三）有请求赔偿的具体要求和事实、理由； （四）属于人民法院受理附带民事诉讼的范围。	**第一百八十二条**　附带民事诉讼的起诉条件是： （一）起诉人符合法定条件； （二）有明确的被告人； （三）有请求赔偿的具体要求和事实、理由； （四）属于人民法院受理附带民事诉讼的范围。

修正前	修正后
第一百四十六条　共同犯罪案件，同案犯在逃的，不应列为附带民事诉讼被告人。逃跑的同案犯到案后，被害人或者其法定代理人、近亲属可以对其提起附带民事诉讼，但已经从其他共同犯罪人处获得足额赔偿的除外。	**第一百八十三条**　共同犯罪案件，同案犯在逃的，不应列为附带民事诉讼被告人。逃跑的同案犯到案后，被害人或者其法定代理人、近亲属可以对其提起附带民事诉讼，但已经从其他共同犯罪人处获得足额赔偿的除外。
第一百四十七条　附带民事诉讼应当在刑事案件立案后及时提起。 提起附带民事诉讼应当提交附带民事起诉状。	**第一百八十四条**　附带民事诉讼应当在刑事案件立案后及时提起。 提起附带民事诉讼应当提交附带民事起诉状。
第一百四十八条　侦查、审查起诉期间，有权提起附带民事诉讼的人提出赔偿要求，经公安机关、人民检察院调解，当事人双方已经达成协议并全部履行，被害人或者其法定代理人、近亲属又提起附带民事诉讼的，人民法院不予受理，但有证据证明调解违反自愿、合法原则的除外。	**第一百八十五条**　侦查、审查起诉期间，有权提起附带民事诉讼的人提出赔偿要求，经公安机关、人民检察院调解，当事人双方已经达成协议并全部履行，被害人或者其法定代理人、近亲属又提起附带民事诉讼的，人民法院不予受理，但有证据证明调解违反自愿、合法原则的除外。
第一百四十九条　被害人或者其法定代理人、近亲属提起附带民事诉讼的，人民法院应当在七日内决定是否立案。符合刑事诉讼法第九十九条以及本解释有关规定的，应当受理；不符合的，裁定不予受理。	**第一百八十六条**　被害人或者其法定代理人、近亲属提起附带民事诉讼的，人民法院应当在七日**以**内决定是否**受理**。符合刑事诉讼法**第一百零一条**以及本解释有关规定的，应当受理；不符合的，裁定不予受理。

修正前	修正后
第一百五十条 人民法院受理附带民事诉讼后，应当在五日内将附带民事起诉状副本送达附带民事诉讼被告人及其法定代理人，或者将口头起诉的内容及时通知附带民事诉讼被告人及其法定代理人，并制作笔录。 人民法院送达附带民事起诉状副本时，应当根据刑事案件的审理期限，确定被告人及其法定代理人~~提交附带民事~~答辩~~状的~~时间。	**第一百八十七条** 人民法院受理附带民事诉讼后，应当在五日**以**内将附带民事起诉状副本送达附带民事诉讼被告人及其法定代理人，或者将口头起诉的内容及时通知附带民事诉讼被告人及其法定代理人，并制作笔录。 人民法院送达附带民事起诉状副本时，应当根据刑事案件的审理期限，确定被告人及其法定代理人**的**答辩**准备**时间。
第一百五十一条 附带民事诉讼当事人对自己提出的主张，有责任提供证据。	**第一百八十八条** 附带民事诉讼当事人对自己提出的主张，有责任提供证据。
第一百五十二条 人民法院对可能因被告人的行为或者其他原因，使附带民事判决难以执行的案件，根据附带民事诉讼原告人的申请，可以裁定采取保全措施，查封、扣押或者冻结被告人的财产；附带民事诉讼原告人未提出申请的，必要时，人民法院也可以采取保全措施。 有权提起附带民事诉讼的人因情况紧急，不立即申请保全将会使其合法权益受到难以弥补的损害的，可以在提起附带民事诉讼前，向被保全财产所在地、被申请人居住地或者对案件有管辖权的人民法院申请采取保全措施。申请人在人民法院受理刑事案件后十五日内未	**第一百八十九条** 人民法院对可能因被告人的行为或者其他原因，使附带民事判决难以执行的案件，根据附带民事诉讼原告人的申请，可以裁定采取保全措施，查封、扣押或者冻结被告人的财产；附带民事诉讼原告人未提出申请的，必要时，人民法院也可以采取保全措施。 有权提起附带民事诉讼的人因情况紧急，不立即申请保全将会使其合法权益受到难以弥补的损害的，可以在提起附带民事诉讼前，向被保全财产所在地、被申请人居住地或者对案件有管辖权的人民法院申请采取保全措施。申请人在人民法院受理刑事案件后十五日**以**内

修正前	修正后
提起附带民事诉讼的，人民法院应当解除保全措施。 人民法院采取保全措施，适用民事诉讼法第一百条至第一百零五条的有关规定，但民事诉讼法第一百零一条第三款的规定除外。	未提起附带民事诉讼的，人民法院应当解除保全措施。 人民法院采取保全措施，适用民事诉讼法第一百条至第一百零五条的有关规定，但民事诉讼法第一百零一条第三款的规定除外。
第一百五十三条 人民法院审理附带民事诉讼案件，可以根据自愿、合法的原则进行调解。经调解达成协议的，应当制作调解书。调解书经双方当事人签收后~~，~~即具有法律效力。 调解达成协议并即时履行完毕的，可以不制作调解书，但应当制作笔录，经双方当事人、审判人员、书记员签名~~或者盖章~~后即发生法律效力。	**第一百九十条** 人民法院审理附带民事诉讼案件，可以根据自愿、合法的原则进行调解。经调解达成协议的，应当制作调解书。调解书经双方当事人签收后即具有法律效力。 调解达成协议并即时履行完毕的，可以不制作调解书，但应当制作笔录，经双方当事人、审判人员、书记员签名后即发生法律效力。
第一百五十四条 调解未达成协议或者调解书签收前当事人反悔的，附带民事诉讼应当同刑事诉讼一并判决。	**第一百九十一条** 调解未达成协议或者调解书签收前当事人反悔的，附带民事诉讼应当同刑事诉讼一并判决。
第一百五十五条 对附带民事诉讼作出判决，应当根据犯罪行为造成的物质损失，结合案件具体情况，确定被告人应当赔偿的数额。 犯罪行为造成被害人人身损害的，应当赔偿医疗费、护理费、交通费等为治疗和康复支付的合理费用，以及因误工减少的收入。造成被害人残疾的，还应当赔偿残疾生	**第一百九十二条** 对附带民事诉讼作出判决，应当根据犯罪行为造成的物质损失，结合案件具体情况，确定被告人应当赔偿的数额。 犯罪行为造成被害人人身损害的，应当赔偿医疗费、护理费、交通费等为治疗和康复支付的合理费用，以及因误工减少的收入。造成被害人残疾的，还应当赔偿残疾生

修正前	修正后
活辅助具费等费用；造成被害人死亡的，还应当赔偿丧葬费等费用。 驾驶机动车致人伤亡或者造成公私财产重大损失，构成犯罪的，依照《中华人民共和国道路交通安全法》第七十六条的规定确定赔偿责任。 附带民事诉讼当事人就民事赔偿问题达成调解、和解协议的，赔偿范围、数额不受第二款、第三款规定的限制。	活辅助器具费等费用；造成被害人死亡的，还应当赔偿丧葬费等费用。 驾驶机动车致人伤亡或者造成公私财产重大损失，构成犯罪的，依照《中华人民共和国道路交通安全法》第七十六条的规定确定赔偿责任。 附带民事诉讼当事人就民事赔偿问题达成调解、和解协议的，赔偿范围、数额不受第二款、第三款规定的限制。
第一百五十六条 人民检察院提起附带民事诉讼的，人民法院经审理，认为附带民事诉讼被告人依法应当承担赔偿责任的，应当判令附带民事诉讼被告人直接向遭受损失的单位作出赔偿；遭受损失的单位已经终止，有权利义务继受人的，应当判令其向继受人作出赔偿；没有权利义务继受人的，应当判令其向人民检察院交付赔偿款，由人民检察院上缴国库。	**第一百九十三条** 人民检察院提起附带民事诉讼的，人民法院经审理，认为附带民事诉讼被告人依法应当承担赔偿责任的，应当判令附带民事诉讼被告人直接向遭受损失的单位作出赔偿；遭受损失的单位已经终止，有权利义务继受人的，应当判令其向继受人作出赔偿；没有权利义务继受人的，应当判令其向人民检察院交付赔偿款，由人民检察院上缴国库。
第一百五十七条 审理刑事附带民事诉讼案件，人民法院应当结合被告人赔偿被害人物质损失的情况认定其悔罪表现，并在量刑时予以考虑。	**第一百九十四条** 审理刑事附带民事诉讼案件，人民法院应当结合被告人赔偿被害人物质损失的情况认定其悔罪表现，并在量刑时予以考虑。
第一百五十八条 附带民事诉讼原告人经传唤，无正当理由拒不到庭，或者未经法庭许可中途退庭的，应当按撤诉处理。	**第一百九十五条** 附带民事诉讼原告人经传唤，无正当理由拒不到庭，或者未经法庭许可中途退庭的，应当按撤诉处理。

修正前	修正后
刑事被告人以外的附带民事诉讼被告人经传唤，无正当理由拒不到庭，或者未经法庭许可中途退庭的，附带民事部分可以缺席判决。	刑事被告人以外的附带民事诉讼被告人经传唤，无正当理由拒不到庭，或者未经法庭许可中途退庭的，附带民事部分可以缺席判决。 **刑事被告人以外的附带民事诉讼被告人下落不明，或者用公告送达以外的其他方式无法送达，可能导致刑事案件审判过分迟延的，可以不将其列为附带民事诉讼被告人，告知附带民事诉讼原告人另行提起民事诉讼。**
第一百五十九条 附带民事诉讼应当同刑事案件一并审判，只有为了防止刑事案件审判的过分迟延，才可以在刑事案件审判后，由同一审判组织继续审理附带民事诉讼；同一审判组织的成员确实不能继续参与审判的，可以更换。	**第一百九十六条** 附带民事诉讼应当同刑事案件一并审判，只有为了防止刑事案件审判的过分迟延，才可以在刑事案件审判后，由同一审判组织继续审理附带民事诉讼；同一审判组织的成员确实不能继续参与审判的，可以更换。
第一百六十条 人民法院认定公诉案件被告人的行为不构成犯罪，对已经提起的附带民事诉讼，经调解不能达成协议的，应当一并作出刑事附带民事判决。 人民法院准许人民检察院撤回起诉的公诉案件，对已经提起的附带民事诉讼，可以进行调解；不宜调解或者经调解不能达成协议的，应当裁定驳回起诉，并告知附带民事诉讼原告人可以另行提起民事诉讼。	**第一百九十七条** 人民法院认定公诉案件被告人的行为不构成犯罪，对已经提起的附带民事诉讼，经调解不能达成协议的，**可以**一并作出刑事附带民事判决，**也可以告知附带民事原告人另行提起民事诉讼。** 人民法院准许人民检察院撤回起诉的公诉案件，对已经提起的附带民事诉讼，可以进行调解；不宜调解或者经调解不能达成协议的，应当裁定驳回起诉，并告知附带民事诉讼原告人可以另行提起民事诉讼。

修正前	修正后
第一百六十一条 第一审期间未提起附带民事诉讼，在第二审期间提起的，第二审人民法院可以依法进行调解；调解不成的，告知当事人可以在刑事判决、裁定生效后另行提起民事诉讼。	**第一百九十八条** 第一审期间未提起附带民事诉讼，在第二审期间提起的，第二审人民法院可以依法进行调解；调解不成的，告知当事人可以在刑事判决、裁定生效后另行提起民事诉讼。
第一百六十二条 人民法院审理附带民事诉讼案件，不收取诉讼费。	**第一百九十九条** 人民法院审理附带民事诉讼案件，不收取诉讼费。
第一百六十四条 被害人或者其法定代理人、近亲属在刑事诉讼过程中未提起附带民事诉讼，另行提起民事诉讼的，人民法院可以进行调解，或者根据<u>物质损失情况</u>作出判决。	**第二百条** 被害人或者其法定代理人、近亲属在刑事诉讼过程中未提起附带民事诉讼，另行提起民事诉讼的，人民法院可以进行调解，或者根据**本解释第一百九十二条第二款、第三款的规定**作出判决。
第一百六十三条 人民法院审理附带民事诉讼案件，除刑法、刑事诉讼法以及刑事司法解释已有规定的以外，适用民事法律的有关规定。	**第二百零一条** 人民法院审理附带民事诉讼案件，除刑法、刑事诉讼法以及刑事司法解释已有规定的以外，适用民事法律的有关规定。
第七章 期间、送达、审理期限	**第七章 期间、送达、审理期限**
第一百六十五条 以月计算的<u>期限</u>，自本月某日至下月同日为一个月<u>。</u>期限起算日为本月最后一日的，至下月最后一日为一个月<u>。</u>下月同日不存在的，自本月某日至下月最后一日为一个月<u>。</u>半个月一律按十五日计算。	**第二百零二条** 以月计算的**期间**，自本月某日至下月同日为一个月；期限起算日为本月最后一日的，至下月最后一日为一个月；下月同日不存在的，自本月某日至下月最后一日为一个月；半个月一律按十五日计算。

修正前	修正后
	以年计算的刑期，自本年本月某日至次年同月同日的前一日为一年；次年同月同日不存在的，自本年本月某日至次年同月最后一日的前一日为一年。以月计算的刑期，自本月某日至下月同日的前一日为一个月；刑期起算日为本月最后一日的，至下月最后一日的前一日为一个月；下月同日不存在的，自本月某日至下月最后一日的前一日为一个月；半个月一律按十五日计算。
第一百六十六条 当事人由于不能抗拒的原因或者有其他正当理由而耽误期限，依法申请继续进行应当在期满前完成的诉讼活动的，人民法院查证属实后，应当裁定准许。	**第二百零三条** 当事人由于不能抗拒的原因或者有其他正当理由而耽误期限，依法申请继续进行应当在期满前完成的诉讼活动的，人民法院查证属实后，应当裁定准许。
第一百六十七条 送达诉讼文书，应当由收件人签收。收件人不在的，可以由其成年家属或者所在单位负责收件的人员代收。 收件人或者代收人在送达回证上签收的日期为送达日期。 收件人或者代收人拒绝签收的，送达人可以邀请见证人到场，说明情况，在送达回证上注明拒收的事由和日期，由送达人、见证人签名或者盖章，将诉讼文书留在收件人、代收人的住处或者单位；也可以把诉讼文书留在受送达人的住处，并采用拍照、录像等方式记录送达过程，即视为送达。	**第二百零四条** 送达诉讼文书，应当由收件人签收。收件人不在的，可以由其成年家属或者所在单位负责收件的人员代收。收件人或者代收人在送达回证上签收的日期为送达日期。 收件人或者代收人拒绝签收的，送达人可以邀请见证人到场，说明情况，在送达回证上注明拒收的事由和日期，由送达人、见证人签名或者盖章，将诉讼文书留在收件人、代收人的住处或者单位；也可以把诉讼文书留在受送达人的住处，并采用拍照、录像等方式记录送达过程，即视为送达。

修正前	修正后
第一百六十八条 直接送达诉讼文书有困难的，可以委托收件人所在地的人民法院代为送达~~；~~或者邮寄送达。	**第二百零五条** 直接送达诉讼文书有困难的，可以委托收件人所在地的人民法院代为送达或者邮寄送达。
第一百六十九条 委托送达的，应当将委托函、委托送达的诉讼文书及送达回证寄送受托法院。受托法院收到后，应当登记，在十日内送达收件人，并将送达回证寄送委托法院；无法送达的，应当告知委托法院，并将诉讼文书及送达回证退回。	**第二百零六条** 委托送达的，应当将委托函、委托送达的诉讼文书及送达回证寄送受托法院。受托法院收到后，应当登记，在十日**以**内送达收件人，并将送达回证寄送委托法院；无法送达的，应当告知委托法院，并将诉讼文书及送达回证退回。
第一百七十条 邮寄送达的，应当将诉讼文书、送达回证~~挂号~~邮寄给收件人。挂号回执上注明的日期为送达日期。	**第二百零七条** 邮寄送达的，应当将诉讼文书、送达回证邮寄给收件人。**签收**日期为送达日期。
第一百七十一条 诉讼文书的收件人是军人的，可以通过其所在部队团级以上单位的政治部门转交。 收件人正在服刑的，可以通过执行机关转交。 收件人正在被采取强制性教育措施的，可以通过强制性教育机构转交。 由有关部门、单位代为转交诉讼文书的，应当请有关部门、单位收到后立即交收件人签收，并将送达回证及时寄送人民法院。	**第二百零八条** 诉讼文书的收件人是军人的，可以通过其所在部队团级以上单位的政治部门转交。 收件人正在服刑的，可以通过执行机关转交。 收件人正在**接受专门矫治教育等**的，可以通过**相关**机构转交。 由有关部门、单位代为转交诉讼文书的，应当请有关部门、单位收到后立即交收件人签收，并将送达回证及时寄送人民法院。

修正前	修正后
第一百七十二条 指定管辖案件的审理期限，自被指定管辖的人民法院收到指定管辖决定书和~~有关~~案卷、证据材料之日起计算。	**第二百零九条** 指定管辖案件的审理期限，自被指定管辖的人民法院收到指定管辖决定书和案卷、证据材料之日起计算。
第一百七十三条 申请~~上级人民法院~~批准延长审理期限，应当在期限届满十五日前层报。有权决定的人民法院不同意~~延长~~的，应当在审理期限届满五日前作出决定。 因特殊情况申请最高人民法院批准延长审理期限，最高人民法院经审查，予以批准的，可以延长审理期限一至三个月。期限届满案件仍然不能审结的，可以再次提出申请。	**第二百一十条** **对可能判处死刑的案件或者附带民事诉讼的案件，以及有刑事诉讼法第一百五十八条规定情形之一的案件，上一级人民法院可以批准延长审理期限一次，期限为三个月。因特殊情况还需要延长的，应当报请最高人民法院批准。** 申请批准延长审理期限的，应当在期限届满十五日**以**前层报。有权决定的人民法院不同意的，应当在审理期限届满五日**以前**作出决定。 因特殊情况**报请**最高人民法院批准延长审理期限，最高人民法院经审查，予以批准的，可以延长审理期限一至三个月。期限届满案件仍然不能审结的，可以再次提出申请。
第一百七十四条 审判期间，对被告人作精神病鉴定的时间不计入审理期限。	**第二百一十一条** 审判期间，对被告人作精神病鉴定的时间不计入审理期限。
第八章 审判组织	**第八章 审判组织**
第一百七十五条 审判长由审判员担任。~~助理审判员由本院院长提出，经审判委员会通过，可以临时代行审判员职务，并可以担任审判长。~~ **第一百七十七条** 审判员依法独任审判时，行使与审判长相同的职权。	**第二百一十二条** **合议庭由审判员担任审判长。院长或者庭长参加审理案件时，由其本人担任审判长。** 审判员依法独任审判时，行使与审判长相同的职权。

修正前	修正后
	第二百一十三条　基层人民法院、中级人民法院、高级人民法院审判下列第一审刑事案件，由审判员和人民陪审员组成合议庭进行： **（一）涉及群体利益、公共利益的；** **（二）人民群众广泛关注或者其他社会影响较大的；** **（三）案情复杂或者有其他情形，需要由人民陪审员参加审判的。** **基层人民法院、中级人民法院、高级人民法院审判下列第一审刑事案件，由审判员和人民陪审员组成七人合议庭进行：** **（一）可能判处十年以上有期徒刑、无期徒刑、死刑，且社会影响重大的；** **（二）涉及征地拆迁、生态环境保护、食品药品安全，且社会影响重大的；** **（三）其他社会影响重大的。**
第一百七十六条　开庭审理和评议案件，应当由同一合议庭进行。合议庭成员在评议案件时，应当独立<u>表达</u>意见并说明理由。意见分歧的，应当按多数意见作出决定，但少数意见应当记入笔录。评议笔录由合议庭的组成人员在审阅确认无误后签名。评议情况应当保密。	**第二百一十四条**　开庭审理和评议案件，应当由同一合议庭进行。合议庭成员在评议案件时，应当独立**发表**意见并说明理由。意见分歧的，应当按多数意见作出决定，但少数意见应当记入笔录。评议笔录由合议庭的组成人员在审阅确认无误后签名。评议情况应当保密。

修正前	修正后
	第二百一十五条　人民陪审员参加三人合议庭审判案件，应当对事实认定、法律适用独立发表意见，行使表决权。 **人民陪审员参加七人合议庭审判案件，应当对事实认定独立发表意见，并与审判员共同表决；对法律适用可以发表意见，但不参加表决。**
第一百七十八条　合议庭审理、评议后，应当及时作出判决、裁定。 ~~拟判处死刑的案件、人民检察院抗诉的案件，~~合议庭应当提请院长决定提交审判委员会讨论决定。 对合议庭成员意见有重大分歧的案件、新类型案件、社会影响重大的案件以及其他疑难、复杂、重大的案件，合议庭认为难以作出决定的，可以提请院长决定提交审判委员会讨论决定。 人民陪审员可以要求合议庭将案件提请院长决定是否提交审判委员会讨论决定。 对提请院长决定提交审判委员会讨论决定的案件，院长认为不必要的，可以建议合议庭复议一次。 独任审判的案件，审判员认为有必要的，也可以提请院长决定提交审判委员会讨论决定。	**第二百一十六条**　合议庭审理、评议后，应当及时作出判决、裁定。 **对下列案件，**合议庭应当提请院长决定提交审判委员会讨论决定： **（一）高级人民法院、中级人民法院拟判处死刑立即执行的案件，以及中级人民法院拟判处死刑缓期执行的案件；** **（二）本院已经发生法律效力的判决、裁定确有错误需要再审的案件；** **（三）人民检察院依照审判监督程序提出抗诉的案件。** 对合议庭成员意见有重大分歧的案件、新类型案件、社会影响重大的案件以及其他疑难、复杂、重大的案件，合议庭认为难以作出决定的，可以提请院长决定提交审判委员会讨论决定。

修正前	修正后
	人民陪审员可以要求合议庭将案件提请院长决定是否提交审判委员会讨论决定。 对提请院长决定提交审判委员会讨论决定的案件，院长认为不必要的，可以建议合议庭复议一次。 独任审判的案件，审判员认为有必要的，也可以提请院长决定提交审判委员会讨论决定。
第一百七十九条 审判委员会的决定，合议庭、独任审判员应当执行；有不同意见的，可以建议院长提交审判委员会复议。	**第二百一十七条** 审判委员会的决定，合议庭、独任审判员应当执行；有不同意见的，可以建议院长提交审判委员会复议。
第九章 公诉案件第一审普通程序	**第九章 公诉案件第一审普通程序**
第一节 审查受理与庭前准备	第一节 审查受理与庭前准备
第一百八十条 对提起公诉的案件，人民法院应当在收到起诉书（一式八份，每增加一名被告人，增加起诉书五份）和案卷、证据后，~~指定审判人员~~审查以下内容： （一）是否属于本院管辖； （二）起诉书是否写明被告人的身份，是否受过或者正在接受刑事处罚，被采取强制措施的种类、羁押地点，犯罪的时间、地点、手段、后果以及其他可能影响定罪量刑的情节；	**第二百一十八条** 对提起公诉的案件，人民法院应当在收到起诉书（一式八份，每增加一名被告人，增加起诉书五份）和案卷、证据后，审查以下内容： （一）是否属于本院管辖； （二）起诉书是否写明被告人的身份，是否受过或者正在接受刑事处罚**、行政处罚、处分，被采取留置措施的情况**，被采取强制措施的**时间**、种类、羁押地点，犯罪的时间、地点、手段、后果以及其他可能影响定罪量刑的情节；**有多起犯罪事实的，是否在起诉书中将事实分别列明；**

修正前	修正后
（三）是否移送证明指控犯罪事实的证据材料，包括采取技术侦查措施的批准决定和所收集的证据材料； （四）是否查封、扣押、冻结被告人的违法所得或者其他涉案财物，并附证明相关财物依法应当追缴的证据材料； （五）是否列明被害人的姓名、住址、联系方式；是否附有证人、鉴定人名单；是否申请法庭通知证人、鉴定人、有专门知识的人出庭，并列明有关人员的姓名、性别、年龄、职业、住址、联系方式；是否附有需要保护的证人、鉴定人、被害人名单； （六）当事人已委托辩护人、诉讼代理人，或者已接受法律援助的，是否列明辩护人、诉讼代理人的姓名、住址、联系方式； （七）是否提起附带民事诉讼；提起附带民事诉讼的，是否列明附带民事诉讼当事人的姓名、住址、联系方式，是否附有相关证据材料； （八）侦查、审查起诉程序的各种法律手续和诉讼文书是否齐全；	（三）是否移送证明指控犯罪事实**及影响量刑**的证据材料，包括采取**技术调查、侦查措施的法律文书**和所收集的证据材料； （四）是否查封、扣押、冻结被告人的违法所得或者其他涉案财物，**查封、扣押、冻结是否逾期；是否随案移送涉案财物、附涉案财物清单；是否列明涉案财物权属情况；是否就涉案财物处理提供相关证据材料**； （五）是否列明被害人的姓名、住址、联系方式；是否附有证人、鉴定人名单；是否申请法庭通知证人、鉴定人、有专门知识的人出庭，并列明有关人员的姓名、性别、年龄、职业、住址、联系方式；是否附有需要保护的证人、鉴定人、被害人名单； （六）当事人已委托辩护人、诉讼代理人或者已接受法律援助的，是否列明辩护人、诉讼代理人的姓名、住址、联系方式； （七）是否提起附带民事诉讼；提起附带民事诉讼的，是否列明附带民事诉讼当事人的姓名、住址、联系方式**等**，是否附有相关证据材料； （八）**监察调查**、侦查、审查起诉程序的各种法律手续和诉讼文书是否齐全；

修正前	修正后
（九）有无刑事诉讼法第十五条第二项至第六项规定的不追究刑事责任的情形。	**（九）被告人认罪认罚的，是否提出量刑建议、移送认罪认罚具结书等材料；** （十）有无刑事诉讼法**第十六条**第二项至第六项规定的不追究刑事责任的情形。
第一百八十一条 人民法院对提起公诉的案件审查后，应当按照下列情形分别处理： （一）属于告诉才处理的案件，应当~~退回人民检察院，并~~告知被害人有权提起自诉； （二）不属于本院管辖~~或者被告人不在案~~的，应当退回人民检察院； （三）不符合前条第二项至第八项规定之一，需要补充材料的，应当通知人民检察院在三日内补送； （四）依照刑事诉讼法第一百九十五条第三项规定宣告被告人无罪后，人民检察院根据新的事实、证据重新起诉的，应当依法受理； （五）依照本解释第二百四十二条规定裁定准许撤诉的案件，没有新的事实、证据，重新起诉的，应当退回人民检察院； （六）符合刑事诉讼法第十五条第二项至第六项规定情形的，应当~~裁定终止审理或者~~退回人民检察院；	**第二百一十九条** 人民法院对提起公诉的案件审查后，应当按照下列情形分别处理： （一）不属于本院管辖的，应当退回人民检察院； （二）属于刑事诉讼法**第十六条**第二项至第六项规定情形的，应当退回人民检察院；属于告诉才处理的案件，应当**同时**告知被害人有权提起自诉； **（三）被告人不在案的，应当退回人民检察院；但是，对人民检察院按照缺席审判程序提起公诉的，应当依照本解释第二十四章的规定作出处理；** （四）不符合前条第二项至**第九项**规定之一，需要补充材料的，应当通知人民检察院在三日**以**内补送； （五）依照刑事诉讼法**第二百条**第三项规定宣告被告人无罪后，人民检察院根据新的事实、证据重新起诉的，应当依法受理； （六）依照本解释**第二百九十六条**规定裁定准许撤诉的案件，没有新的**影响定罪量刑的**事实、证据，重新起诉的，应当退回人民检察院；

修正前	修正后
（七）被告人真实身份不明，但符合刑事诉讼法第一百五十八条第二款规定的，应当依法受理。 对公诉案件是否受理，应当在七日内审查完毕。	（七）被告人真实身份不明，但符合刑事诉讼法**第一百六十条**第二款规定的，应当依法受理。 对公诉案件是否受理，应当在七日**以**内审查完毕。
	第二百二十条　对一案起诉的共同犯罪或者关联犯罪案件，被告人人数众多、案情复杂，人民法院经审查认为，分案审理更有利于保障庭审质量和效率的，可以分案审理。分案审理不得影响当事人质证权等诉讼权利的行使。 **对分案起诉的共同犯罪或者关联犯罪案件，人民法院经审查认为，合并审理更有利于查明案件事实、保障诉讼权利、准确定罪量刑的，可以并案审理。**
第一百八十二条　开庭审理前，人民法院应当进行下列工作： （一）确定审判长及合议庭组成人员； （二）开庭十日前将起诉书副本送达被告人、辩护人； （三）通知当事人、法定代理人、辩护人、诉讼代理人在开庭五日前提供证人、鉴定人名单，以及拟当庭出示的证据；申请证人、鉴定人、有专门知识的人出庭的，应当列明有关人员的姓名、性别、年龄、职业、住址、联系方式；	**第二百二十一条**　开庭审理前，人民法院应当进行下列工作： （一）确定审判长及合议庭组成人员； （二）开庭十日**以**前将起诉书副本送达被告人、辩护人； （三）通知当事人、法定代理人、辩护人、诉讼代理人在开庭五日**以**前提供证人、鉴定人名单，以及拟当庭出示的证据；申请证人、鉴定人、有专门知识的人出庭的，应当列明有关人员的姓名、性别、年龄、职业、住址、联系方式；

修正前	修正后
（四）开庭三日前将开庭的时间、地点通知人民检察院； （五）开庭三日前将传唤当事人的传票和通知辩护人、诉讼代理人、法定代理人、证人、鉴定人等出庭的通知书送达；通知有关人员出庭，也可以采取电话、短信、传真、电子邮件等能够确认对方收悉的方式； （六）公开审理的案件，在开庭三日前公布案由、被告人姓名、开庭时间和地点。 上述工作情况应当记录在案。	（四）开庭三日**以**前将开庭的时间、地点通知人民检察院； （五）开庭三日**以**前将传唤当事人的传票和通知辩护人、诉讼代理人、法定代理人、证人、鉴定人等出庭的通知书送达；通知有关人员出庭，也可以采取电话、短信、传真、电子邮件、**即时通讯**等能够确认对方收悉的方式；**对被害人人数众多的涉众型犯罪案件，可以通过互联网公布相关文书，通知有关人员出庭；** （六）公开审理的案件，在开庭三日**以**前公布案由、被告人姓名、开庭时间和地点。 上述工作情况应当记录在案。
~~**第一百八十五条** 开庭审理前，合议庭可以拟出法庭审理提纲，提纲一般包括下列内容：~~ ~~（一）合议庭成员在庭审中的分工；~~ ~~（二）起诉书指控的犯罪事实的重点和认定案件性质的要点；~~ ~~（三）讯问被告人时需了解的案情要点；~~ ~~（四）出庭的证人、鉴定人、有专门知识的人、侦查人员的名单；~~ ~~（五）控辩双方申请当庭出示的证据的目录；~~ ~~（六）庭审中可能出现的问题及应对措施。~~	

修正前	修正后
第一百八十六条 审判案件应当公开进行。 案件涉及国家秘密或者个人隐私的，不公开审理；涉及商业秘密，当事人提出申请的，法庭可以决定不公开审理。 不公开审理的案件，任何人不得旁听，但法律另有规定的除外。	**第二百二十二条** 审判案件应当公开进行。 案件涉及国家秘密或者个人隐私的，不公开审理；涉及商业秘密，当事人提出申请的，法庭可以决定不公开审理。 不公开审理的案件，任何人不得旁听，但**具有刑事诉讼法第二百八十五条规定情形**的除外。
第一百八十七条 精神病人、醉酒的人、未经人民法院批准的未成年人以及其他不宜旁听的人不得旁听案件审理。	**第二百二十三条** 精神病人、醉酒的人、未经人民法院批准的未成年人以及其他不宜旁听的人不得旁听案件审理。
	第二百二十四条 被害人人数众多，且案件不属于附带民事诉讼范围的，被害人可以推选若干代表人参加庭审。
第一百八十八条 被害人、诉讼代理人经传唤或者通知未到庭，不影响开庭审理的，人民法院可以开庭审理。 辩护人经通知未到庭，被告人同意的，人民法院可以开庭审理，但被告人属于应当提供法律援助情形的除外。	**第二百二十五条** 被害人、诉讼代理人经传唤或者通知未到庭，不影响开庭审理的，人民法院可以开庭审理。 辩护人经通知未到庭，被告人同意的，人民法院可以开庭审理，但被告人属于应当提供法律援助情形的除外。
	第二节 庭前会议与庭审衔接
第一百八十三条 案件具有下列情形之一的，审判人员可以召开庭前会议：	**第二百二十六条** 案件具有下列情形之一的，**人民法院**可以**决定**召开庭前会议：

修正前	修正后
（一）~~当事人及其辩护人、诉讼代理人申请排除非法证据的；~~ ~~（二）~~证据材料较多、案情重大复杂的； （三）社会影响重大的； （四）需要召开庭前会议的其他情形。 ~~召开庭前会议，根据案件情况，可以通知被告人参加。~~	（一）证据材料较多、案情重大复杂的； **（二）控辩双方对事实、证据存在较大争议的；** （三）社会影响重大的； （四）需要召开庭前会议的其他情形。
	第二百二十七条　控辩双方可以申请人民法院召开庭前会议，提出申请应当说明理由。人民法院经审查认为有必要的，应当召开庭前会议；决定不召开的，应当告知申请人。
第一百八十四条　~~召开~~庭前会议~~，审判人员~~可以就下列问题向控辩双方了解情况，听取意见： （一）是否对案件管辖有异议； （二）是否申请有关人员回避； （三）是否申请调取~~在侦查、审查起诉期间公安机关、人民检察院收集但未随案移送的~~证明被告人无罪或者罪轻的证据材料； （四）是否提供新的证据； （五）是否对出庭证人、鉴定人、有专门知识的人的名单有异议； （六）是否申请排除非法证据； （七）是否申请不公开审理；	**第二百二十八条**　庭前会议可以就下列**事项**向控辩双方了解情况，听取意见： （一）是否对案件管辖有异议； （二）是否申请有关人员回避； **（三）**是否申请不公开审理； **（四）**是否申请排除非法证据； **（五）**是否提供新的证据**材料**； **（六）是否申请重新鉴定或者勘验；** **（七）**是否申请**收集**、调取证明被告人无罪或者罪轻的证据材料；

修正前	修正后
（八）与审判相关的其他问题。 审判人员可以询问控辩双方对证据材料有无异议，对有异议的证据，应当在庭审时重点调查；无异议的，庭审时举证、质证可以简化。 被害人或者其法定代理人、近亲属提起附带民事诉讼的，可以调解。 庭前会议情况应当制作笔录。	**（八）是否申请证人、鉴定人、有专门知识的人、调查人员、侦查人员或者其他人员出庭**，是否对出庭人员名单有异议； **（九）是否对涉案财物的权属情况和人民检察院的处理建议有异议；** **（十）**与审判相关的其他问题。 **庭前会议中，人民法院可以开展附带民事调解。** **对第一款规定中可能导致庭审中断的程序性事项，人民法院可以在庭前会议后依法作出处理，并在庭审中说明处理决定和理由。控辩双方没有新的理由，在庭审中再次提出有关申请或者异议的，法庭可以在说明庭前会议情况和处理决定理由后，依法予以驳回。** 庭前会议情况应当制作笔录，**由参会人员核对后签名。**
	第二百二十九条　庭前会议中，审判人员可以询问控辩双方对证据材料有无异议，对有异议的证据，应当在庭审时重点调查；无异议的，庭审时举证、质证可以简化。
	第二百三十条　庭前会议由审判长主持，合议庭其他审判员也可以主持庭前会议。 **召开庭前会议应当通知公诉人、辩护人到场。**

修正前	修正后
	庭前会议准备就非法证据排除了解情况、听取意见，或者准备询问控辩双方对证据材料的意见的，应当通知被告人到场。有多名被告人的案件，可以根据情况确定参加庭前会议的被告人。
	第二百三十一条　庭前会议一般不公开进行。 根据案件情况，庭前会议可以采用视频等方式进行。
	第二百三十二条　人民法院在庭前会议中听取控辩双方对案件事实、证据材料的意见后，对明显事实不清、证据不足的案件，可以建议人民检察院补充材料或者撤回起诉。建议撤回起诉的案件，人民检察院不同意的，开庭审理后，没有新的事实和理由，一般不准许撤回起诉。
	第二百三十三条　对召开庭前会议的案件，可以在开庭时告知庭前会议情况。对庭前会议中达成一致意见的事项，法庭在向控辩双方核实后，可以当庭予以确认；未达成一致意见的事项，法庭可以归纳控辩双方争议焦点，听取控辩双方意见，依法作出处理。 控辩双方在庭前会议中就有关事项达成一致意见，在庭审中反悔的，除有正当理由外，法庭一般不再进行处理。

修正前	修正后
	第三节　宣布开庭与法庭调查
第一百八十九条　开庭审理前，书记员应当依次进行下列工作： （一）受审判长委托，查明公诉人、当事人、证人及其他诉讼参与人是否到庭； （二）宣读法庭规则； （三）请公诉人及相关诉讼参与人入庭； （四）请审判长、审判员（人民陪审员）入庭； （五）审判人员就座后，向审判长报告开庭前的准备工作已经就绪。	**第二百三十四条**　开庭审理前，书记员应当依次进行下列工作： （一）受审判长委托，查明公诉人、当事人、**辩护人、诉讼代理人**、证人及其他诉讼参与人是否到庭； **（二）核实旁听人员中是否有证人、鉴定人、有专门知识的人；** （三）请公诉人、**辩护人、诉讼代理人**及**其他**诉讼参与人入庭； **（四）**宣读法庭规则； **（五）**请审判长、审判员、人民陪审员入庭； **（六）**审判人员就座后，向审判长报告开庭前的准备工作已经就绪。
第二节　宣布开庭与法庭调查	
第一百九十条　审判长宣布开庭，传被告人到庭后，应当查明被告人的下列情况： （一）姓名、出生日期、民族、出生地、文化程度、职业、住址，或者被告单位的名称、住所地、诉讼代表人的姓名、职务； （二）是否受过法律处分及处分的种类、时间； （三）是否被采取强制措施及强制措施的种类、时间； （四）收到起诉书副本的日期；有附带民事诉讼的，附带民事诉讼被告人收到附带民事起诉状的日期。	**第二百三十五条**　审判长宣布开庭，传被告人到庭后，应当查明被告人的下列情况： （一）姓名、出生日期、民族、出生地、文化程度、职业、住址，或者被告单位的名称、住所地、**法定代表人、实际控制人以及**诉讼代表人的姓名、职务； （二）是否受过**刑事处罚、行政处罚、处分及其**种类、时间； （三）**是否被采取留置措施及留置的时间，**是否被采取强制措施及强制措施的种类、时间； （四）收到起诉书副本的日期；有附带民事诉讼的，附带民事诉讼被告人收到附带民事起诉状的日期。

修正前	修正后
被告人较多的，可以在开庭前查明上述情况，但开庭时审判长应当作出说明。	被告人较多的，可以在开庭前查明上述情况，但开庭时审判长应当作出说明。
第一百九十一条 审判长宣布案件的来源、起诉的案由、附带民事诉讼当事人的姓名及是否公开审理；不公开审理的，应当宣布理由。	**第二百三十六条** 审判长宣布案件的来源、起诉的案由、附带民事诉讼当事人的姓名及是否公开审理；不公开审理的，应当宣布理由。
第一百九十二条 审判长宣布合议庭组成人员、书记员、公诉人名单及辩护人、鉴定人、翻译人员等诉讼参与人的名单。	**第二百三十七条** 审判长宣布合议庭组成人员、**法官助理、**书记员、公诉人**的**名单**，以**及辩护人、**诉讼代理人、**鉴定人、翻译人员等诉讼参与人的名单。
第一百九十三条 审判长应当告知当事人及其法定代理人、辩护人、诉讼代理人在法庭审理过程中依法享有下列诉讼权利： （一）可以申请合议庭组成人员、书记员、公诉人、鉴定人和翻译人员回避； （二）可以提出证据，申请通知新的证人到庭、调取新的证据，申请重新鉴定或者勘验~~、检查~~； （三）被告人可以自行辩护； （四）被告人可以在法庭辩论终结后作最后陈述。	**第二百三十八条** 审判长应当告知当事人及其法定代理人、辩护人、诉讼代理人在法庭审理过程中依法享有下列诉讼权利： （一）可以申请合议庭组成人员**、法官助理、**书记员、公诉人、鉴定人和翻译人员回避； （二）可以提出证据，申请通知新的证人到庭、调取新的证据，申请重新鉴定或者勘验； （三）被告人可以自行辩护； （四）被告人可以在法庭辩论终结后作最后陈述。
第一百九十四条 审判长应当询问当事人及其法定代理人、辩护人、诉讼代理人是否申请回避、申请何人回避和申请回避的理由。	**第二百三十九条** 审判长应当询问当事人及其法定代理人、辩护人、诉讼代理人是否申请回避、申请何人回避和申请回避的理由。

修正前	修正后
当事人及其法定代理人、辩护人、诉讼代理人申请回避的，依照刑事诉讼法及本解释的有关规定处理。 同意或者驳回回避申请的决定及复议决定，由审判长宣布，并说明理由。必要时，也可以由院长到庭宣布。	当事人及其法定代理人、辩护人、诉讼代理人申请回避的，依照刑事诉讼法及本解释的有关规定处理。 同意或者驳回回避申请的决定及复议决定，由审判长宣布，并说明理由。必要时，也可以由院长到庭宣布。
第一百九十五条 审判长宣布法庭调查开始后，应当先由公诉人宣读起诉书；有附带民事诉讼的，再由附带民事诉讼原告人或者其法定代理人、诉讼代理人宣读附带民事起诉状。	**第二百四十条** 审判长宣布法庭调查开始后，应当先由公诉人宣读起诉书；**公诉人宣读起诉书后，审判长应当询问被告人对起诉书指控的犯罪事实和罪名有无异议。** 有附带民事诉讼的，**公诉人宣读起诉书后，**由附带民事诉讼原告人或者其法定代理人、诉讼代理人宣读附带民事起诉状。
~~**第一百九十六条** 起诉书指控的被告人的犯罪事实为两起以上的，法庭调查一般应当分别进行。~~	
第一百九十七条 在审判长主持下，被告人、被害人可以就起诉书指控的犯罪事实分别陈述。	**第二百四十一条** 在审判长主持下，被告人、被害人可以就起诉书指控的犯罪事实分别陈述。
第一百九十八条 在审判长主持下，公诉人可以就起诉书指控的犯罪事实讯问被告人。 经审判长准许，被害人及其法定代理人、诉讼代理人可以就公诉人讯问的犯罪事实补充发问；附带民事诉讼原告人及其法定代理人、	**第二百四十二条** 在审判长主持下，公诉人可以就起诉书指控的犯罪事实讯问被告人。 经审判长准许，被害人及其法定代理人、诉讼代理人可以就公诉人讯问的犯罪事实补充发问；附带民事诉讼原告人及其法定代理人、

修正前	修正后
诉讼代理人可以就附带民事部分的事实向被告人发问；被告人的法定代理人、辩护人，附带民事诉讼被告人及其法定代理人、诉讼代理人可以在控诉~~一~~方就某一问题讯问完毕后向被告人发问。	诉讼代理人可以就附带民事部分的事实向被告人发问；被告人的法定代理人、辩护人，附带民事诉讼被告人及其法定代理人、诉讼代理人可以在控诉方**、附带民事诉讼原告方**就某一问题讯问、**发问**完毕后向被告人发问。 **根据案件情况，就证据问题对被告人的讯问、发问可以在举证、质证环节进行。**
第一百九十九条 讯问同案审理的被告人，应当分别进行。~~必要时，可以传唤同案被告人等到庭对质。~~	**第二百四十三条** 讯问同案审理的被告人，应当分别进行。
第二百条 经审判长准许，控辩双方可以向被害人、附带民事诉讼原告人发问。	**第二百四十四条** 经审判长准许，控辩双方可以向被害人、附带民事诉讼原告人发问。
第二百零一条 审判人员可以讯问被告人。~~必要时，~~可以向被害人、附带民事诉讼当事人发问。	**第二百四十五条 必要时，**审判人员可以讯问被告人，**也**可以向被害人、附带民事诉讼当事人发问。
第二百零二条 公诉人可以提请审判长通知证人、鉴定人出庭~~作证~~，或者出示证据。被害人及其法定代理人、诉讼代理人，附带民事诉讼原告人及其诉讼代理人也可以提出申请。 在控诉~~一~~方举证后，被告人及其法定代理人、辩护人可以提请审判长通知证人、鉴定人出庭~~作证~~，或者出示证据。	**第二百四十六条** 公诉人可以提请**法庭**通知证人、鉴定人、**有专门知识的人、调查人员、侦查人员或者其他人员**出庭，或者出示证据。被害人及其法定代理人、诉讼代理人，附带民事诉讼原告人及其诉讼代理人也可以提出申请。 在控诉方举证后，被告人及其法定代理人、辩护人可以提请**法庭**通知证人、鉴定人、**有专门知识的人、调查人员、侦查人员或者其他人员**出庭，或者出示证据。

修正前	修正后
第二百零三条 控辩双方申请证人出庭作证，出示证据，应当说明证据的名称、来源和拟证明的事实。法庭认为有必要的，应当准许；对方提出异议，认为有关证据与案件无关或者明显重复、不必要，法庭经审查异议成立的，可以不予准许。	**第二百四十七条** 控辩双方申请证人出庭作证，出示证据，应当说明证据的名称、来源和拟证明的事实。法庭认为有必要的，应当准许；对方提出异议，认为有关证据与案件无关或者明显重复、不必要，法庭经审查异议成立的，可以不予准许。
第二百零四条 已经移送人民法院的证据，控辩双方需要出示的，可以向法庭提出申请。法庭同意的，应当指令值庭法警出示、播放；需要宣读的，由值庭法警交由申请人宣读。	**第二百四十八条** 已经移送人民法院的**案卷和证据材料**，控辩双方需要出示的，可以向法庭提出申请，**法庭可以准许。案卷和证据材料应当在质证后当庭归还。** **需要播放录音录像或者需要将证据材料交由法庭、公诉人或者诉讼参与人查看的，法庭可以指令值庭法警或者相关人员予以协助。**
第二百零五条 公诉人、当事人或者辩护人、诉讼代理人对证人证言有异议，且该证人证言对定罪量刑有重大影响，或者对鉴定意见有异议，~~申请法庭通知证人、鉴定人出庭作证，~~人民法院认为有必要的，应当通知证人、鉴定人出庭~~；无法通知或者证人、鉴定人拒绝出庭的，应当及时告知申请人~~。	**第二百四十九条** 公诉人、当事人或者辩护人、诉讼代理人对证人证言有异议，且该证人证言对定罪量刑有重大影响，或者对鉴定意见有异议，人民法院认为**证人、鉴定人**有必要**出庭作证**的，应当通知证人、鉴定人出庭。 **控辩双方对侦破经过、证据来源、证据真实性或者合法性等有异议，申请调查人员、侦查人员或者有关人员出庭，人民法院认为有必要的，应当通知调查人员、侦查人员或者有关人员出庭。**

修正前	修正后
	第二百五十条　公诉人、当事人及其辩护人、诉讼代理人申请法庭通知有专门知识的人出庭，就鉴定意见提出意见的，应当说明理由。法庭认为有必要的，应当通知有专门知识的人出庭。 **申请有专门知识的人出庭，不得超过二人。有多种类鉴定意见的，可以相应增加人数。**
	第二百五十一条　为查明案件事实、调查核实证据，人民法院可以依职权通知证人、鉴定人、有专门知识的人、调查人员、侦查人员或者其他人员出庭。
	第二百五十二条　人民法院通知有关人员出庭的，可以要求控辩双方予以协助。
第二百零六条　证人具有下列情形之一，无法出庭作证的，人民法院可以准许其不出庭： （一）在庭审期间身患严重疾病或者行动极为不便的； （二）居所远离开庭地点且交通极为不便的； （三）身处国外短期无法回国的； （四）有其他客观原因，确实无法出庭的。 具有前款规定情形的，可以通过视频等方式作证。	**第二百五十三条**　证人具有下列情形之一，无法出庭作证的，人民法院可以准许其不出庭： （一）庭审期间身患严重疾病或者行动极为不便的； （二）居所远离开庭地点且交通极为不便的； （三）身处国外短期无法回国的； （四）有其他客观原因，确实无法出庭的。 具有前款规定情形的，可以通过视频等方式作证。

修正前	修正后
第二百零七条 证人出庭作证所支出的交通、住宿、就餐等费用，人民法院应当给予补助。	**第二百五十四条** 证人出庭作证所支出的交通、住宿、就餐等费用，人民法院应当给予补助。
第二百零八条 强制证人出庭的，应当由院长签发强制证人出庭令。	**第二百五十五条** 强制证人出庭的，应当由院长签发强制证人出庭令**，由法警执行。必要时，可以商请公安机关协助**。
第二百零九条 ~~审判危害国家安全犯罪、恐怖活动犯罪、黑社会性质的组织犯罪、毒品犯罪等案件，~~证人、鉴定人、被害人因出庭作证，本人或者其近亲属的人身安全面临危险的，人民法院应当采取不公开其真实姓名、住址和工作单位等个人信息，或者不暴露其外貌、真实声音等保护措施。 审判期间，证人、鉴定人、被害人提出保护请求的，人民法院应当立即审查；认为确有保护必要的，应当及时决定采取相应保护措施。	**第二百五十六条** 证人、鉴定人、被害人因出庭作证，本人或者其近亲属的人身安全面临危险的，人民法院应当采取不公开其真实姓名、住址和工作单位等个人信息，或者不暴露其外貌、真实声音等保护措施。**辩护律师经法庭许可，查阅对证人、鉴定人、被害人使用化名情况的，应当签署保密承诺书。** 审判期间，证人、鉴定人、被害人提出保护请求的，人民法院应当立即审查；认为确有保护必要的，应当及时决定采取相应保护措施。**必要时，可以商请公安机关协助。**
第二百一十条 决定对出庭作证的证人、鉴定人、被害人采取不公开个人信息的保护措施的，审判人员应当在开庭前核实其身份，对证人、鉴定人如实作证的保证书不得公开，在判决书、裁定书等法律文书中可以使用化名等代替其个人信息。	**第二百五十七条** 决定对出庭作证的证人、鉴定人、被害人采取不公开个人信息的保护措施的，审判人员应当在开庭前核实其身份，对证人、鉴定人如实作证的保证书不得公开，在判决书、裁定书等法律文书中可以使用化名等代替其个人信息。

修正前	修正后
第二百一十一条 证人~~、鉴定人~~到庭后，审判人员应当核实其身份、与当事人以及本案的关系，并告知其有关~~作证的~~权利义务和法律责任。 证人~~、鉴定人作证前，~~应当保证向法庭如实提供证言~~、说明鉴定意见~~，并在保证书上签名。	**第二百五十八条** 证人出庭的，**法庭**应当核实其身份、与当事人以及本案的关系，并告知其有关权利义务和法律责任。证人应当保证向法庭如实提供证言，并在保证书上签名。
第二百一十二条 向证人~~、鉴定人~~发问，应当先由提请通知的一方进行；发问完毕后，经审判长准许，对方也可以发问。	**第二百五十九条** 证人出庭后，一般先向法庭陈述证言；其后，经审判长许可，由申请通知证人出庭的一方发问，发问完毕后，对方也可以发问。 **法庭依职权通知证人出庭的，发问顺序由审判长根据案件情况确定。**
第二百一十七条 公诉人、当事人及其辩护人、诉讼代理人申请法庭通知有专门知识的人出庭，就鉴定意见提出意见的，应当说明理由。法庭认为有必要的，应当通知有专门知识的人出庭。 申请有专门知识的人出庭，不得超过二人。有多种类鉴定意见的，可以相应增加人数。 有专门知识的人出庭，适用鉴定人出庭的有关规定。	**第二百六十条 鉴定人、有专门知识的人、调查人员、侦查人员或者其他人员出庭的，参照适用前两条规定。**

修正前	修正后
第二百一十三条 向证人发问应当遵循以下规则： （一）发问的内容应当与本案事实有关； （二）不得以诱导方式发问； （三）不得威胁证人； （四）不得损害证人的人格尊严。 ~~前款规定适用于~~对被告人、被害人、附带民事诉讼当事人、鉴定人、有专门知识的人的讯问、发问。	**第二百六十一条** 向证人发问应当遵循以下规则： （一）发问的内容应当与本案事实有关； （二）不得以诱导方式发问； （三）不得威胁证人； （四）不得损害证人的人格尊严。 对被告人、被害人、附带民事诉讼当事人、鉴定人、有专门知识的人**、调查人员、侦查人员或者其他人员**的讯问、发问**，适用前款规定**。
第二百一十四条 控辩双方的讯问、发问方式不当或者内容与本案无关的，对方可以提出异议，申请审判长制止，审判长应当判明情况予以支持或者驳回；对方未提出异议的，审判长也可以根据情况予以制止。	**第二百六十二条** 控辩双方的讯问、发问方式不当或者内容与本案无关的，对方可以提出异议，申请审判长制止，审判长应当判明情况予以支持或者驳回；对方未提出异议的，审判长也可以根据情况予以制止。
第二百一十五条 审判人员认为必要时，可以询问证人、鉴定人、有专门知识的人。	**第二百六十三条** 审判人员认为必要时，可以询问证人、鉴定人、有专门知识的人**、调查人员、侦查人员或者其他人员**。
第二百一十六条 向证人~~、鉴定人、有专门知识的人~~发问应当分别进行。证人、鉴定人、有专门知识的人经控辩双方发问或者审判人员询问后，审判长应当告知其退庭。 证人、鉴定人、有专门知识的人不得旁听对本案的审理。	**第二百六十四条** 向证人**、调查人员、侦查人员**发问应当分别进行。
	第二百六十五条 证人、鉴定人、有专门知识的人**、调查人员、侦查人员或者其他人员**不得旁听对本案的审理。**有关人员作证或者发表意见后，**审判长应当告知其退庭。

修正前	修正后
	第二百六十六条 审理涉及未成年人的刑事案件，询问未成年被害人、证人，通知未成年被害人、证人出庭作证，适用本解释第二十二章的有关规定。
第二百一十八条 举证方当庭出示证据后，由对方~~进行辨认并~~发表意见。~~控辩双方可以互相质问、辩论。~~	**第二百六十七条** 举证方当庭出示证据后，由对方发表**质证**意见。
	第二百六十八条 对可能影响定罪量刑的关键证据和控辩双方存在争议的证据，一般应当单独举证、质证，充分听取质证意见。 对控辩双方无异议的非关键证据，举证方可以仅就证据的名称及拟证明的事实作出说明。 召开庭前会议的案件，举证、质证可以按照庭前会议确定的方式进行。 根据案件和庭审情况，法庭可以对控辩双方的举证、质证方式进行必要的指引。
	第二百六十九条 审理过程中，法庭认为有必要的，可以传唤同案被告人、分案审理的共同犯罪或者关联犯罪案件的被告人等到庭对质。

修正前	修正后
第二百一十九条　当庭出示的证据，尚未移送人民法院的，应当在质证后移交~~法庭~~。	**第二百七十条**　当庭出示的证据，尚未移送人民法院的，应当在质证后**当庭**移交。
第二百二十条　法庭对证据有疑问的，可以告知公诉人、当事人及其法定代理人、辩护人、诉讼代理人补充证据或者作出说明；必要时，可以宣布休庭，对证据进行调查核实。 对公诉人、当事人及其法定代理人、辩护人、诉讼代理人补充的和法庭庭外调查核实取得的证据，应当经过当庭质证才能作为定案的根据。但是，经庭外征求意见，控辩双方没有异议的除外。 有关情况，应当记录在案。	**第二百七十一条**　法庭对证据有疑问的，可以告知公诉人、当事人及其法定代理人、辩护人、诉讼代理人补充证据或者作出说明；必要时，可以宣布休庭，对证据进行调查核实。 对公诉人、当事人及其法定代理人、辩护人、诉讼代理人补充的和**审判人员**庭外调查核实取得的证据，应当经过当庭质证才能作为定案的根据。但是，**对不影响定罪量刑的非关键证据、有利于被告人的量刑证据以及认定被告人有犯罪前科的裁判文书等证据，**经庭外征求意见，控辩双方没有异议的除外。 有关情况，应当记录在案。
第二百二十一条　公诉人申请出示开庭前未移送人民法院的证据，辩护方提出异议的，审判长应当要求公诉人说明理由；理由成立并确有出示必要的，应当准许。 辩护方提出需要对新的证据作辩护准备的，法庭可以宣布休庭，并确定准备辩护的时间。 辩护方申请出示开庭前未提交的证据，参照适用前两款~~的~~规定。	**第二百七十二条**　公诉人申请出示开庭前未移送**或者提交**人民法院的证据，辩护方提出异议的，审判长应当要求公诉人说明理由；理由成立并确有出示必要的，应当准许。 辩护方提出需要对新的证据作辩护准备的，法庭可以宣布休庭，并确定准备辩护的时间。 辩护方申请出示开庭前未提交的证据，参照适用前两款规定。

修正前	修正后
第二百二十二条 法庭审理过程中，当事人及其辩护人、诉讼代理人申请通知新的证人到庭，调取新的证据，申请重新鉴定或者勘验的，应当提供证人的姓名、证据的存放地点，说明拟证明的案件事实，要求重新鉴定或者勘验的理由。法庭认为有必要的，应当同意，并宣布延期审理；~~不同意的，应当说明理由并继续审理。~~ ~~延期审理的案件，符合刑事诉讼法第二百零二条第一款规定的，可以报请上级人民法院批准延长审理期限。~~ 人民法院同意重新鉴定~~申请~~的，应当及时委托鉴定，并将鉴定意见告知人民检察院、当事人及其辩护人、诉讼代理人。	**第二百七十三条** 法庭审理过程中，**控辩双方**申请通知新的证人到庭，调取新的证据，申请重新鉴定或者勘验的，应当提供证人的**基本信息**、证据的存放地点，说明拟证明的**事项**，**申请**重新鉴定或者勘验的理由。法庭认为有必要的，应当同意，并宣布**休庭；根据案件情况，可以决定延期审理。** 人民法院**决定**重新鉴定的，应当及时委托鉴定，并将鉴定意见告知人民检察院、当事人及其辩护人、诉讼代理人。
第二百二十三条 审判期间，公诉人发现案件需要补充侦查，建议延期审理的，合议庭应当同意，但建议延期审理不得超过两次。 人民检察院将补充收集的证据移送人民法院的，人民法院应当通知辩护人、诉讼代理人查阅、摘抄、复制。 补充侦查期限届满后，~~经法庭通知，~~人民检察院未将案件移送人民法院~~，且未说明原因~~的，人民法院可以决定按人民检察院撤诉处理。	**第二百七十四条** 审判期间，公诉人发现案件需要补充侦查，建议延期审理的，合议庭**可以**同意，但建议延期审理不得超过两次。 人民检察院将补充收集的证据移送人民法院的，人民法院应当通知辩护人、诉讼代理人查阅、摘抄、复制。 补充侦查期限届满后，人民检察院未将**补充的证据材料**移送人民法院的，人民法院可以**根据在案证据作出判决、裁定。**

修正前	修正后
第二百二十四条 人民法院向人民检察院调取需要调查核实的证据材料，或者根据被告人、辩护人的申请，向人民检察院调取在侦查、审查起诉期间收集的有关被告人无罪或者罪轻的证据材料，应当通知人民检察院在收到调取证据材料决定书后三日内移交。	**第二百七十五条** 人民法院向人民检察院调取需要调查核实的证据材料，或者根据被告人、辩护人的申请，向人民检察院调取在**调查**、侦查、审查起诉期间收集的有关被告人无罪或者罪轻的证据材料，应当通知人民检察院在收到调取证据材料决定书后三日**以**内移交。
第二百二十五条 法庭审理过程中，对与量刑有关的事实、证据，应当进行调查。 人民法院除应当审查被告人是否具有法定量刑情节外，还应当根据案件情况审查以下影响量刑的情节： （一）案件起因； （二）被害人有无过错及过错程度，是否对矛盾激化负有责任及责任大小； （三）被告人的近亲属是否协助抓获被告人； （四）被告人平时表现，有无悔罪态度； （五）退赃、退赔及赔偿情况； （六）被告人是否取得被害人或者其近亲属谅解； （七）影响量刑的其他情节。	**第二百七十六条** 法庭审理过程中，对与量刑有关的事实、证据，应当进行调查。 人民法院除应当审查被告人是否具有法定量刑情节外，还应当根据案件情况审查以下影响量刑的情节： （一）案件起因； （二）被害人有无过错及过错程度，是否对矛盾激化负有责任及责任大小； （三）被告人的近亲属是否协助抓获被告人； （四）被告人平时表现，有无悔罪态度； （五）退赃、退赔及赔偿情况； （六）被告人是否取得被害人或者其近亲属谅解； （七）影响量刑的其他情节。

修正前	修正后
第二百二十六条 审判期间，合议庭发现被告人可能有自首、坦白、立功等法定量刑情节，而人民检察院移送的案卷中没有相关证据材料的，应当通知人民检察院移送。 审判期间，被告人提出新的立功线索的，人民法院可以建议人民检察院补充侦查。	**第二百七十七条** 审判期间，合议庭发现被告人可能有自首、坦白、立功等法定量刑情节，而人民检察院移送的案卷中没有相关证据材料的，应当通知人民检察院**在指定时间内**移送。 审判期间，被告人提出新的立功线索的，人民法院可以建议人民检察院补充侦查。
第二百二十七条 对被告人认罪的案件，在确认被告人了解起诉书指控的犯罪事实和罪名，自愿认罪且知悉认罪的法律后果后，法庭调查可以主要围绕量刑和其他有争议的问题进行。 对被告人不认罪或者辩护人作无罪辩护的案件，法庭调查应当在查明定罪事实的基础上，查明有关量刑事实。	**第二百七十八条** 对被告人认罪的案件，在确认被告人了解起诉书指控的犯罪事实和罪名，自愿认罪且知悉认罪的法律后果后，法庭调查可以主要围绕量刑和其他有争议的问题进行。 对被告人不认罪或者辩护人作无罪辩护的案件，法庭调查应当在查明定罪事实的基础上，查明有关量刑事实。
	第二百七十九条 法庭审理过程中，应当对查封、扣押、冻结财物及其孳息的权属、来源等情况，是否属于违法所得或者依法应当追缴的其他涉案财物进行调查，由公诉人说明情况、出示证据、提出处理建议，并听取被告人、辩护人等诉讼参与人的意见。

修正前	修正后
	案外人对查封、扣押、冻结的财物及其孳息提出权属异议的，人民法院应当听取案外人的意见；必要时，可以通知案外人出庭。 **经审查，不能确认查封、扣押、冻结的财物及其孳息属于违法所得或者依法应当追缴的其他涉案财物的，不得没收。**
第三节　法庭辩论与最后陈述	第四节　法庭辩论与最后陈述
第二百二十八条　合议庭认为案件事实已经调查清楚的，应当由审判长宣布法庭调查结束，开始就定罪、量刑的事实、证据和适用法律等问题进行法庭辩论。	**第二百八十条**　合议庭认为案件事实已经调查清楚的，应当由审判长宣布法庭调查结束，开始就定罪、量刑、**涉案财物处理**的事实、证据、适用法律等问题进行法庭辩论。
第二百二十九条　法庭辩论应当在审判长的主持下，按照下列顺序进行： （一）公诉人发言； （二）被害人及其诉讼代理人发言； （三）被告人自行辩护； （四）辩护人辩护； （五）控辩双方进行辩论。	**第二百八十一条**　法庭辩论应当在审判长的主持下，按照下列顺序进行： （一）公诉人发言； （二）被害人及其诉讼代理人发言； （三）被告人自行辩护； （四）辩护人辩护； （五）控辩双方进行辩论。
第二百三十条　人民检察院可以提出量刑建议并说明理由，量刑建议一般应当具有一定的幅度。当事人及其辩护人、诉讼代理人可以对量刑提出意见并说明理由。	**第二百八十二条**　人民检察院可以提出量刑建议并说明理由；**建议判处管制、宣告缓刑的，一般应当附有调查评估报告，或者附有委托调查函。** 当事人及其辩护人、诉讼代理人可以对量刑提出意见并说明理由。

修正前	修正后
第二百三十一条 对被告人认罪的案件，法庭辩论时，可以引导控辩双方主要围绕量刑和其他有争议的问题进行。 对被告人不认罪或者辩护人作无罪辩护的案件，法庭辩论时，可以引导控辩双方先辩论定罪问题，后辩论量刑问题。	**第二百八十三条** 对被告人认罪的案件，法庭辩论时，**应当指引**控辩双方主要围绕量刑和其他有争议的问题进行。 对被告人不认罪或者辩护人作无罪辩护的案件，法庭辩论时，可以**指引**控辩双方先辩论定罪问题，后辩论量刑**和其他**问题。
第二百三十二条 附带民事部分的辩论应当在刑事部分的辩论结束后进行，先由附带民事诉讼原告人及其诉讼代理人发言，后由附带民事诉讼被告人及其诉讼代理人答辩。	**第二百八十四条** 附带民事部分的辩论应当在刑事部分的辩论结束后进行，先由附带民事诉讼原告人及其诉讼代理人发言，后由附带民事诉讼被告人及其诉讼代理人答辩。
第二百三十三条 法庭辩论过程中，审判长应当充分听取控辩双方的意见，对控辩双方与案件无关、重复或者指责对方的发言应当提醒、制止。	**第二百八十五条** 法庭辩论过程中，审判长应当充分听取控辩双方的意见，对控辩双方与案件无关、重复或者指责对方的发言应当提醒、制止。
第二百三十四条 法庭辩论过程中，合议庭发现与定罪、量刑有关的新的事实，有必要调查的，审判长可以宣布~~暂停辩论，~~恢复法庭调查，在对新的事实调查后，继续法庭辩论。	**第二百八十六条** 法庭辩论过程中，合议庭发现与定罪、量刑有关的新的事实，有必要调查的，审判长可以宣布恢复法庭调查，在对新的事实调查后，继续法庭辩论。
第二百三十五条 审判长宣布法庭辩论终结后，合议庭应当保证被告人充分行使最后陈述的权利。被告人在最后陈述中多次重复自己的意见的，审判长可以制止。陈述内容蔑视法庭、公诉人，损害他人及社会公共利益，或者与本案无关的，应当制止。	**第二百八十七条** 审判长宣布法庭辩论终结后，合议庭应当保证被告人充分行使最后陈述的权利。 被告人在最后陈述中多次重复自己的意见的，**法庭**可以制止；陈述内容蔑视法庭、公诉人，损害他人及社会公共利益，或者与本案无关的，应当制止。

修正前	修正后
在公开审理的案件中，被告人最后陈述的内容涉及国家秘密、个人隐私或者商业秘密的，应当制止。	在公开审理的案件中，被告人最后陈述的内容涉及国家秘密、个人隐私或者商业秘密的，应当制止。
第二百三十六条 被告人在最后陈述中提出新的事实、证据，合议庭认为可能影响正确裁判的，应当恢复法庭调查；被告人提出新的辩解理由，合议庭认为可能影响正确裁判的，应当恢复法庭辩论。	**第二百八十八条** 被告人在最后陈述中提出新的事实、证据，合议庭认为可能影响正确裁判的，应当恢复法庭调查；被告人提出新的辩解理由，合议庭认为可能影响正确裁判的，应当恢复法庭辩论。
	第二百八十九条 公诉人当庭发表与起诉书不同的意见，属于变更、追加、补充或者撤回起诉的，人民法院应当要求人民检察院在指定时间内以书面方式提出；必要时，可以宣布休庭。人民检察院在指定时间内未提出的，人民法院应当根据法庭审理情况，就起诉书指控的犯罪事实依法作出判决、裁定。 **人民检察院变更、追加、补充起诉的，人民法院应当给予被告人及其辩护人必要的准备时间。**
	第二百九十条 辩护人应当及时将书面辩护意见提交人民法院。
第四节 评议案件与宣告判决	第五节 评议案件与宣告判决
第二百三十七条 被告人最后陈述后，审判长应当宣布休庭，由合议庭进行评议。	**第二百九十一条** 被告人最后陈述后，审判长应当宣布休庭，由合议庭进行评议。

修正前	修正后
第二百三十八条 开庭审理的全部活动，应当由书记员制作笔录；笔录经审判长审阅后，分别由审判长和书记员签名。	**第二百九十二条** 开庭审理的全部活动，应当由书记员制作笔录；笔录经审判长审阅后，分别由审判长和书记员签名。
第二百三十九条 法庭笔录应当在庭审后交由当事人、法定代理人、辩护人、诉讼代理人阅读或者向其宣读。 法庭笔录中的出庭证人、鉴定人、有专门知识的人的证言、意见部分，应当在庭审后分别交由有关人员阅读或者向其宣读。 前两款所列人员认为记录有遗漏或者差错的，可以请求补充或者改正；确认无误后，应当签名；拒绝签名的，应当记录在案；要求改变庭审中陈述的，不予准许。	**第二百九十三条** 法庭笔录应当在庭审后交由当事人、法定代理人、辩护人、诉讼代理人阅读或者向其宣读。 法庭笔录中的出庭证人、鉴定人、有专门知识的人**、调查人员、侦查人员或者其他人员**的证言、意见部分，应当在庭审后分别交由有关人员阅读或者向其宣读。 前两款所列人员认为记录有遗漏或者差错的，可以请求补充或者改正；确认无误后，应当签名；拒绝签名的，应当记录在案；要求改变庭审中陈述的，不予准许。
第二百四十条 合议庭评议案件，应当根据已经查明的事实、证据和有关法律规定，在充分考虑控辩双方意见的基础上，确定被告人是否有罪、构成何罪，有无从重、从轻、减轻或者免除处罚情节，应否处以刑罚、判处何种刑罚，附带民事诉讼如何解决，查封、扣押、冻结的财物及其孳息如何处理等，并依法作出判决、裁定。	**第二百九十四条** 合议庭评议案件，应当根据已经查明的事实、证据和有关法律规定，在充分考虑控辩双方意见的基础上，确定被告人是否有罪、构成何罪，有无从重、从轻、减轻或者免除处罚情节，应否处以刑罚、判处何种刑罚，附带民事诉讼如何解决，查封、扣押、冻结的财物及其孳息如何处理等，并依法作出判决、裁定。

修正前	修正后
第二百四十一条 对第一审公诉案件，人民法院审理后，应当按照下列情形分别作出判决、裁定： （一）起诉指控的事实清楚，证据确实、充分，依据法律认定指控被告人的罪名成立的，应当作出有罪判决； （二）起诉指控的事实清楚，证据确实、充分，指控的罪名与审理认定的罪名不一致的，应当按照审理认定的罪名作出有罪判决； （三）案件事实清楚，证据确实、充分，依据法律认定被告人无罪的，应当判决宣告被告人无罪； （四）证据不足，不能认定被告人有罪的，应当以证据不足、指控的犯罪不能成立，判决宣告被告人无罪； （五）案件部分事实清楚，证据确实、充分的，应当作出有罪或者无罪的判决；对事实不清、证据不足部分，不予认定； （六）被告人因不满十六周岁，不予刑事处罚的，应当判决宣告被告人不负刑事责任； （七）被告人是精神病人，在不能辨认或者不能控制自己行为时造成危害结果，不予刑事处罚的，应当判决宣告被告人不负刑事责任；	**第二百九十五条** 对第一审公诉案件，人民法院审理后，应当按照下列情形分别作出判决、裁定： （一）起诉指控的事实清楚，证据确实、充分，依据法律认定指控被告人的罪名成立的，应当作出有罪判决； （二）起诉指控的事实清楚，证据确实、充分，**但指控的罪名不当的**，应当**依据法律和审理认定的事实**作出有罪判决； （三）案件事实清楚，证据确实、充分，依据法律认定被告人无罪的，应当判决宣告被告人无罪； （四）证据不足，不能认定被告人有罪的，应当以证据不足、指控的犯罪不能成立，判决宣告被告人无罪； （五）案件部分事实清楚，证据确实、充分的，应当作出有罪或者无罪的判决；对事实不清、证据不足部分，不予认定； （六）被告人因**未达到刑事责任年龄**，不予刑事处罚的，应当判决宣告被告人不负刑事责任； （七）被告人是精神病人，在不能辨认或者不能控制自己行为时造成危害结果，不予刑事处罚的，应当判决宣告被告人不负刑事责任；**被告人符合强制医疗条件的，应当依照本解释第二十六章的规定进行审理并作出判决；**

修正前	修正后
（八）犯罪已过追诉时效期限且不是必须追诉，或者经特赦令免除刑罚的，应当裁定终止审理； （九）被告人死亡的，应当裁定终止审理；根据已查明的案件事实和认定的证据，能够确认无罪的，应当判决宣告被告人无罪。 具有前款第二项规定情形的，人民法院应当在判决前听取控辩双方的意见，保障被告人、辩护人充分行使辩护权。必要时，可以重新开庭，组织控辩双方围绕被告人的行为构成何罪进行辩论。	（八）犯罪已过追诉时效期限且不是必须追诉，或者经特赦令免除刑罚的，应当裁定终止审理； **（九）属于告诉才处理的案件，应当裁定终止审理，并告知被害人有权提起自诉；** **（十）**被告人死亡的，应当裁定终止审理；**但有证据证明被告人无罪，经缺席审理**确认无罪的，应当判决宣告被告人无罪。 **对涉案财物，人民法院应当根据审理查明的情况，依照本解释第十八章的规定作出处理。** 具有**第一款**第二项规定情形的，人民法院应当在判决前听取控辩双方的意见，保障被告人、辩护人充分行使辩护权。必要时，可以**再次**开庭，组织控辩双方围绕被告人的行为构成何罪**及如何量刑**进行辩论。
第二百四十二条　宣告判决前，人民检察院要求撤回起诉的，人民法院应当审查撤回起诉的理由，作出是否准许的裁定。	**第二百九十六条**　**在开庭后、**宣告判决前，人民检察院要求撤回起诉的，人民法院应当审查撤回起诉的理由，作出是否准许的裁定。
第二百四十三条　审判期间，人民法院发现新的事实，可能影响定罪的，可以建议人民检察院补充或者变更起诉；人民检察院不同意或者在七日内未回复意见的，人民法院应当就起诉指控的犯罪事实，依照本解释第二百四十一条的规定作出判决、裁定。	**第二百九十七条**　审判期间，人民法院发现新的事实，可能影响定罪**量刑**的，**或者需要补查补证的，应当通知**人民检察院，**由其决定是**否补充、变更、**追加**起诉**或者补充侦查**。 人民检察院不同意或者在**指定时间**内未回复**书面**意见的，人民法院应当就起诉指控的事实，依照本解释**第二百九十五条**的规定作出判决、裁定。

修正前	修正后
第二百四十四条 对依照本解释第一百八十一条第一款第四项规定受理的案件，人民法院应当在判决中写明被告人曾被人民检察院提起公诉，因证据不足，指控的犯罪不能成立，被人民法院依法判决宣告无罪的情况；前案依照刑事诉讼法第一百九十五条第三项规定作出的判决不予撤销。	**第二百九十八条** 对依照本解释**第二百一十九条第一款第五项**规定受理的案件，人民法院应当在判决中写明被告人曾被人民检察院提起公诉，因证据不足，指控的犯罪不能成立，被人民法院依法判决宣告无罪的情况；前案依照刑事诉讼法**第二百条**第三项规定作出的判决不予撤销。
第二百四十五条 合议庭成员应当在评议笔录上签名，在判决书、裁定书等法律文书上署名。	**第二百九十九条** 合议庭成员、**法官助理、书记员**应当在评议笔录上签名，在判决书、裁定书等法律文书上署名。
第二百四十六条 裁判文书应当写明裁判依据，阐释裁判理由，反映控辩双方的意见并说明采纳或者不予采纳的理由。	**第三百条** 裁判文书应当写明裁判依据，阐释裁判理由，反映控辩双方的意见并说明采纳或者不予采纳的理由。 **适用普通程序审理的被告人认罪的案件，裁判文书可以适当简化。**
	第三百零一条 庭审结束后、评议前，部分合议庭成员不能继续履行审判职责的，人民法院应当依法更换合议庭组成人员，重新开庭审理。 **评议后、宣判前，部分合议庭成员因调动、退休等正常原因不能参加宣判，在不改变原评议结论的情况下，可以由审判本案的其他审判员宣判，裁判文书上仍署审判本案的合议庭成员的姓名。**

修正前	修正后
第二百四十七条 当庭宣告判决的，应当在五日内送达判决书。定期宣告判决的，应当在宣判前，先期公告宣判的时间和地点，传唤当事人并通知公诉人、法定代理人、辩护人和诉讼代理人；判决宣告后，应当立即送达判决书。 判决书应当送达人民检察院、当事人、法定代理人、辩护人、诉讼代理人，并可以送达被告人的近亲属。判决生效后，还应当送达被告人的所在单位或者原户籍地的公安派出所，或者被告单位的注册登记机关。	**第三百零二条** 当庭宣告判决的，应当在五日**以**内送达判决书。定期宣告判决的，应当在宣判前，先期公告宣判的时间和地点，传唤当事人并通知公诉人、法定代理人、辩护人和诉讼代理人；判决宣告后，应当立即送达判决书。 **第三百零三条** 判决书应当送达人民检察院、当事人、法定代理人、辩护人、诉讼代理人，并可以送达被告人的近亲属。**被害人死亡，其近亲属申请领取判决书的，人民法院应当及时提供。** 判决生效后，还应当送达被告人的所在单位或者户籍地的公安派出所，或者被告单位的注册登记机关。**被告人系外国人，且在境内有居住地的，应当送达居住地的公安派出所。**
第二百四十八条 宣告判决，一律公开进行。公诉人、辩护人、诉讼代理人、被害人、自诉人或者附带民事诉讼原告人未到庭的，不影响宣判的进行。 宣告判决结果时，法庭内全体人员应当起立。	**第三百零四条** 宣告判决，一律公开进行。宣告判决结果时，法庭内全体人员应当起立。 公诉人、辩护人、诉讼代理人、被害人、自诉人或者附带民事诉讼原告人未到庭的，不影响宣判的进行。
第五节 法庭纪律与其他规定	第六节 法庭纪律与其他规定
	第三百零五条 在押被告人出庭受审时，不着监管机构的识别服。 **庭审期间不得对被告人使用戒具，但法庭认为其人身危险性大，可能危害法庭安全的除外。**

修正前	修正后
第二百四十九条　法庭审理过程中，诉讼参与人、旁听人员应当遵守以下纪律： （一）服从法庭指挥，遵守法庭礼仪； （二）不得鼓掌、喧哗、哄闹、随意走动； （三）不得对庭审活动进行录音、录像、摄影，或者通过发送邮件、博客、微博客等方式传播庭审情况，但经人民法院许可的新闻记者除外； （四）旁听人员不得发言、提问； （五）不得实施其他扰乱法庭秩序的行为。	**第三百零六条　庭审期间，全体人员应当**服从法庭指挥，遵守法庭纪律，**尊重司法**礼仪，**不得实施下列行为：** **（一）**鼓掌、喧哗、随意走动； **（二）吸烟、进食；** **（三）拨打、接听电话，或者使用即时通讯工具；** **（四）**对庭审活动进行录音、录像、**拍照或者使用即时通讯工具**等传播庭审**活动；** （五）其他**危害法庭安全或者**扰乱法庭秩序的行为。 旁听人员**不得进入审判活动区，不得随意站立、走动，**不得发言和提问。 **记者经许可实施第一款第四项规定的行为，应当在指定的时间及区域进行，不得干扰庭审活动。**
第二百五十条　法庭审理过程中，诉讼参与人或者旁听人员扰乱法庭秩序的，审判长应当按照下列情形分别处理： （一）情节较轻的，应当警告制止并进行训诫； （二）不听制止的，可以指令法警强行带出法庭； （三）情节严重的，报经院长批准后，可以对行为人处一千元以下的罚款或者十五日以下的拘留；	**第三百零七条　有关人员危害法庭安全或者**扰乱法庭秩序的，审判长应当按照下列情形分别处理： （一）情节较轻的，应当警告制止；**根据具体情况，也可以**进行训诫； （二）**训诫无效的，责令退出法庭；拒不退出的，**指令法警强行带出法庭； （三）情节严重的，报经院长批准后，可以对行为人处一千元以下的罚款或者十五日以下的拘留。

修正前	修正后
~~（四）~~未经许可录音、录像、摄影或者通过邮件、博客、微博客等方式传播庭审情况的，可以暂扣存储介质或者相关设备。 诉讼参与人、旁听人员对罚款、拘留的决定不服的，可以直接向上一级人民法院申请复议，也可以通过决定罚款、拘留的人民法院向上一级人民法院申请复议。通过决定罚款、拘留的人民法院申请复议的，该人民法院应当自收到复议申请之日起三日内，将复议申请、罚款或者拘留决定书和有关事实、证据材料一并报上一级人民法院复议。复议期间，不停止决定的执行。	未经许可**对庭审活动进行**录音、录像、**拍照或者使用即时通讯工具等**传播庭审**活动**的，可以暂扣**相关设备及存储介质，删除相关内容。** **有关人员**对罚款、拘留的决定不服的，可以直接向上一级人民法院申请复议，也可以通过决定罚款、拘留的人民法院向上一级人民法院申请复议。通过决定罚款、拘留的人民法院申请复议的，该人民法院应当自收到复议申请之日起三日**以**内，将复议申请、罚款或者拘留决定书和有关事实、证据材料一并报上一级人民法院复议。复议期间，不停止决定的执行。
第二百五十一条 担任辩护人、诉讼代理人的律师严重扰乱法庭秩序，被强行带出法庭或者被处以罚款、拘留的，人民法院应当通报司法行政机关，并可以建议依法给予相应处罚。	**第三百零八条** 担任辩护人、诉讼代理人的律师严重扰乱法庭秩序，被强行带出法庭或者被处以罚款、拘留的，人民法院应当通报司法行政机关，并可以建议依法给予相应处罚。
第二百五十二条 ~~聚众~~哄闹、冲击法庭~~或者~~侮辱、诽谤、威胁、殴打司法工作人员或者诉讼参与人~~，严重~~扰乱法庭秩序，构成犯罪的，~~应当~~依法追究刑事责任~~。~~	**第三百零九条 实施下列行为之一，危害法庭安全或者**扰乱法庭秩序，构成犯罪的，依法追究刑事责任： **（一）非法携带枪支、弹药、管制刀具或者爆炸性、易燃性、毒害性、放射性以及传染病病原体等危险物质进入法庭；**

修正前	修正后
	（二）哄闹、冲击法庭； （三）侮辱、诽谤、威胁、殴打司法工作人员或者诉讼参与人； **（四）毁坏法庭设施，抢夺、损毁诉讼文书、证据；** **（五）其他危害法庭安全或者扰乱法庭秩序的行为。**
第二百五十三条 辩护人严重扰乱法庭秩序，被强行带出法庭或者被处以罚款、拘留，被告人自行辩护的，庭审继续进行；被告人要求另行委托辩护人，或者被告人属于应当提供法律援助情形的，应当宣布休庭。	**第三百一十条** 辩护人严重扰乱法庭秩序，被**责令退出法庭**、强行带出法庭或者被处以罚款、拘留，被告人自行辩护的，庭审继续进行；被告人要求另行委托辩护人，或者被告人属于应当提供法律援助情形的，应当宣布休庭。 **辩护人、诉讼代理人被责令退出法庭、强行带出法庭或者被处以罚款后，具结保证书，保证服从法庭指挥、不再扰乱法庭秩序的，经法庭许可，可以继续担任辩护人、诉讼代理人。** **辩护人、诉讼代理人具有下列情形之一的，不得继续担任同一案件的辩护人、诉讼代理人：** **（一）擅自退庭的；** **（二）无正当理由不出庭或者不按时出庭，严重影响审判顺利进行的；** **（三）被拘留或者具结保证书后再次被责令退出法庭、强行带出法庭的。**

修正前	修正后
第二百五十四条 被告人当庭拒绝辩护人辩护，要求另行委托辩护人或者指派律师的，合议庭应当准许。被告人拒绝辩护人辩护后，没有辩护人的，应当宣布休庭；仍有辩护人的，庭审可以继续进行。 有多名被告人的案件，部分被告人拒绝辩护人辩护后，没有辩护人的，根据案件情况，可以对该被告人另案处理，对其他被告人的庭审继续进行。 重新开庭后，被告人再次当庭拒绝辩护人辩护的，可以准许，但被告人不得再次另行委托辩护人或者要求另行指派律师，由其自行辩护。 被告人属于应当提供法律援助的情形，重新开庭后再次当庭拒绝辩护人辩护的，不予准许。	**第三百一十一条 被告人在一个审判程序中更换辩护人一般不得超过两次。** 被告人当庭拒绝辩护人辩护，要求另行委托辩护人或者指派律师的，合议庭应当准许。被告人拒绝辩护人辩护后，没有辩护人的，应当宣布休庭；仍有辩护人的，庭审可以继续进行。 有多名被告人的案件，部分被告人拒绝辩护人辩护后，没有辩护人的，根据案件情况，可以对该**部分**被告人另案处理，对其他被告人的庭审继续进行。 重新开庭后，被告人再次当庭拒绝辩护人辩护的，可以准许，但被告人不得再次另行委托辩护人或者要求另行指派律师，由其自行辩护。 被告人属于应当提供法律援助的情形，重新开庭后再次当庭拒绝辩护人辩护的，不予准许。
第二百五十五条 法庭审理过程中，辩护人拒绝为被告人辩护~~的~~，应当准许；是否继续庭审，参照适用前条~~的~~规定。	**第三百一十二条** 法庭审理过程中，辩护人拒绝为被告人辩护，**有正当理由的，**应当准许；是否继续庭审，参照适用前条规定。
第二百五十六条 依照前两条规定另行委托辩护人或者指派律师的，自案件宣布休庭之日起至第十五日止，由辩护人准备辩护，但被告人及其辩护人自愿缩短时间的除外。	**第三百一十三条** 依照前两条规定另行委托辩护人或者**通知法律援助机构**指派律师的，自案件宣布休庭之日起至第十五日止，由辩护人准备辩护，但被告人及其辩护人自愿缩短时间的除外。

修正前	修正后
	庭审结束后、判决宣告前另行委托辩护人的，可以不重新开庭；辩护人提交书面辩护意见的，应当接受。
第二百五十七条 有多名被告人的案件，部分被告人具有刑事诉讼法第二百条第一款规定情形的，人民法院可以对全案中止审理；根据案件情况，也可以对该部分被告人中止审理，对其他被告人继续审理。 对中止审理的部分被告人，可以根据案件情况另案处理。	**第三百一十四条** 有多名被告人的案件，部分被告人具有刑事诉讼法**第二百零六条**第一款规定情形的，人民法院可以对全案中止审理；根据案件情况，也可以对该部分被告人中止审理，对其他被告人继续审理。 对中止审理的部分被告人，可以根据案件情况另案处理。
第二百五十八条 人民检察院认为人民法院审理案件违反法定程序，在庭审后提出书面纠正意见，人民法院认为正确的，应当采纳。	**第三百一十五条** 人民检察院认为人民法院审理案件违反法定程序，在庭审后提出书面纠正意见，人民法院认为正确的，应当采纳。
第十章 自诉案件第一审程序	**第十章 自诉案件第一审程序**
第二百五十九条 人民法院受理自诉案件必须符合下列条件： （一）符合刑事诉讼法第二百零四条、本解释第一条的规定； （二）属于本院管辖； （三）被害人告诉； （四）有明确的被告人、具体的诉讼请求和证明被告人犯罪事实的证据。	**第三百一十六条** 人民法院受理自诉案件必须符合下列条件： （一）符合刑事诉讼法**第二百一十条**、本解释第一条的规定； （二）属于本院管辖； （三）被害人告诉； （四）有明确的被告人、具体的诉讼请求和证明被告人犯罪事实的证据。

修正前	修正后
第二百六十条 本解释第一条规定的案件，如果被害人死亡、丧失行为能力或者因受强制、威吓等无法告诉，或者是限制行为能力人以及因年老、患病、盲、聋、哑等不能亲自告诉，其法定代理人、近亲属告诉或者代为告诉的，人民法院应当依法受理。 被害人的法定代理人、近亲属告诉或者代为告诉，应当提供与被害人关系的证明和被害人不能亲自告诉的原因的证明。	**第三百一十七条** 本解释第一条规定的案件，如果被害人死亡、丧失行为能力或者因受强制、威吓等无法告诉，或者是限制行为能力人以及因年老、患病、盲、聋、哑等不能亲自告诉，其法定代理人、近亲属告诉或者代为告诉的，人民法院应当依法受理。 被害人的法定代理人、近亲属告诉或者代为告诉**的**，应当提供与被害人关系的证明和被害人不能亲自告诉的原因的证明。
第二百六十一条 提起自诉应当提交刑事自诉状；同时提起附带民事诉讼的，应当提交刑事附带民事自诉状。	**第三百一十八条** 提起自诉应当提交刑事自诉状；同时提起附带民事诉讼的，应当提交刑事附带民事自诉状。
第二百六十二条 自诉状应当包括以下内容： （一）自诉人（代为告诉人）、被告人的姓名、性别、年龄、民族、出生地、文化程度、职业、工作单位、住址、联系方式； （二）被告人实施犯罪的时间、地点、手段、情节和危害后果等； （三）具体的诉讼请求； （四）致送的人民法院和具状时间； （五）证据的名称、来源等； （六）证人的姓名、住址、联系方式等。 对两名以上被告人提出告诉的，应当按照被告人的人数提供自诉状副本。	**第三百一十九条** 自诉状**一般**应当包括以下内容： （一）自诉人（代为告诉人）、被告人的姓名、性别、年龄、民族、出生地、文化程度、职业、工作单位、住址、联系方式； （二）被告人实施犯罪的时间、地点、手段、情节和危害后果等； （三）具体的诉讼请求； （四）致送的人民法院和具状时间； （五）证据的名称、来源等； （六）证人的姓名、住址、联系方式等。 对两名以上被告人提出告诉的，应当按照被告人的人数提供自诉状副本。

<table>
<tr><th>修正前</th><th>修正后</th></tr>
<tr><td>第二百六十三条　对自诉案件，人民法院应当在十五日内审查完毕。经审查，符合受理条件的，应当决定立案，并书面通知自诉人或者代为告诉人。
具有下列情形之一的，应当说服自诉人撤回起诉；自诉人不撤回起诉的，裁定不予受理：
（一）不属于本解释第一条规定的案件的；
（二）缺乏罪证的；
（三）犯罪已过追诉时效期限的；
（四）被告人死亡的；
（五）被告人下落不明的；
（六）除因证据不足而撤诉的以外，自诉人撤诉后，就同一事实又告诉的；
（七）经人民法院调解结案后，自诉人反悔，就同一事实再行告诉的。</td><td>第三百二十条　对自诉案件，人民法院应当在十五日以内审查完毕。经审查，符合受理条件的，应当决定立案，并书面通知自诉人或者代为告诉人。
具有下列情形之一的，应当说服自诉人撤回起诉；自诉人不撤回起诉的，裁定不予受理：
（一）不属于本解释第一条规定的案件的；
（二）缺乏罪证的；
（三）犯罪已过追诉时效期限的；
（四）被告人死亡的；
（五）被告人下落不明的；
（六）除因证据不足而撤诉的以外，自诉人撤诉后，就同一事实又告诉的；
（七）经人民法院调解结案后，自诉人反悔，就同一事实再行告诉的；
（八）属于本解释第一条第二项规定的案件，公安机关正在立案侦查或者人民检察院正在审查起诉的；
（九）不服人民检察院对未成年犯罪嫌疑人作出的附条件不起诉决定或者附条件不起诉考验期满后作出的不起诉决定，向人民法院起诉的。</td></tr>
</table>

修正前	修正后
第二百六十四条 对已经立案，经审查缺乏罪证的自诉案件，自诉人提不出补充证据的，人民法院应当说服其撤回起诉或者裁定驳回起诉；自诉人撤回起诉或者被驳回起诉后，又提出了新的足以证明被告人有罪的证据，再次提起自诉的，人民法院应当受理。	**第三百二十一条** 对已经立案，经审查缺乏罪证的自诉案件，自诉人提不出补充证据的，人民法院应当说服其撤回起诉或者裁定驳回起诉；自诉人撤回起诉或者被驳回起诉后，又提出了新的足以证明被告人有罪的证据，再次提起自诉的，人民法院应当受理。
第二百六十五条 自诉人对不予受理或者驳回起诉的裁定不服的，可以提起上诉。 第二审人民法院查明第一审人民法院作出的不予受理裁定有错误的，应当在撤销原裁定的同时，指令第一审人民法院立案受理；查明第一审人民法院驳回起诉裁定有错误的，应当在撤销原裁定的同时，指令第一审人民法院进行审理。	**第三百二十二条** 自诉人对不予受理或者驳回起诉的裁定不服的，可以提起上诉。 第二审人民法院查明第一审人民法院作出的不予受理裁定有错误的，应当在撤销原裁定的同时，指令第一审人民法院立案受理；查明第一审人民法院驳回起诉裁定有错误的，应当在撤销原裁定的同时，指令第一审人民法院进行审理。
第二百六十六条 自诉人明知有其他共同侵害人，但只对部分侵害人提起自诉的，人民法院应当受理，并告知其放弃告诉的法律后果；自诉人放弃告诉，判决宣告后又对其他共同侵害人就同一事实提起自诉的，人民法院不予受理。 共同被害人中只有部分人告诉的，人民法院应当通知其他被害人参加诉讼，并告知其不参加诉讼的法律后果。被通知人接到通知后表示不参加诉讼或者不出庭的，视为放弃告诉。第一审宣判后，被通知	**第三百二十三条** 自诉人明知有其他共同侵害人，但只对部分侵害人提起自诉的，人民法院应当受理，并告知其放弃告诉的法律后果；自诉人放弃告诉，判决宣告后又对其他共同侵害人就同一事实提起自诉的，人民法院不予受理。 共同被害人中只有部分人告诉的，人民法院应当通知其他被害人参加诉讼，并告知其不参加诉讼的法律后果。被通知人接到通知后表示不参加诉讼或者不出庭的，视为放弃告诉。第一审宣判后，被通知

修正前	修正后
人就同一事实又提起自诉的，人民法院不予受理。但是，当事人另行提起民事诉讼的，不受本解释限制。	人就同一事实又提起自诉的，人民法院不予受理。但是，当事人另行提起民事诉讼的，不受本解释限制。
第二百六十七条 被告人实施两个以上犯罪行为，分别属于公诉案件和自诉案件，人民法院可以一并审理。对自诉部分的审理，适用本章的规定。	**第三百二十四条** 被告人实施两个以上犯罪行为，分别属于公诉案件和自诉案件，人民法院可以一并审理。对自诉部分的审理，适用本章的规定。
第二百六十八条 自诉案件当事人因客观原因不能取得的证据，申请人民法院调取的，应当说明理由，并提供相关线索或者材料。人民法院认为有必要的，应当及时调取。	**第三百二十五条** 自诉案件当事人因客观原因不能取得的证据，申请人民法院调取的，应当说明理由，并提供相关线索或者材料。人民法院认为有必要的，应当及时调取。 **对通过信息网络实施的侮辱、诽谤行为，被害人向人民法院告诉，但提供证据确有困难的，人民法院可以要求公安机关提供协助。**
第二百六十九条 对犯罪事实清楚，有足够证据的自诉案件，应当开庭审理。	**第三百二十六条** 对犯罪事实清楚，有足够证据的自诉案件，应当开庭审理。
第二百七十条 自诉案件；符合简易程序适用条件的，可以适用简易程序审理。 不适用简易程序审理的自诉案件，参照适用公诉案件第一审普通程序的有关规定。	**第三百二十七条** 自诉案件符合简易程序适用条件的，可以适用简易程序审理。 不适用简易程序审理的自诉案件，参照适用公诉案件第一审普通程序的有关规定。
第二百七十一条 人民法院审理自诉案件，可以在查明事实、分清是非的基础上，根据自愿、合法的原则进行调解。调解达成协议的，	**第三百二十八条** 人民法院审理自诉案件，可以在查明事实、分清是非的基础上，根据自愿、合法的原则进行调解。调解达成协议的，

修正前	修正后
应当制作刑事调解书，由审判人员<u>和</u>书记员署名，并加盖人民法院印章。调解书经双方当事人签收后，即具有法律效力。调解没有达成协议，或者调解书签收前当事人反悔的，应当及时作出判决。 刑事诉讼法<u>第二百零四条</u>第三项规定的案件不适用调解。	应当制作刑事调解书，由审判人员、**法官助理**、书记员署名，并加盖人民法院印章。调解书经双方当事人签收后，即具有法律效力。调解没有达成协议，或者调解书签收前当事人反悔的，应当及时作出判决。 刑事诉讼法**第二百一十条**第三项规定的案件不适用调解。
第二百七十二条　判决宣告前，自诉案件的当事人可以自行和解，自诉人可以撤回自诉。 人民法院经审查，认为和解、撤回自诉确属自愿的，应当裁定准许；认为系被强迫、威吓等，并非~~出于~~自愿的，不予准许。	**第三百二十九条**　判决宣告前，自诉案件的当事人可以自行和解，自诉人可以撤回自诉。 人民法院经审查，认为和解、撤回自诉确属自愿的，应当裁定准许；认为系被强迫、威吓等，并非自愿的，不予准许。
第二百七十三条　裁定准许撤诉~~或者当事人自行和解~~的自诉案件，被告人被采取强制措施的，人民法院应当立即解除。	**第三百三十条**　裁定准许撤诉的自诉案件，被告人被采取强制措施的，人民法院应当立即解除。
第二百七十四条　自诉人经两次传唤，无正当理由拒不到庭，或者未经法庭准许中途退庭的，人民法院应当裁定按撤诉处理。 部分自诉人撤诉或者被裁定按撤诉处理的，不影响案件的继续审理。	**第三百三十一条**　自诉人经两次传唤，无正当理由拒不到庭，或者未经法庭准许中途退庭的，人民法院应当裁定按撤诉处理。 部分自诉人撤诉或者被裁定按撤诉处理的，不影响案件的继续审理。
第二百七十五条　被告人在自诉案件审判期间下落不明的，人民法院<u>应当</u>裁定中止审理。<u>被告人到案后，应当恢复审理，必要时应当</u>对被告人依法<u>采取强制措施</u>。	**第三百三十二条**　被告人在自诉案件审判期间下落不明的，人民法院**可以**裁定中止审理；**符合条件的，可以**对被告人依法**决定逮捕**。

修正前	修正后
第二百七十六条 对自诉案件，应当参照刑事诉讼法第一百九十五条和本解释第二百四十一条的有关规定作出判决；对依法宣告无罪的案件，其附带民事部分应当依法进行调解或者一并作出判决。	**第三百三十三条** 对自诉案件，应当参照刑事诉讼法**第二百条**和本解释**第二百九十五条**的有关规定作出判决。对依法宣告无罪的案件，**有附带民事诉讼的，**其附带民事部分**可以**依法进行调解或者一并作出判决，**也可以告知附带民事诉讼原告人另行提起民事诉讼**。
第二百七十七条 告诉才处理和被害人有证据证明的轻微刑事案件的被告人或者其法定代理人在诉讼过程中，可以对自诉人提起反诉。反诉必须符合下列条件： （一）反诉的对象必须是本案自诉人； （二）反诉的内容必须是与本案有关的行为； （三）反诉的案件必须符合本解释第一条第一项、第二项的规定。 反诉案件适用自诉案件的规定，应当与自诉案件一并审理。自诉人撤诉的，不影响反诉案件的继续审理。	**第三百三十四条** 告诉才处理和被害人有证据证明的轻微刑事案件的被告人或者其法定代理人在诉讼过程中，可以对自诉人提起反诉。反诉必须符合下列条件： （一）反诉的对象必须是本案自诉人； （二）反诉的内容必须是与本案有关的行为； （三）反诉的案件必须符合本解释第一条第一项、第二项的规定。 反诉案件适用自诉案件的规定，应当与自诉案件一并审理。自诉人撤诉的，不影响反诉案件的继续审理。
第十一章 单位犯罪案件的审理	**第十一章 单位犯罪案件的审理**
第二百七十八条 人民法院受理单位犯罪案件，除依照本解释第一百八十条的有关规定进行审查外，还应当审查起诉书是否列明被告单位的名称、住所地、联系方式，	**第三百三十五条** 人民法院受理单位犯罪案件，除依照本解释**第二百一十八条**的有关规定进行审查外，还应当审查起诉书是否列明被告单位的名称、住所地、联系方式，

修正前	修正后
法定代表人、主要负责人以及代表被告单位出庭的诉讼代表人的姓名、职务、联系方式。需要人民检察院补充材料的，应当通知人民检察院在三日内补送。	法定代表人、**实际控制人**、主要负责人以及代表被告单位出庭的诉讼代表人的姓名、职务、联系方式。需要人民检察院补充材料的，应当通知人民检察院在三日**以**内补送。
第二百七十九条 被告单位的诉讼代表人，应当是法定代表人或者主要负责人；法定代表人或者主要负责人被指控为单位犯罪直接负责的主管人员或者因客观原因无法出庭的，应当由被告单位委托其他负责人或者职工作为诉讼代表人。但是，有关人员被指控为单位犯罪~~的其他~~直接责任人员或者知道案件情况、负有作证义务的除外。	**第三百三十六条** 被告单位的诉讼代表人，应当是法定代表人、**实际控制人**或者主要负责人；法定代表人、**实际控制人**或者主要负责人被指控为单位犯罪**直接责任人员**或者因客观原因无法出庭的，应当由被告单位委托其他负责人或者职工作为诉讼代表人。但是，有关人员被指控为单位犯罪直接责任人员或者知道案件情况、负有作证义务的除外。 **依据前款规定难以确定诉讼代表人的，可以由被告单位委托律师等单位以外的人员作为诉讼代表人。** **诉讼代表人不得同时担任被告单位或者被指控为单位犯罪直接责任人员的有关人员的辩护人。**
第二百八十条 开庭审理单位犯罪案件，应当通知被告单位的诉讼代表人出庭；没有诉讼代表人参与诉讼的，应当要求人民检察院确定。 被告单位的诉讼代表人不出庭的，应当按照下列情形分别处理：	**第三百三十七条** 开庭审理单位犯罪案件，应当通知被告单位的诉讼代表人出庭；**诉讼代表人不符合前条规定的**，应当要求人民检察院**另行**确定。 被告单位的诉讼代表人不出庭的，应当按照下列情形分别处理：

修正前	修正后
（一）诉讼代表人系被告单位的法定代表人或者主要负责人，无正当理由拒不出庭的，可以拘传其到庭；因客观原因无法出庭，或者下落不明的，应当要求人民检察院另行确定诉讼代表人； （二）诉讼代表人系~~被告单位的~~其他人员的，应当要求人民检察院另行确定诉讼代表人~~出庭~~。	（一）诉讼代表人系被告单位的法定代表人、**实际控制人**或者主要负责人，无正当理由拒不出庭的，可以拘传其到庭；因客观原因无法出庭，或者下落不明的，应当要求人民检察院另行确定诉讼代表人； （二）诉讼代表人系其他人员的，应当要求人民检察院另行确定诉讼代表人。
第二百八十一条 被告单位的诉讼代表人享有刑事诉讼法规定的有关被告人的诉讼权利。开庭时，诉讼代表人席位置于审判台前左侧，与辩护人席并列。	**第三百三十八条** 被告单位的诉讼代表人享有刑事诉讼法规定的有关被告人的诉讼权利。开庭时，诉讼代表人席位置于审判台前左侧，与辩护人席并列。
第二百八十二条 被告单位委托辩护人，参照适用本解释的有关规定。	**第三百三十九条** 被告单位委托辩护人**的**，参照适用本解释的有关规定。
第二百八十三条 对应当认定为单位犯罪的案件，人民检察院只作为自然人犯罪起诉的，人民法院应当建议人民检察院对犯罪单位补充起诉。人民检察院仍以自然人犯罪起诉的，人民法院应当依法审理，按照单位犯罪~~中的~~直接负责的主管人员或者其他直接责任人员追究刑事责任，并援引刑法分则关于追究单位犯罪中直接负责的主管人员和其他直接责任人员刑事责任的条款。	**第三百四十条** 对应当认定为单位犯罪的案件，人民检察院只作为自然人犯罪起诉的，人民法院应当建议人民检察院对犯罪单位**追加**起诉。人民检察院仍以自然人犯罪起诉的，人民法院应当依法审理，按照单位犯罪直接负责的主管人员或者其他直接责任人员追究刑事责任，并援引刑法分则关于追究单位犯罪中直接负责的主管人员和其他直接责任人员刑事责任的条款。

修正前	修正后
第二百八十四条 被告单位的违法所得及其孳息，尚未被依法追缴或者查封、扣押、冻结的，人民法院应当决定追缴或者查封、扣押、冻结。	**第三百四十一条** 被告单位的违法所得及**其他涉案财物**，尚未被依法追缴或者查封、扣押、冻结的，人民法院应当决定追缴或者查封、扣押、冻结。
第二百八十五条 为保证判决的执行，人民法院可以先行查封、扣押、冻结被告单位的财产，或者由被告单位提出担保。	**第三百四十二条** 为保证判决的执行，人民法院可以先行查封、扣押、冻结被告单位的财产，或者由被告单位提出担保。
	第三百四十三条 采取查封、扣押、冻结等措施，应当严格依照法定程序进行，最大限度降低对被告单位正常生产经营活动的影响。
第二百八十六条 审判期间，被告单位被撤销、注销~~、吊销营业执照或者宣告破产~~的，对单位犯罪直接负责的主管人员和其他直接责任人员应当继续审理。	**第三百四十四条** 审判期间，**被告单位被吊销营业执照、宣告破产但尚未完成清算、注销登记的，应当继续审理；**被告单位被撤销、注销的，对单位犯罪直接负责的主管人员和其他直接责任人员应当继续审理。
第二百八十七条 审判期间，被告单位合并、分立的，应当将原单位列为被告单位，并注明合并、分立情况。对被告单位所判处的罚金以其在新单位的财产及收益为限。	**第三百四十五条** 审判期间，被告单位合并、分立的，应当将原单位列为被告单位，并注明合并、分立情况。对被告单位所判处的罚金以其在新单位的财产及收益为限。
第二百八十八条 审理单位犯罪案件，本章没有规定的，参照适用本解释的有关规定。	**第三百四十六条** 审理单位犯罪案件，本章没有规定的，参照适用本解释的有关规定。

修正前	修正后
	第十二章　认罪认罚案件的审理
	第三百四十七条　刑事诉讼法第十五条规定的“认罪”，是指犯罪嫌疑人、被告人自愿如实供述自己的罪行，对指控的犯罪事实没有异议。 刑事诉讼法第十五条规定的“认罚”，是指犯罪嫌疑人、被告人真诚悔罪，愿意接受处罚。 被告人认罪认罚的，可以依照刑事诉讼法第十五条的规定，在程序上从简、实体上从宽处理。
	第三百四十八条　对认罪认罚案件，应当根据案件情况，依法适用速裁程序、简易程序或者普通程序审理。
	第三百四十九条　对人民检察院提起公诉的认罪认罚案件，人民法院应当重点审查以下内容： （一）人民检察院讯问犯罪嫌疑人时，是否告知其诉讼权利和认罪认罚的法律规定； （二）是否随案移送听取犯罪嫌疑人、辩护人或者值班律师、被害人及其诉讼代理人意见的笔录； （三）被告人与被害人达成调解、和解协议或者取得被害人谅解的，是否随案移送调解、和解协议、被害人谅解书等相关材料； （四）需要签署认罪认罚具结书的，是否随案移送具结书。 未随案移送前款规定的材料的，应当要求人民检察院补充。

修正前	修正后
	第三百五十条　人民法院应当将被告人认罪认罚作为其是否具有社会危险性的重要考虑因素。被告人罪行较轻，采用非羁押性强制措施足以防止发生社会危险性的，应当依法适用非羁押性强制措施。
	第三百五十一条　对认罪认罚案件，法庭审理时应当告知被告人享有的诉讼权利和认罪认罚的法律规定，审查认罪认罚的自愿性和认罪认罚具结书内容的真实性、合法性。
	第三百五十二条　对认罪认罚案件，人民检察院起诉指控的事实清楚，但指控的罪名与审理认定的罪名不一致的，人民法院应当听取人民检察院、被告人及其辩护人对审理认定罪名的意见，依法作出判决。
	第三百五十三条　对认罪认罚案件，人民法院经审理认为量刑建议明显不当，或者被告人、辩护人对量刑建议提出异议的，人民检察院可以调整量刑建议。人民检察院不调整或者调整后仍然明显不当的，人民法院应当依法作出判决。 适用速裁程序审理认罪认罚案件，需要调整量刑建议的，应当在庭前或者当庭作出调整；调整量刑建议后，仍然符合速裁程序适用条件的，继续适用速裁程序审理。

修正前	修正后
	第三百五十四条　对量刑建议是否明显不当，应当根据审理认定的犯罪事实、认罪认罚的具体情况，结合相关犯罪的法定刑、类似案件的刑罚适用等作出审查判断。
	第三百五十五条　对认罪认罚案件，人民法院一般应当对被告人从轻处罚；符合非监禁刑适用条件的，应当适用非监禁刑；具有法定减轻处罚情节的，可以减轻处罚。 对认罪认罚案件，应当根据被告人认罪认罚的阶段早晚以及认罪认罚的主动性、稳定性、彻底性等，在从宽幅度上体现差异。 共同犯罪案件，部分被告人认罪认罚的，可以依法对该部分被告人从宽处罚，但应当注意全案的量刑平衡。
	第三百五十六条　被告人在人民检察院提起公诉前未认罪认罚，在审判阶段认罪认罚的，人民法院可以不再通知人民检察院提出或者调整量刑建议。 对前款规定的案件，人民法院应当就定罪量刑听取控辩双方意见，根据刑事诉讼法第十五条和本解释第三百五十五条的规定作出判决。
	第三百五十七条　对被告人在第一审程序中未认罪认罚，在第二审程序中认罪认罚的案件，应当根据其认罪认罚的具体情况决定是否从宽，并依法作出裁判。确定从宽幅度时应当与第一审程序认罪认罚有所区别。

修正前	修正后
	第三百五十八条　案件审理过程中，被告人不再认罪认罚的，人民法院应当根据审理查明的事实，依法作出裁判。需要转换程序的，依照本解释的相关规定处理。
第十二章　简易程序	**第十三章　简易程序**
第二百八十九条　基层人民法院受理公诉案件后，经审查认为案件事实清楚、证据充分的，在将起诉书副本送达被告人时，应当询问被告人对指控的犯罪事实的意见，告知其适用简易程序的法律规定。被告人对指控的犯罪事实没有异议并同意适用简易程序的，可以决定适用简易程序，并在开庭前通知人民检察院和辩护人。 对人民检察院建议适用简易程序审理的案件，依照前款的规定处理；不符合简易程序适用条件的，应当通知人民检察院。	**第三百五十九条**　基层人民法院受理公诉案件后，经审查认为案件事实清楚、证据充分的，在将起诉书副本送达被告人时，应当询问被告人对指控的犯罪事实的意见，告知其适用简易程序的法律规定。被告人对指控的犯罪事实没有异议并同意适用简易程序的，可以决定适用简易程序，并在开庭前通知人民检察院和辩护人。 对人民检察院建议**或者被告人及其辩护人申请**适用简易程序审理的案件，依照前款规定处理；不符合简易程序适用条件的，应当通知人民检察院**或者被告人及其辩护人**。
第二百九十条　具有下列情形之一的，不适用简易程序： （一）被告人是盲、聋、哑人； （二）被告人是尚未完全丧失辨认或者控制自己行为能力的精神病人； （三）有重大社会影响的；	**第三百六十条**　具有下列情形之一的，不适用简易程序： （一）被告人是盲、聋、哑人**的**； （二）被告人是尚未完全丧失辨认或者控制自己行为能力的精神病人**的**； （三）**案件**有重大社会影响的；

修正前	修正后
（四）共同犯罪案件中部分被告人不认罪或者对适用简易程序有异议的； （五）辩护人作无罪辩护的； （六）被告人认罪但经审查认为可能不构成犯罪的； （七）不宜适用简易程序审理的其他情形。	（四）共同犯罪案件中部分被告人不认罪或者对适用简易程序有异议的； （五）辩护人作无罪辩护的； （六）被告人认罪但经审查认为可能不构成犯罪的； （七）不宜适用简易程序审理的其他情形。
第二百九十一条 适用简易程序审理的案件，符合刑事诉讼法<u>第三十四条</u>第一款规定的，人民法院应当告知被告人及其近亲属可以申请法律援助。	**第三百六十一条** 适用简易程序审理的案件，符合刑事诉讼法**第三十五条**第一款规定的，人民法院应当告知被告人及其近亲属可以申请法律援助。
第二百九十二条 适用简易程序审理案件，人民法院应当在开庭~~三日~~前~~，~~将开庭的时间、地点通知人民检察院、自诉人、被告人、辩护人，也可以通知其他诉讼参与人。 通知可以采用简便方式，但应当记录在案。	**第三百六十二条** 适用简易程序审理案件，人民法院应当在开庭前将开庭的时间、地点通知人民检察院、自诉人、被告人、辩护人，也可以通知其他诉讼参与人。 通知可以采用简便方式，但应当记录在案。
第二百九十三条 适用简易程序审理案件，被告人有辩护人的，应当通知其出庭。	**第三百六十三条** 适用简易程序审理案件，被告人有辩护人的，应当通知其出庭。
第二百九十四条 适用简易程序审理案件，审判长或者独任审判员应当当庭询问被告人对指控的犯罪事实的意见，告知被告人适用简易程序审理的法律规定，确认被告人是否同意适用简易程序。	**第三百六十四条** 适用简易程序审理案件，审判长或者独任审判员应当当庭询问被告人对指控的犯罪事实的意见，告知被告人适用简易程序审理的法律规定，确认被告人是否同意适用简易程序。

修正前	修正后
第二百九十五条 适用简易程序审理案件，可以对庭审作如下简化： （一）公诉人可以摘要宣读起诉书； （二）公诉人、辩护人、审判人员对被告人的讯问、发问可以简化或者省略； （三）对控辩双方无异议的证据，可以仅就证据的名称及所证明的事项作出说明；对控辩双方有异议；或者法庭认为有必要调查核实的证据，应当出示，并进行质证； （四）控辩双方对与定罪量刑有关的事实、证据没有异议的，法庭审理可以直接围绕罪名确定和量刑问题进行。 适用简易程序审理案件，判决宣告前应当听取被告人的最后陈述。	**第三百六十五条** 适用简易程序审理案件，可以对庭审作如下简化： （一）公诉人可以摘要宣读起诉书； （二）公诉人、辩护人、审判人员对被告人的讯问、发问可以简化或者省略； （三）对控辩双方无异议的证据，可以仅就证据的名称及所证明的事项作出说明；对控辩双方有异议或者法庭认为有必要调查核实的证据，应当出示，并进行质证； （四）控辩双方对与定罪量刑有关的事实、证据没有异议的，法庭审理可以直接围绕罪名确定和量刑问题进行。 适用简易程序审理案件，判决宣告前应当听取被告人的最后陈述。
第二百九十六条 适用简易程序独任审判过程中，发现对被告人可能判处的有期徒刑超过三年的，应当转由合议庭审理。	**第三百六十六条** 适用简易程序独任审判过程中，发现对被告人可能判处的有期徒刑超过三年的，应当转由合议庭审理。
第二百九十七条 适用简易程序审理案件，一般应当当庭宣判。	**第三百六十七条 适用简易程序审理案件，裁判文书可以简化。** 适用简易程序审理案件，一般应当当庭宣判。
第二百九十八条 适用简易程序审理案件，在法庭审理过程中，有下列情形之一的，应当转为普通程序审理：	**第三百六十八条** 适用简易程序审理案件，在法庭审理过程中，**具**有下列情形之一的，应当转为普通程序审理：

修正前	修正后
（一）被告人的行为可能不构成犯罪的； （二）被告人可能不负刑事责任的； （三）被告人当庭对起诉指控的犯罪事实予以否认的； （四）案件事实不清、证据不足的； （五）不应当或者不宜适用简易程序的其他情形。 转为普通程序审理的案件，审理期限应当从决定~~转为普通程序~~之日起计算。	（一）被告人的行为可能不构成犯罪的； （二）被告人可能不负刑事责任的； （三）被告人当庭对起诉指控的犯罪事实予以否认的； （四）案件事实不清、证据不足的； （五）不应当或者不宜适用简易程序的其他情形。 **决定**转为普通程序审理的案件，审理期限应当从**作出**决定之日起计算。
	第十四章　速裁程序
	第三百六十九条　对人民检察院在提起公诉时建议适用速裁程序的案件，基层人民法院经审查认为案件事实清楚，证据确实、充分，可能判处三年有期徒刑以下刑罚的，在将起诉书副本送达被告人时，应当告知被告人适用速裁程序的法律规定，询问其是否同意适用速裁程序。被告人同意适用速裁程序的，可以决定适用速裁程序，并在开庭前通知人民检察院和辩护人。 **对人民检察院未建议适用速裁程序的案件，人民法院经审查认为符合速裁程序适用条件的，可以决定适用速裁程序，并在开庭前通知人民检察院和辩护人。** **被告人及其辩护人可以向人民法院提出适用速裁程序的申请。**

修正前	修正后
	第三百七十条　具有下列情形之一的，不适用速裁程序： （一）被告人是盲、聋、哑人的； （二）被告人是尚未完全丧失辨认或者控制自己行为能力的精神病人的； （三）被告人是未成年人的； （四）案件有重大社会影响的； （五）共同犯罪案件中部分被告人对指控的犯罪事实、罪名、量刑建议或者适用速裁程序有异议的； （六）被告人与被害人或者其法定代理人没有就附带民事诉讼赔偿等事项达成调解、和解协议的； （七）辩护人作无罪辩护的； （八）其他不宜适用速裁程序的情形。
	第三百七十一条　适用速裁程序审理案件，人民法院应当在开庭前将开庭的时间、地点通知人民检察院、被告人、辩护人，也可以通知其他诉讼参与人。 通知可以采用简便方式，但应当记录在案。
	第三百七十二条　适用速裁程序审理案件，可以集中开庭，逐案审理。公诉人简要宣读起诉书后，审判人员应当当庭询问被告人对指控事实、证据、量刑建议以及适用速裁程序的意见，核实具结书签署的自愿性、真实性、合法性，并核实附带民事诉讼赔偿等情况。

修正前	修正后
	第三百七十三条　适用速裁程序审理案件，一般不进行法庭调查、法庭辩论，但在判决宣告前应当听取辩护人的意见和被告人的最后陈述。
	第三百七十四条　适用速裁程序审理案件，裁判文书可以简化。 适用速裁程序审理案件，应当当庭宣判。
	第三百七十五条　适用速裁程序审理案件，在法庭审理过程中，具有下列情形之一的，应当转为普通程序或者简易程序审理： （一）被告人的行为可能不构成犯罪或者不应当追究刑事责任的； （二）被告人违背意愿认罪认罚的； （三）被告人否认指控的犯罪事实的； （四）案件疑难、复杂或者对适用法律有重大争议的； （五）其他不宜适用速裁程序的情形。
	第三百七十六条　决定转为普通程序或者简易程序审理的案件，审理期限应当从作出决定之日起计算。
	第三百七十七条　适用速裁程序审理的案件，第二审人民法院依照刑事诉讼法第二百三十六条第一款第三项的规定发回原审人民法院重新审判的，原审人民法院应当适用第一审普通程序重新审判。

修正前	修正后
第十三章　第二审程序	**第十五章　第二审程序**
第二百九十九条　地方各级人民法院在宣告第一审判决、裁定时，应当告知被告人、自诉人及其法定代理人不服判决、裁定的，有权在法定期限内以书面或者口头形式，通过本院或者直接向上一级人民法院提出上诉；被告人的辩护人、近亲属经被告人同意，也可以提出上诉；附带民事诉讼当事人及其法定代理人，可以对判决、裁定中的附带民事部分提出上诉。 被告人、自诉人、附带民事诉讼当事人及其法定代理人是否提出上诉，以其在上诉期满前最后一次的意思表示为准。	**第三百七十八条**　地方各级人民法院在宣告第一审判决、裁定时，应当告知被告人、自诉人及其法定代理人不服判决**和准许撤回起诉、终止审理等**裁定的，有权在法定期限内以书面或者口头形式，通过本院或者直接向上一级人民法院提出上诉；被告人的辩护人、近亲属经被告人同意，也可以提出上诉；附带民事诉讼当事人及其法定代理人，可以对判决、裁定中的附带民事部分提出上诉。 被告人、自诉人、附带民事诉讼当事人及其法定代理人是否提出上诉，以其在上诉期满前最后一次的意思表示为准。
第三百条　人民法院受理的上诉案件，一般应当有上诉状正本及副本。 上诉状内容应当包括：第一审判决书、裁定书的文号和上诉人收到的时间，第一审人民法院的名称，上诉的请求和理由，提出上诉的时间。被告人的辩护人、近亲属经被告人同意提出上诉的，还应当写明其与被告人的关系，并应当以被告人作为上诉人。	**第三百七十九条**　人民法院受理的上诉案件，一般应当有上诉状正本及副本。 上诉状内容**一般**包括：第一审判决书、裁定书的文号和上诉人收到的时间，第一审人民法院的名称，上诉的请求和理由，提出上诉的时间。被告人的辩护人、近亲属经被告人同意提出上诉的，还应当写明其与被告人的关系，并应当以被告人作为上诉人。

修正前	修正后
第三百零一条 上诉、抗诉必须在法定期限内提出。不服判决的上诉、抗诉的期限为十日；不服裁定的上诉、抗诉的期限为五日。上诉、抗诉的期限，从接到判决书、裁定书的第二日起计算。 对附带民事判决、裁定的上诉、抗诉期限，应当按照刑事部分的上诉、抗诉期限确定。附带民事部分另行审判的，上诉期限也应当按照刑事诉讼法规定的期限确定。	**第三百八十条** 上诉、抗诉必须在法定期限内提出。不服判决的上诉、抗诉的期限为十日；不服裁定的上诉、抗诉的期限为五日。上诉、抗诉的期限，从接到判决书、裁定书的第二日起计算。 对附带民事判决、裁定的上诉、抗诉期限，应当按照刑事部分的上诉、抗诉期限确定。附带民事部分另行审判的，上诉期限也应当按照刑事诉讼法规定的期限确定。
第三百零二条 上诉人通过第一审人民法院提出上诉的，第一审人民法院应当审查。上诉符合法律规定的，应当在上诉期满后三日内将上诉状连同案卷、证据移送上一级人民法院，并将上诉状副本送交同级人民检察院和对方当事人。	**第三百八十一条** 上诉人通过第一审人民法院提出上诉的，第一审人民法院应当审查。上诉符合法律规定的，应当在上诉期满后三日**以**内将上诉状连同案卷、证据移送上一级人民法院，并将上诉状副本送交同级人民检察院和对方当事人。
第三百零三条 上诉人直接向第二审人民法院提出上诉的，第二审人民法院应当在收到上诉状后三日内将上诉状交第一审人民法院。第一审人民法院应当审查上诉是否符合法律规定。符合法律规定的，应当在接到上诉状后三日内将上诉状连同案卷、证据移送上一级人民法院，并将上诉状副本送交同级人民检察院和对方当事人。	**第三百八十二条** 上诉人直接向第二审人民法院提出上诉的，第二审人民法院应当在收到上诉状后三日**以**内将上诉状交第一审人民法院。第一审人民法院应当审查上诉是否符合法律规定。符合法律规定的，应当在接到上诉状后三日**以**内将上诉状连同案卷、证据移送上一级人民法院，并将上诉状副本送交同级人民检察院和对方当事人。

修正前	修正后
第三百零四条 上诉人在上诉期限内要求撤回上诉的，人民法院应当准许。 **第三百零五条** 上诉人在上诉期满后要求撤回上诉的，第二审人民法院~~应当审查。~~经审查，认为原判认定事实和适用法律正确，量刑适当的，应当裁定准许~~撤回上诉~~；认为原判事实不清、证据不足或者将无罪判为有罪、轻罪重判等的，应当不予准许，继续按照上诉案件审理。 被判处死刑立即执行的被告人提出上诉，在第二审开庭后宣告裁判前申请撤回上诉的，应当不予准许，继续按照上诉案件审理。	**第三百八十三条** 上诉人在上诉期限内要求撤回上诉的，人民法院应当准许。 上诉人在上诉期满后要求撤回上诉的，第二审人民法院经审查，认为原判认定事实和适用法律正确，量刑适当的，应当裁定准许；认为原判**确有错误**的，应当不予准许，继续按照上诉案件审理。 被判处死刑立即执行的被告人提出上诉，在第二审开庭后宣告裁判前申请撤回上诉的，应当不予准许，继续按照上诉案件审理。
第三百零六条 地方各级人民检察院对同级人民法院第一审判决、裁定的抗诉，应当通过第一审人民法院提交抗诉书。第一审人民法院应当在抗诉期满后三日内将抗诉书连同案卷、证据移送上一级人民法院，并将抗诉书副本送交当事人。	**第三百八十四条** 地方各级人民检察院对同级人民法院第一审判决、裁定的抗诉，应当通过第一审人民法院提交抗诉书。第一审人民法院应当在抗诉期满后三日**以**内将抗诉书连同案卷、证据移送上一级人民法院，并将抗诉书副本送交当事人。
第三百零七条 人民检察院在抗诉期限内撤回抗诉的，~~第一审~~人民法院不再向上一级人民法院移送案件；在抗诉期满后~~第二审人民法院宣告裁判前~~撤回抗诉的，第二审人民法院可以裁定准许，~~并通知第一审人民法院和当事人。~~	**第三百八十五条** 人民检察院在抗诉期限内**要求**撤回抗诉的，人民法院**应当准许**。 **人民检察院**在抗诉期满后**要求**撤回抗诉的，第二审人民法院可以裁定准许，**但是认为原判存在将无罪判为有罪、轻罪重判等情形的，应当不予准许，继续审理。**

修正前	修正后
	上级人民检察院认为下级人民检察院抗诉不当，向第二审人民法院要求撤回抗诉的，适用前两款规定。
第三百零八条 在上诉、抗诉期满前撤回上诉、抗诉的，第一审判决、裁定在上诉、抗诉期满之日起生效。在上诉、抗诉期满后要求撤回上诉、抗诉，第二审人民法院裁定准许的，第一审判决、裁定应当自第二审裁定书送达上诉人或者抗诉机关之日起生效。	**第三百八十六条** 在上诉、抗诉期满前撤回上诉、抗诉的，第一审判决、裁定在上诉、抗诉期满之日起生效。在上诉、抗诉期满后要求撤回上诉、抗诉，第二审人民法院裁定准许的，第一审判决、裁定应当自第二审裁定书送达上诉人或者抗诉机关之日起生效。
第三百零九条 第二审人民法院对第一审人民法院移送的上诉、抗诉案卷、证据，应当审查是否包括下列内容： （一）移送上诉、抗诉案件函； （二）上诉状或者抗诉书； （三）第一审判决书、裁定书八份（每增加一名被告人增加一份）及其电子文本； （四）全部案卷、证据，包括案件审理报告和其他应当移送的材料。 前款所列材料齐全的，第二审人民法院应当收案；材料不全的，应当通知第一审人民法院及时补送。	**第三百八十七条** 第二审人民法院对第一审人民法院移送的上诉、抗诉案卷、证据，应当审查是否包括下列内容： （一）移送上诉、抗诉案件函； （二）上诉状或者抗诉书； （三）第一审判决书、裁定书八份（每增加一名被告人增加一份）及其电子文本； （四）全部案卷、证据，包括案件审理报告和其他应当移送的材料。 前款所列材料齐全的，第二审人民法院应当收案；材料不全的，应当通知第一审人民法院及时补送。
第三百一十条 第二审人民法院审理上诉、抗诉案件，应当就第一审判决、裁定认定的事实和适用法律进行全面审查，不受上诉、抗诉范围的限制。	**第三百八十八条** 第二审人民法院审理上诉、抗诉案件，应当就第一审判决、裁定认定的事实和适用法律进行全面审查，不受上诉、抗诉范围的限制。

修正前	修正后
第三百一十一条 共同犯罪案件，只有部分被告人提出上诉，或者自诉人只对部分被告人的判决提出上诉，或者人民检察院只对部分被告人的判决提出抗诉的，第二审人民法院应当对全案进行审查，一并处理。	**第三百八十九条** 共同犯罪案件，只有部分被告人提出上诉，或者自诉人只对部分被告人的判决提出上诉，或者人民检察院只对部分被告人的判决提出抗诉的，第二审人民法院应当对全案进行审查，一并处理。
第三百一十二条 共同犯罪案件，上诉的被告人死亡，其他被告人未上诉的，第二审人民法院仍应对全案进行审查。~~经审查，死亡的被告人不构成犯罪的，应当宣告无罪；构成犯罪的，应当终止审理。~~对其他同案被告人~~仍应~~作出判决、裁定。	**第三百九十条** 共同犯罪案件，上诉的被告人死亡，其他被告人未上诉的，**第二审人民法院应当对死亡的被告人终止审理；但有证据证明被告人无罪，经缺席审理确认无罪的，应当判决宣告被告人无罪。** **具有前款规定的情形，**第二审人民法院仍应对全案进行审查，对其他同案被告人作出判决、裁定。
~~**第三百一十三条** 刑事附带民事诉讼案件，只有附带民事诉讼当事人及其法定代理人上诉的，第二审人民法院应当对全案进行审查。经审查，第一审判决的刑事部分并无不当的，第二审人民法院只需就附带民事部分作出处理；第一审判决的附带民事部分事实清楚，适用法律正确的，应当以刑事附带民事裁定维持原判，驳回上诉。~~	
第三百一十五条 对上诉、抗诉案件，应当着重审查下列内容： （一）第一审判决认定的事实是否清楚，证据是否确实、充分；	**第三百九十一条** 对上诉、抗诉案件，应当着重审查下列内容： （一）第一审判决认定的事实是否清楚，证据是否确实、充分；

修正前	修正后
（二）第一审判决适用法律是否正确，量刑是否适当； （三）在侦查、审查起诉、第一审程序中，有无违反法定~~诉讼~~程序的情形； （四）上诉、抗诉是否提出新的事实、证据； （五）被告人的供述和辩解情况； （六）辩护人的辩护意见及采纳情况； （七）附带民事部分的判决、裁定是否合法、适当； （八）第一审人民法院合议庭、审判委员会讨论的意见。	（二）第一审判决适用法律是否正确，量刑是否适当； （三）在**调查**、侦查、审查起诉、第一审程序中，有无违反法定程序的情形； （四）上诉、抗诉是否提出新的事实、证据； （五）被告人的供述和辩解情况； （六）辩护人的辩护意见及采纳情况； （七）附带民事部分的判决、裁定是否合法、适当； **（八）对涉案财物的处理是否正确；** **（九）**第一审人民法院合议庭、审判委员会讨论的意见。
第三百一十六条　第二审期间，被告人除自行辩护外，还可以继续委托第一审辩护人或者另行委托辩护人辩护。 共同犯罪案件，只有部分被告人提出上诉，或者自诉人只对部分被告人的判决提出上诉，或者人民检察院只对部分被告人的判决提出抗诉的，其他同案被告人也可以委托辩护人辩护。	**第三百九十二条**　第二审期间，被告人除自行辩护外，还可以继续委托第一审辩护人或者另行委托辩护人辩护。 共同犯罪案件，只有部分被告人提出上诉，或者自诉人只对部分被告人的判决提出上诉，或者人民检察院只对部分被告人的判决提出抗诉的，其他同案被告人也可以委托辩护人辩护。
第三百一十七条　下列案件，根据刑事诉讼法第二百二十三条第一款的规定，应当开庭审理：	**第三百九十三条**　下列案件，根据刑事诉讼法**第二百三十四条**的规定，应当开庭审理：

修正前	修正后
（一）被告人、自诉人及其法定代理人对第一审认定的事实、证据提出异议，可能影响定罪量刑的上诉案件； （二）被告人被判处死刑~~立即执行~~的上诉案件； （三）人民检察院抗诉的案件； （四）应当开庭审理的其他案件。 被判处死刑~~立即执行~~的被告人没有上诉，同案的其他被告人上诉的案件，第二审人民法院应当开庭审理。 ~~被告人被判处死刑缓期执行的上诉案件，虽不属于第一款第一项规定的情形，有条件的，也应当开庭审理。~~	（一）被告人、自诉人及其法定代理人对第一审认定的事实、证据提出异议，可能影响定罪量刑的上诉案件； （二）被告人被判处死刑的上诉案件； （三）人民检察院抗诉的案件； （四）应当开庭审理的其他案件。 被判处死刑的被告人没有上诉，同案的其他被告人上诉的案件，第二审人民法院应当开庭审理。
第三百一十八条 对上诉、抗诉案件，第二审人民法院经审查，认为原判事实不清、证据不足，或者具有刑事诉讼法第二百二十七条规定的违反法定诉讼程序情形，需要发回重新审判的，可以不开庭审理。	**第三百九十四条** 对上诉、抗诉案件，第二审人民法院经审查，认为原判事实不清、证据不足，或者具有刑事诉讼法**第二百三十八条**规定的违反法定诉讼程序情形，需要发回重新审判的，可以不开庭审理。
第三百一十九条 第二审期间，人民检察院或者被告人及其辩护人提交新证据的，人民法院应当及时通知对方查阅、摘抄或者复制。	**第三百九十五条** 第二审期间，人民检察院或者被告人及其辩护人提交新证据的，人民法院应当及时通知对方查阅、摘抄或者复制。

修正前	修正后
第三百二十条 开庭审理第二审公诉案件，应当在决定开庭审理后及时通知人民检察院查阅案卷。自通知后的第二日起，人民检察院查阅案卷的时间不计入审理期限。	**第三百九十六条** 开庭审理第二审公诉案件，应当在决定开庭审理后及时通知人民检察院查阅案卷。自通知后的第二日起，人民检察院查阅案卷的时间不计入审理期限。
第三百二十一条 开庭审理上诉、抗诉的公诉案件，应当通知同级人民检察院派员出庭。 抗诉案件，人民检察院接到开庭通知后不派员出庭，且未说明原因的，人民法院可以裁定按人民检察院撤回抗诉处理~~，并通知第一审人民法院和当事人~~。	**第三百九十七条** 开庭审理上诉、抗诉的公诉案件，应当通知同级人民检察院派员出庭。 抗诉案件，人民检察院接到开庭通知后不派员出庭，且未说明原因的，人民法院可以裁定按人民检察院撤回抗诉处理。
第三百二十二条 开庭审理上诉、抗诉案件，除参照适用第一审程序的有关规定外，应当按照下列规定进行： （一）法庭调查阶段，审判人员宣读第一审判决书、裁定书后，上诉案件由上诉人或者辩护人先宣读上诉状或者陈述上诉理由，抗诉案件由检察员先宣读抗诉书；既有上诉又有抗诉的案件，先由检察员宣读抗诉书，再由上诉人或者辩护人宣读上诉状或者陈述上诉理由； （二）法庭辩论阶段，上诉案件，先由上诉人、辩护人发言，后由检察员、诉讼代理人发言；抗诉案件，先由检察员、诉讼代理人发言，后由被告人、辩护人发言；既有上诉又有抗诉的案件，先由检察员、诉讼代理人发言，后由上诉人、辩护人发言。	**第三百九十八条** 开庭审理上诉、抗诉案件，除参照适用第一审程序的有关规定外，应当按照下列规定进行： （一）法庭调查阶段，审判人员宣读第一审判决书、裁定书后，上诉案件由上诉人或者辩护人先宣读上诉状或者陈述上诉理由，抗诉案件由检察员先宣读抗诉书；既有上诉又有抗诉的案件，先由检察员宣读抗诉书，再由上诉人或者辩护人宣读上诉状或者陈述上诉理由； （二）法庭辩论阶段，上诉案件，先由上诉人、辩护人发言，后由检察员、诉讼代理人发言；抗诉案件，先由检察员、诉讼代理人发言，后由被告人、辩护人发言；既有上诉又有抗诉的案件，先由检察员、诉讼代理人发言，后由上诉人、辩护人发言。

修正前	修正后
第三百二十三条 开庭审理上诉、抗诉案件，可以重点围绕对第一审判决、裁定有争议的问题或者有疑问的部分进行。根据案件情况，可以按照下列方式审理： （一）宣读第一审判决书，可以只宣读案由、主要事实、证据名称和判决主文等； （二）法庭调查应当重点围绕对第一审判决提出异议的事实、证据以及~~提交的~~新的证据等进行；对没有异议的事实、证据和情节，可以直接确认； （三）对同案审理案件中未上诉的被告人，未被申请出庭或者人民法院认为没有必要到庭的，可以不再传唤到庭； （四）被告人犯有数罪的案件，对其中事实清楚且无异议的犯罪，可以不在庭审时审理。 同案审理的案件，未提出上诉、人民检察院也未对其判决提出抗诉的被告人要求出庭的，应当准许。出庭的被告人可以参加法庭调查和辩论。	**第三百九十九条** 开庭审理上诉、抗诉案件，可以重点围绕对第一审判决、裁定有争议的问题或者有疑问的部分进行。根据案件情况，可以按照下列方式审理： （一）宣读第一审判决书，可以只宣读案由、主要事实、证据名称和判决主文等； （二）法庭调查应当重点围绕对第一审判决提出异议的事实、证据以及新的证据等进行；对没有异议的事实、证据和情节，可以直接确认； （三）对同案审理案件中未上诉的被告人，未被申请出庭或者人民法院认为没有必要到庭的，可以不再传唤到庭； （四）被告人犯有数罪的案件，对其中事实清楚且无异议的犯罪，可以不在庭审时审理。 同案审理的案件，未提出上诉、人民检察院也未对其判决提出抗诉的被告人要求出庭的，应当准许。出庭的被告人可以参加法庭调查和辩论。
第三百二十四条 第二审案件依法不开庭审理的，应当讯问被告人，听取其他当事人、辩护人、诉讼代理人的意见。合议庭全体成员应当阅卷，必要时应当提交书面阅卷意见。	**第四百条** 第二审案件依法不开庭审理的，应当讯问被告人，听取其他当事人、辩护人、诉讼代理人的意见。合议庭全体成员应当阅卷，必要时应当提交书面阅卷意见。

修正前	修正后
第三百二十五条 审理被告人或者其法定代理人、辩护人、近亲属提出上诉的案件，不得加重被告人的刑罚，并应当执行下列规定： （一）同案审理的案件，只有部分被告人上诉的，既不得加重上诉人的刑罚，也不得加重其他同案被告人的刑罚； （二）原判~~事实清楚，证据确实、充分，只是~~认定的罪名不当的，可以改变罪名，但不得加重刑罚； （三）原判对被告人实行数罪并罚的，不得加重决定执行的刑罚，也不得加重数罪中某罪的刑罚； （四）原判对被告人宣告缓刑的，不得撤销缓刑或者延长缓刑考验期； （五）原判没有宣告禁止令的，不得增加宣告；原判宣告禁止令的，不得增加内容、延长期限； （六）原判对被告人判处死刑缓期执行没有限制减刑的，不得限制减刑； （七）原判~~事实清楚，证据确实、充分，但~~判处的刑罚畸轻、应当适用附加刑而没有适用的，不得直接加重刑罚、适用附加刑~~，也不得以事实不清、证据不足为由发回第一审人民法院重新审判~~。必须依法改判的，应当在第二审判决、裁定生效后，依照审判监督程序重新审判。 人民检察院抗诉或者自诉人上诉的案件，不受前款规定的限制。	**第四百零一条** 审理被告人或者其法定代理人、辩护人、近亲属提出上诉的案件，不得**对**被告人的刑罚**作出实质不利的改判**，并应当执行下列规定： （一）同案审理的案件，只有部分被告人上诉的，既不得加重上诉人的刑罚，也不得加重其他同案被告人的刑罚； （二）原判认定的罪名不当的，可以改变罪名，但不得加重刑罚**或者对刑罚执行产生不利影响**； （三）原判**认定的罪数不当的，可以改变罪数，并调整刑罚，但**不得加重决定执行的刑罚**或者对刑罚执行产生不利影响**； （四）原判对被告人宣告缓刑的，不得撤销缓刑或者延长缓刑考验期； （五）原判没有宣告**职业禁止、**禁止令的，不得增加宣告；原判宣告**职业禁止、**禁止令的，不得增加内容、延长期限； （六）原判对被告人判处死刑缓期执行没有限制减刑**、决定终身监禁**的，不得限制减刑**、决定终身监禁**； （七）原判判处的刑罚**不当**、应当适用附加刑而没有适用的，不得直接加重刑罚、适用附加刑。**原判判处的刑罚畸轻，**必须依法改判的，应当在第二审判决、裁定生效后，依照审判监督程序重新审判。 人民检察院抗诉或者自诉人上诉的案件，不受前款规定的限制。

修正前	修正后
第三百二十六条 人民检察院只对部分被告人的判决提出抗诉，或者自诉人只对部分被告人的判决提出上诉的，第二审人民法院不得对其他同案被告人加重刑罚。	**第四百零二条** 人民检察院只对部分被告人的判决提出抗诉，或者自诉人只对部分被告人的判决提出上诉的，第二审人民法院不得对其他同案被告人加重刑罚。
第三百二十七条 被告人或者其法定代理人、辩护人、近亲属提出上诉的案件，第二审人民法院发回重新审判后，除有新的犯罪事实，人民检察院补充起诉的以外，原审人民法院不得加重被告人的刑罚。	**第四百零三条** 被告人或者其法定代理人、辩护人、近亲属提出上诉，**人民检察院未提出抗诉**的案件，第二审人民法院发回重新审判后，除有新的犯罪事实**且**人民检察院补充起诉的以外，原审人民法院不得加重被告人的刑罚。 **对前款规定的案件，原审人民法院对上诉发回重新审判的案件依法作出判决后，人民检察院抗诉的，第二审人民法院不得改判为重于原审人民法院第一次判处的刑罚。**
	第四百零四条 第二审人民法院认为第一审判决事实不清、证据不足的，可以在查清事实后改判，也可以裁定撤销原判，发回原审人民法院重新审判。 **有多名被告人的案件，部分被告人的犯罪事实不清、证据不足或者有新的犯罪事实需要追诉，且有关犯罪与其他同案被告人没有关联的，第二审人民法院根据案件情况，可以对该部分被告人分案处理，将该部分被告人发回原审人民法院重新审判。原审人民法院重新作出判决后，被告人上诉或者人民检察院抗诉，其他被告人的案件尚未作出第二审判决、裁定的，第二审人民法院可以并案审理。**

修正前	修正后
第三百二十八条 原判事实不清、证据不足，第二审人民法院发回重新审判的案件，原审人民法院重新作出判决后，被告人上诉或者人民检察院抗诉的，第二审人民法院应当依法作出判决、裁定，不得再发回重新审判。	**第四百零五条** 原判事实不清、证据不足，第二审人民法院发回重新审判的案件，原审人民法院重新作出判决后，被告人上诉或者人民检察院抗诉的，第二审人民法院应当依法作出判决、裁定，不得再发回重新审判。
第三百二十九条 第二审人民法院发现原审人民法院在重新审判过程中，有刑事诉讼法第二百二十七条规定的情形之一，或者违反第二百二十八条规定的，应当裁定撤销原判，发回重新审判。	**第四百零六条** 第二审人民法院发现原审人民法院在重新审判过程中，有刑事诉讼法**第二百三十八条**规定的情形之一，或者违反**第二百三十九条**规定的，应当裁定撤销原判，发回重新审判。
第三百三十条 第二审人民法院审理对刑事部分提出上诉、抗诉，附带民事部分已经发生法律效力的案件，发现第一审判决、裁定中的附带民事部分确有错误的，应当依照审判监督程序对附带民事部分予以纠正。	**第四百零七条** 第二审人民法院审理对刑事部分提出上诉、抗诉，附带民事部分已经发生法律效力的案件，发现第一审判决、裁定中的附带民事部分确有错误的，应当依照审判监督程序对附带民事部分予以纠正。
第三百一十四条 刑事附带民事诉讼案件，只有附带民事诉讼当事人及其法定代理人上诉的，第一审刑事部分的判决在上诉期满后即发生法律效力。 应当送监执行的第一审刑事被告人是第二审附带民事诉讼被告人的，在第二审附带民事诉讼案件审结前，可以暂缓送监执行。	**第四百零八条** 刑事附带民事诉讼案件，只有附带民事诉讼当事人及其法定代理人上诉的，第一审刑事部分的判决在上诉期满后即发生法律效力。 应当送监执行的第一审刑事被告人是第二审附带民事诉讼被告人的，在第二审附带民事诉讼案件审结前，可以暂缓送监执行。

修正前	修正后
第三百三十一条 第二审人民法院审理对附带民事部分提出上诉，刑事部分已经发生法律效力的案件，~~发现~~第一审判决~~、裁定中~~的刑事部分确有错误的，~~应当~~依照审判监督程序对刑事部分进行再审，并将附带民事部分与刑事部分一并审理。	**第四百零九条** 第二审人民法院审理对附带民事部分提出上诉，刑事部分已经发生法律效力的案件，**应当对全案进行审查，并按照下列情形分别处理：** **（一）第一审判决的刑事部分并无不当的，只需就附带民事部分作出处理；** **（二）**第一审判决的刑事部分确有错误的，依照审判监督程序对刑事部分进行再审，并将附带民事部分与刑事部分一并审理。
第三百三十二条 第二审期间，第一审附带民事诉讼原告人增加独立的诉讼请求或者第一审附带民事诉讼被告人提出反诉的，第二审人民法院可以根据自愿、合法的原则进行调解；调解不成的，告知当事人另行起诉。	**第四百一十条** 第二审期间，第一审附带民事诉讼原告人增加独立的诉讼请求或者第一审附带民事诉讼被告人提出反诉的，第二审人民法院可以根据自愿、合法的原则进行调解；调解不成的，告知当事人另行起诉。
第三百三十三条 对第二审自诉案件，必要时可以调解，当事人也可以自行和解。调解结案的，应当制作调解书，第一审判决、裁定视为自动撤销~~；~~当事人自行和解的，~~应当~~裁定准许撤回自诉，并撤销第一审判决、裁定。	**第四百一十一条** 对第二审自诉案件，必要时可以调解，当事人也可以自行和解。调解结案的，应当制作调解书，第一审判决、裁定视为自动撤销。当事人自行和解的，**依照本解释第三百二十九条的规定处理；**裁定准许撤回自诉**的，应当**撤销第一审判决、裁定。
第三百三十四条 第二审期间，自诉案件的当事人提出反诉的，应当告知其另行起诉。	**第四百一十二条** 第二审期间，自诉案件的当事人提出反诉的，应当告知其另行起诉。

修正前	修正后
第三百三十五条 第二审人民法院可以委托第一审人民法院代为宣判，并向当事人送达第二审判决书、裁定书。第一审人民法院应当在代为宣判后五日内将宣判笔录送交第二审人民法院，并在送达完毕后及时将送达回证送交第二审人民法院。 委托宣判的，第二审人民法院应当直接向同级人民检察院送达第二审判决书、裁定书。	**第四百一十三条** 第二审人民法院可以委托第一审人民法院代为宣判，并向当事人送达第二审判决书、裁定书。第一审人民法院应当在代为宣判后五日**以**内将宣判笔录送交第二审人民法院，并在送达完毕后及时将送达回证送交第二审人民法院。 委托宣判的，第二审人民法院应当直接向同级人民检察院送达第二审判决书、裁定书。 **第二审判决、裁定是终审的判决、裁定的，自宣告之日起发生法律效力。**
第十四章 在法定刑以下判处刑罚和特殊假释的核准	**第十六章 在法定刑以下判处刑罚和特殊假释的核准**
第三百三十六条 报请最高人民法院核准在法定刑以下判处刑罚的案件，应当按照下列情形分别处理： （一）被告人未上诉、人民检察院未抗诉的，在上诉、抗诉期满后三日内报请上一级人民法院复核。上一级人民法院同意原判的，应当书面层报最高人民法院核准；不同意的，应当裁定发回重新审判，或者改变管辖按照第一审程序重新审理。原判是基层人民法院作出的，高级人民法院可以指定中级人民法院按照第一审程序重新审理；	**第四百一十四条** 报请最高人民法院核准在法定刑以下判处刑罚的案件，应当按照下列情形分别处理： （一）被告人未上诉、人民检察院未抗诉的，在上诉、抗诉期满后三日**以**内报请上一级人民法院复核。上级人民法院同意原判的，应当书面层报最高人民法院核准；不同意的，应当裁定发回重新审判，或者**按照第二审程序提审；**

修正前	修正后
（二）被告人上诉或者人民检察院抗诉的，应当依照第二审程序审理。第二审维持原判，或者改判后仍在法定刑以下判处刑罚的，应当依照前项规定层报最高人民法院核准。	（二）被告人上诉或者人民检察院抗诉的，**上一级人民法院**维持原判，或者改判后仍在法定刑以下判处刑罚的，应当依照前项规定层报最高人民法院核准。
	第四百一十五条　对符合刑法第六十三条第二款规定的案件，第一审人民法院未在法定刑以下判处刑罚的，第二审人民法院可以在法定刑以下判处刑罚，并层报最高人民法院核准。
第三百三十七条　报请最高人民法院核准在法定刑以下判处刑罚的案件，应当报送判决书、报请核准的报告各五份，以及全部案卷、证据。	**第四百一十六条**　报请最高人民法院核准在法定刑以下判处刑罚的案件，应当报送判决书、报请核准的报告各五份，以及全部案卷、证据。
第三百三十八条　对在法定刑以下判处刑罚的案件，最高人民法院予以核准的，应当作出核准裁定书；不予核准的，应当作出不核准裁定书，并撤销原判决、裁定，发回原审人民法院重新审判或者指定其他下级人民法院重新审判。	**第四百一十七条**　对在法定刑以下判处刑罚的案件，最高人民法院予以核准的，应当作出核准裁定书；不予核准的，应当作出不核准裁定书，并撤销原判决、裁定，发回原审人民法院重新审判或者指定其他下级人民法院重新审判。
第三百三十九条　依照本解释第三百三十六条、第三百三十八条规定发回第二审人民法院重新审判的案件，第二审人民法院可以直接改判；必须通过开庭查清事实、核实证据或者纠正原审程序违法的，应当开庭审理。	**第四百一十八条**　依照本解释**第四百一十四条、第四百一十七条**规定发回第二审人民法院重新审判的案件，第二审人民法院可以直接改判；必须通过开庭查清事实、核实证据或者纠正原审程序违法的，应当开庭审理。

修正前	修正后
第三百四十条 最高人民法院和上级人民法院复核在法定刑以下判处刑罚案件的审理期限，参照适用刑事诉讼法第二百三十二条的规定。	**第四百一十九条** 最高人民法院和上级人民法院复核在法定刑以下判处刑罚案件的审理期限，参照适用刑事诉讼法**第二百四十三条**的规定。
第三百四十一条 报请最高人民法院核准因罪犯具有特殊情况，不受执行刑期限制的假释案件，应当按照下列情形分别处理： （一）中级人民法院依法作出假释裁定后，应当报请高级人民法院复核。高级人民法院同意的，应当书面报请最高人民法院核准；不同意的，应当裁定撤销中级人民法院的假释裁定； （二）高级人民法院依法作出假释裁定的，应当报请最高人民法院核准。	**第四百二十条** 报请最高人民法院核准因罪犯具有特殊情况，不受执行刑期限制的假释案件，应当按照下列情形分别处理： （一）中级人民法院依法作出假释裁定后，应当报请高级人民法院复核。高级人民法院同意的，应当书面报请最高人民法院核准；不同意的，应当裁定撤销中级人民法院的假释裁定； （二）高级人民法院依法作出假释裁定的，应当报请最高人民法院核准。
第三百四十二条 报请最高人民法院核准因罪犯具有特殊情况，不受执行刑期限制的假释案件，应当报送报请核准的报告、罪犯具有特殊情况的报告、假释裁定书各五份，以及全部案卷。	**第四百二十一条** 报请最高人民法院核准因罪犯具有特殊情况，不受执行刑期限制的假释案件，应当报送报请核准的报告、罪犯具有特殊情况的报告、假释裁定书各五份，以及全部案卷。
第三百四十三条 对因罪犯具有特殊情况，不受执行刑期限制的假释案件，最高人民法院予以核准的，应当作出核准裁定书；不予核准的，应当作出不核准裁定书，并撤销原裁定。	**第四百二十二条** 对因罪犯具有特殊情况，不受执行刑期限制的假释案件，最高人民法院予以核准的，应当作出核准裁定书；不予核准的，应当作出不核准裁定书，并撤销原裁定。

修正前	修正后
第十五章　死刑复核程序	**第十七章　死刑复核程序**
第三百四十四条　报请最高人民法院核准死刑案件，应当按照下列情形分别处理： （一）中级人民法院判处死刑的第一审案件，被告人未上诉、人民检察院未抗诉的，在上诉、抗诉期满后十日内报请高级人民法院复核。高级人民法院同意判处死刑的，应当在作出裁定后十日内报请最高人民法院核准；不同意的，应当依照第二审程序提审或者发回重新审判； （二）中级人民法院判处死刑的第一审案件，被告人上诉或者人民检察院抗诉，高级人民法院裁定维持的，应当在作出裁定后十日内报请最高人民法院核准； （三）高级人民法院判处死刑的第一审案件，被告人未上诉、人民检察院未抗诉的，应当在上诉、抗诉期满后十日内报请最高人民法院核准。 高级人民法院复核死刑案件，应当讯问被告人。	**第四百二十三条**　报请最高人民法院核准死刑**的**案件，应当按照下列情形分别处理： （一）中级人民法院判处死刑的第一审案件，被告人未上诉、人民检察院未抗诉的，在上诉、抗诉期满后十日**以**内报请高级人民法院复核。高级人民法院同意判处死刑的，应当在作出裁定后十日**以**内报请最高人民法院核准；**认为原判认定的某一具体事实或者引用的法律条款等存在瑕疵，但判处被告人死刑并无不当的，可以在纠正后作出核准的判决、裁定；**不同意**判处死刑**的，应当依照第二审程序提审或者发回重新审判； （二）中级人民法院判处死刑的第一审案件，被告人上诉或者人民检察院抗诉，高级人民法院裁定维持的，应当在作出裁定后十日**以**内报请最高人民法院核准； （三）高级人民法院判处死刑的第一审案件，被告人未上诉、人民检察院未抗诉的，应当在上诉、抗诉期满后十日**以**内报请最高人民法院核准。 高级人民法院复核死刑案件，应当讯问被告人。

修正前	修正后
第三百四十五条 中级人民法院判处死刑缓期执行的第一审案件，被告人未上诉、人民检察院未抗诉的，应当报请高级人民法院核准。 高级人民法院复核死刑缓期执行案件，应当讯问被告人。	**第四百二十四条** 中级人民法院判处死刑缓期执行的第一审案件，被告人未上诉、人民检察院未抗诉的，应当报请高级人民法院核准。 高级人民法院复核死刑缓期执行案件，应当讯问被告人。
第三百四十六条 报请复核的死刑、死刑缓期执行案件，应当一案一报。报送的材料包括报请复核的报告，第一、二审裁判文书，~~死刑~~案件综合报告各五份以及全部案卷、证据。~~死刑~~案件综合报告，第一、二审裁判文书和审理报告应当附送电子文本。 同案审理的案件应当报送全案案卷、证据。 曾经发回重新审判的案件，原第一、二审案卷应当一并报送。	**第四百二十五条** 报请复核的死刑、死刑缓期执行案件，应当一案一报。报送的材料包括报请复核的报告，第一、二审裁判文书，案件综合报告各五份以及全部案卷、证据。案件综合报告，第一、二审裁判文书和审理报告应当附送电子文本。 同案审理的案件应当报送全案案卷、证据。 曾经发回重新审判的案件，原第一、二审案卷应当一并报送。
第三百四十七条 报请复核的报告，应当写明案由、简要案情、审理过程和判决结果。 ~~死刑~~案件综合报告应当包括以下内容： （一）被告人、被害人的基本情况。被告人有前科或者曾受过行政处罚的，应当写明； （二）案件的由来和审理经过。案件曾经发回重新审判的，应当写明发回重新审判的原因、时间、案号等；	**第四百二十六条** 报请复核**死刑、死刑缓期执行**的报告，应当写明案由、简要案情、审理过程和判决结果。 案件综合报告应当包括以下内容： （一）被告人、被害人的基本情况。被告人有前科或者曾受过行政处罚**、处分**的，应当写明； （二）案件的由来和审理经过。案件曾经发回重新审判的，应当写明发回重新审判的原因、时间、案号等；

修正前	修正后
（三）案件侦破情况。通过技术侦查措施抓获被告人、侦破案件，以及与自首、立功认定有关的情况，应当写明； （四）第一审审理情况。包括控辩双方意见，第一审认定的犯罪事实，合议庭和审判委员会意见； （五）第二审审理或者高级人民法院复核情况。包括上诉理由、检察机关意见，第二审审理或者高级人民法院复核认定的事实，证据采信情况及理由，控辩双方意见及采纳情况； （六）需要说明的问题。包括共同犯罪案件中另案处理的同案犯的定罪量刑情况，案件有无重大社会影响，以及当事人的反应等情况； （七）处理意见。写明合议庭和审判委员会的意见。	（三）案件侦破情况。通过技术**调查**、侦查措施抓获被告人、侦破案件，以及与自首、立功认定有关的情况，应当写明； （四）第一审审理情况。包括控辩双方意见，第一审认定的犯罪事实，合议庭和审判委员会意见； （五）第二审审理或者高级人民法院复核情况。包括上诉理由、**人民检察院的**意见，第二审审理或者高级人民法院复核认定的事实，证据采信情况及理由，控辩双方意见及采纳情况； （六）需要说明的问题。包括共同犯罪案件中另案处理的同案犯的**处理**情况，案件有无重大社会影响，以及当事人的反应等情况； （七）处理意见。写明合议庭和审判委员会的意见。
第三百四十八条 复核死刑、死刑缓期执行案件，应当全面审查以下内容： （一）被告人的年龄，被告人有无刑事责任能力、是否系怀孕的妇女； （二）原判认定的事实是否清楚，证据是否确实、充分； （三）犯罪情节、后果及危害程度； （四）原判适用法律是否正确，是否必须判处死刑，是否必须立即执行；	**第四百二十七条** 复核死刑、死刑缓期执行案件，应当全面审查以下内容： （一）被告人的年龄，被告人有无刑事责任能力、是否系怀孕的妇女； （二）原判认定的事实是否清楚，证据是否确实、充分； （三）犯罪情节、后果及危害程度； （四）原判适用法律是否正确，是否必须判处死刑，是否必须立即执行；

修正前	修正后
（五）有无法定、酌定从重、从轻或者减轻处罚情节； （六）诉讼程序是否合法； （七）应当审查的其他情况。	（五）有无法定、酌定从重、从轻或者减轻处罚情节； （六）诉讼程序是否合法； （七）应当审查的其他情况。 **复核死刑、死刑缓期执行案件，应当重视审查被告人及其辩护人的辩解、辩护意见。**
第三百四十九条　高级人民法院复核死刑缓期执行案件，应当按照下列情形分别处理： （一）原判认定事实和适用法律正确、量刑适当、诉讼程序合法的，应当裁定核准； （二）原判认定的某一具体事实或者引用的法律条款等存在瑕疵，但判处被告人死刑缓期执行并无不当的，可以在纠正后作出核准的判决、裁定； （三）原判认定事实正确，但适用法律有错误，或者量刑过重的，应当改判； （四）原判事实不清、证据不足的，可以裁定不予核准，并撤销原判，发回重新审判，或者依法改判； （五）复核期间出现新的影响定罪量刑的事实、证据的，可以裁定不予核准，并撤销原判，发回重新审判，或者依照本解释第二百二十条规定审理后依法改判；	**第四百二十八条**　高级人民法院复核死刑缓期执行案件，应当按照下列情形分别处理： （一）原判认定事实和适用法律正确、量刑适当、诉讼程序合法的，应当裁定核准； （二）原判认定的某一具体事实或者引用的法律条款等存在瑕疵，但判处被告人死刑缓期执行并无不当的，可以在纠正后作出核准的判决、裁定； （三）原判认定事实正确，但适用法律有错误，或者量刑过重的，应当改判； （四）原判事实不清、证据不足的，可以裁定不予核准，并撤销原判，发回重新审判，或者依法改判； （五）复核期间出现新的影响定罪量刑的事实、证据的，可以裁定不予核准，并撤销原判，发回重新审判，或者依照本解释**第二百七十一条的**规定审理后依法改判；

修正前	修正后
（六）原审违反法定诉讼程序，可能影响公正审判的，应当裁定不予核准，并撤销原判，发回重新审判。 ~~高级人民法院~~复核死刑缓期执行案件，不得加重被告人的刑罚。	（六）原审违反法定诉讼程序，可能影响公正审判的，应当裁定不予核准，并撤销原判，发回重新审判。 复核死刑缓期执行案件，不得加重被告人的刑罚。
第三百五十条　最高人民法院复核死刑案件，应当按照下列情形分别处理： （一）原判认定事实和适用法律正确、量刑适当、诉讼程序合法的，应当裁定核准； （二）原判认定的某一具体事实或者引用的法律条款等存在瑕疵，但判处被告人死刑并无不当的，可以在纠正后作出核准的判决、裁定； （三）原判事实不清、证据不足的，应当裁定不予核准，并撤销原判，发回重新审判； （四）复核期间出现新的影响定罪量刑的事实、证据的，应当裁定不予核准，并撤销原判，发回重新审判； （五）原判认定事实正确，但依法不应当判处死刑的，应当裁定不予核准，并撤销原判，发回重新审判； （六）原审违反法定诉讼程序，可能影响公正审判的，应当裁定不予核准，并撤销原判，发回重新审判。	**第四百二十九条**　最高人民法院复核死刑案件，应当按照下列情形分别处理： （一）原判认定事实和适用法律正确、量刑适当、诉讼程序合法的，应当裁定核准； （二）原判认定的某一具体事实或者引用的法律条款等存在瑕疵，但判处被告人死刑并无不当的，可以在纠正后作出核准的判决、裁定； （三）原判事实不清、证据不足的，应当裁定不予核准，并撤销原判，发回重新审判； （四）复核期间出现新的影响定罪量刑的事实、证据的，应当裁定不予核准，并撤销原判，发回重新审判； （五）原判认定事实正确、**证据充分**，但依法不应当判处死刑的，应当裁定不予核准，并撤销原判，发回重新审判；**根据案件情况，必要时，也可以依法改判；** （六）原审违反法定诉讼程序，可能影响公正审判的，应当裁定不予核准，并撤销原判，发回重新审判。

修正前	修正后
~~**第三百五十一条** 对一人有两罪以上被判处死刑的数罪并罚案件，最高人民法院复核后，认为其中部分犯罪的死刑判决、裁定事实不清、证据不足的，应当对全案裁定不予核准，并撤销原判，发回重新审判；认为其中部分犯罪的死刑判决、裁定认定事实正确，但依法不应当判处死刑的，可以改判，并对其他应当判处死刑的犯罪作出核准死刑的判决。~~	
~~**第三百五十二条** 对有两名以上被告人被判处死刑的案件，最高人民法院复核后，认为其中部分被告人的死刑判决、裁定事实不清、证据不足的，应当对全案裁定不予核准，并撤销原判，发回重新审判；认为其中部分被告人的死刑判决、裁定认定事实正确，但依法不应当判处死刑的，可以改判，并对其他应当判处死刑的被告人作出核准死刑的判决。~~	
第三百五十三条 最高人民法院裁定不予核准死刑的，根据案件情况，可以发回第二审人民法院或者第一审人民法院重新审判。 第一审人民法院重新审判的，应当开庭审理。第二审人民法院重新审判的，可以直接改判；必须通过开庭查清事实、核实证据或者纠正原审程序违法的，应当开庭审理。	**第四百三十条** 最高人民法院裁定不予核准死刑的，根据案件情况，可以发回第二审人民法院或者第一审人民法院重新审判。 **对最高人民法院发回第二审人民法院重新审判的案件，第二审人民法院一般不得发回第一审人民法院重新审判。** 第一审人民法院重新审判的，应当开庭审理。第二审人民法院重新审判的，可以直接改判；必须通过开庭查清事实、核实证据或者纠正原审程序违法的，应当开庭审理。

修正前	修正后
第三百五十四条 高级人民法院依照复核程序审理后报请最高人民法院核准死刑，最高人民法院裁定不予核准，发回高级人民法院重新审判的，高级人民法院可以依照第二审程序提审或者发回重新审判。	**第四百三十一条** 高级人民法院依照复核程序审理后报请最高人民法院核准死刑，最高人民法院裁定不予核准，发回高级人民法院重新审判的，高级人民法院可以依照第二审程序提审或者发回重新审判。
第三百五十五条 最高人民法院裁定不予核准死刑，发回重新审判的案件，原审人民法院应当另行组成合议庭审理，但本解释第三百五十条第四项、第五项规定的案件除外。	**第四百三十二条** 最高人民法院裁定不予核准死刑，发回重新审判的案件，原审人民法院应当另行组成合议庭审理，但本解释**第四百二十九条**第四项、第五项规定的案件除外。
	第四百三十三条 依照本解释第四百三十条、第四百三十一条发回重新审判的案件，第一审人民法院判处死刑、死刑缓期执行的，上一级人民法院依照第二审程序或者复核程序审理后，应当依法作出判决或者裁定，不得再发回重新审判。但是，第一审人民法院有刑事诉讼法第二百三十八条规定的情形或者违反刑事诉讼法第二百三十九条规定的除外。
第三百五十六条 死刑复核期间，辩护律师要求当面反映意见的，最高人民法院有关合议庭应当在办公场所听取其意见，并制作笔录；辩护律师提出书面意见的，应当附卷。	**第四百三十四条** 死刑复核期间，辩护律师要求当面反映意见的，最高人民法院有关合议庭应当在办公场所听取其意见，并制作笔录；辩护律师提出书面意见的，应当附卷。

修正前	修正后
第三百五十七条　死刑复核期间，最高人民检察院提出意见的，最高人民法院应当审查，并将采纳情况及理由反馈最高人民检察院。	**第四百三十五条**　死刑复核期间，最高人民检察院提出意见的，最高人民法院应当审查，并将采纳情况及理由反馈最高人民检察院。
第三百五十八条　最高人民法院应当根据有关规定向最高人民检察院通报死刑案件复核结果。	**第四百三十六条**　最高人民法院应当根据有关规定向最高人民检察院通报死刑案件复核结果。
第十六章　查封、扣押、冻结财物及其处理	**第十八章　涉案财物处理**
第三百五十九条　人民法院对查封、扣押、冻结的被告人财物及其孳息，应当妥善保管，并制作清单，附卷备查；对人民检察院随案移送的被告人财物及其孳息，应当根据清单核查后妥善保管。任何单位和个人不得挪用或者自行处理。 查封不动产、车辆、船舶、航空器等财物，应当扣押其权利证书，经拍照或者录像后原地封存，或者交持有人、被告人的近亲属保管，登记并写明财物的名称、型号、权属、地址等详细情况，并通知有关财物的登记、管理部门办理查封登记手续。 扣押物品，应当登记并写明物品名称、型号、规格、数量、重量、质量、成色、纯度、颜色、新旧程度、缺损特征和来源等。扣押货币、有价证券，应当登记并写明货币、有价证券的名称、数额、面额等，货币	**第四百三十七条**　人民法院对查封、扣押、冻结的**涉案**财物及其孳息，应当妥善保管，并制作清单，附卷备查；对人民检察院随案移送的**实物**，应当根据清单核查后妥善保管。任何单位和个人不得挪用或者自行处理。 查封不动产、车辆、船舶、航空器等财物，应当扣押其权利证书，经拍照或者录像后原地封存，或者交持有人、被告人的近亲属保管，登记并写明财物的名称、型号、权属、地址等详细**信息**，并通知有关财物的登记、管理部门办理查封登记手续。 扣押物品，应当登记并写明物品名称、型号、规格、数量、重量、质量、成色、纯度、颜色、新旧程度、缺损特征和来源等。扣押货币、有价证券，应当登记并写明货币、有价证券的名称、数额、面额等，货币

修正前	修正后
应当存入银行专门账户，并登记银行存款凭证的名称、内容。扣押文物、金银、珠宝、名贵字画等贵重物品以及违禁品，应当拍照，需要鉴定的，应当及时鉴定。对扣押的物品应当根据有关规定及时估价。 冻结存款、汇款、债券、股票、基金份额等财产，应当登记并写明编号、种类、面值、张数、金额等。	应当存入银行专门账户，并登记银行存款凭证的名称、内容。扣押文物、金银、珠宝、名贵字画等贵重物品以及违禁品，应当拍照，需要鉴定的，应当及时鉴定。对扣押的物品应当根据有关规定及时估价。 冻结存款、汇款、债券、股票、基金份额等财产，应当登记并写明编号、种类、面值、张数、金额等。
第三百六十条 对被害人的合法财产，权属明确的，应当依法及时返还，但须经拍照、鉴定、估价，并在案卷中注明返还的理由，将原物照片、清单和被害人的领取手续附卷备查；权属不明的，应当在人民法院判决、裁定生效后，按比例返还被害人，但已获退赔的部分应予扣除。	**第四百三十八条** 对被害人的合法财产，权属明确的，应当依法及时返还，但须经拍照、鉴定、估价，并在案卷中注明返还的理由，将原物照片、清单和被害人的领取手续附卷备查；权属不明的，应当在人民法院判决、裁定生效后，按比例返还被害人，但已获退赔的部分应予扣除。
第三百六十一条 审判期间，权利人申请出卖被扣押、冻结的债券、股票、基金份额等财产，人民法院经审查，认为不损害国家利益、被害人利益，不影响诉讼正常进行的，以及扣押、冻结的汇票、本票、支票有效期即将届满的，可以在判决、裁定生效前依法出卖，所得价款由人民法院保管~~，并及时告知当事人或者其近亲属~~。	**第四百三十九条** 审判期间，**对不宜长期保存、易贬值或者市场价格波动大的财产，或者有效期即将届满的票据等，经权利人申请或者同意，并经院长批准，可以依法先行处置**，所得款项由人民法院保管。 **涉案财物先行处置应当依法、公开、公平。**

修正前	修正后
第三百六十二条 对作为证据使用的实物，~~包括作为物证的货币、有价证券等，~~应当随案移送。第一审判决、裁定宣告后，被告人上诉或者人民检察院抗诉的，第一审人民法院应当将上述证据移送第二审人民法院。	**第四百四十条** 对作为证据使用的实物，应当随案移送。第一审判决、裁定宣告后，被告人上诉或者人民检察院抗诉的，第一审人民法院应当将上述证据移送第二审人民法院。
第三百六十三条 对~~不宜移送的~~实物，应当根据情况，分别审查以下内容： （一）大宗的、不便搬运的物品，~~查封、扣押机关~~是否随案移送查封、扣押清单，并附原物照片和封存手续，注明存放地点等； （二）易腐烂、霉变和不易保管的物品，查封、扣押机关变卖处理后，是否随案移送原物照片、清单、变价处理的凭证（复印件）等； （三）枪支弹药、剧毒物品、易燃易爆物品以及其他违禁品、危险物品，查封、扣押机关根据有关规定处理后，是否随案移送原物照片和清单等。 上述不宜移送的实物，应当依法鉴定、估价的，还应当审查是否附有鉴定、估价意见。 对查封、扣押的货币、有价证券等未移送的，应当审查是否附有原物照片、清单或者其他证明文件。	**第四百四十一条** 对实物**未随案移送的**，应当根据情况，分别审查以下内容： （一）大宗的、不便搬运的物品，是否随案移送查封、扣押清单，并附原物照片和封存手续，注明存放地点等； （二）易腐烂、霉变和不易保管的物品，查封、扣押机关变卖处理后，是否随案移送原物照片、清单、变价处理的凭证（复印件）等； （三）枪支弹药、剧毒物品、易燃易爆物品以及其他违禁品、危险物品，查封、扣押机关根据有关规定处理后，是否随案移送原物照片和清单等。 上述**未随案**移送的实物，应当依法鉴定、估价的，还应当审查是否附有鉴定、估价意见。 对查封、扣押的货币、有价证券等，未移送**实物**的，应当审查是否附有原物照片、清单或者其他证明文件。

修正前	修正后
第三百六十四条 法庭审理过程中，对查封、扣押、冻结的财物及其孳息~~，应当调查其权属情况，是否属于违法所得或者依法应当追缴的其他涉案财物。~~ ~~案外人对查封、扣押、冻结的财物及其孳息提出权属异议的，人民法院应当审查并依法处理。~~ ~~经审查，不能确认查封、扣押、冻结的财物及其孳息属于违法所得或者依法应当追缴的其他涉案财物的，不得没收。~~	**第四百四十二条** 法庭审理过程中，**应当依照本解释第二百七十九条的规定，依法**对查封、扣押、冻结的财物及其孳息**进行审查**。
	第四百四十三条 被告人将依法应当追缴的涉案财物用于投资或者置业的，对因此形成的财产及其收益，应当追缴。 **被告人将依法应当追缴的涉案财物与其他合法财产共同用于投资或者置业的，对因此形成的财产中与涉案财物对应的份额及其收益，应当追缴。**
第三百六十五条 对查封、扣押、冻结的财物及其孳息，应当在判决书中写明名称、金额、数量、存放地点及其处理方式等。涉案财物较多，不宜在判决主文中详细列明的，可以附清单。 ~~涉案财物未随案移送的，应当在判决书中写明，并写明由查封、扣押、冻结机关负责处理。~~	**第四百四十四条** 对查封、扣押、冻结的财物及其孳息，应当在判决书中写明名称、金额、数量、存放地点及其处理方式等。涉案财物较多，不宜在判决主文中详细列明的，可以附清单。 **判决追缴违法所得或者责令退赔的，应当写明追缴、退赔的金额或者财物的名称、数量等情况；已经发还的，应当在判决书中写明。**

修正前	修正后
第三百六十六条 查封、扣押、冻结的财物及其孳息，经审查，确属违法所得或者依法应当追缴的其他涉案财物的，应当判决返还被害人，或者没收上缴国库，但法律另有规定的除外。 判决返还被害人的涉案财物，应当通知被害人认领；无人认领的，应当公告通知；公告满三个月无人认领的，应当上缴国库；上缴国库后有人认领，经查证属实的，应当申请退库予以返还；原物已经拍卖、变卖的，应当返还价款。 对侵犯国有财产的案件，被害单位已经终止且没有权利义务继受人，或者损失已经被核销的，查封、扣押、冻结的财物及其孳息应当上缴国库。	**第四百四十五条** 查封、扣押、冻结的财物及其孳息，经审查，确属违法所得或者依法应当追缴的其他涉案财物的，应当判决返还被害人，或者没收上缴国库，但法律另有规定的除外。 **对判决时尚未追缴到案或者尚未足额退赔的违法所得，应当判决继续追缴或者责令退赔。** 判决返还被害人的涉案财物，应当通知被害人认领；无人认领的，应当公告通知；公告满**一年**无人认领的，应当上缴国库；上缴国库后有人认领，经查证属实的，应当申请退库予以返还；原物已经拍卖、变卖的，应当返还价款。 对侵犯国有财产的案件，被害单位已经终止且没有权利义务继受人，或者损失已经被核销的，查封、扣押、冻结的财物及其孳息应当上缴国库。
	第四百四十六条 第二审期间，发现第一审判决未对随案移送的涉案财物及其孳息作出处理的，可以裁定撤销原判，发回原审人民法院重新审判，由原审人民法院依法对涉案财物及其孳息一并作出处理。 **判决生效后，发现原判未对随案移送的涉案财物及其孳息作出处理的，由原审人民法院依法对涉案财物及其孳息另行作出处理。**

修正前	修正后
第三百六十七条 随案移送的或者人民法院查封、扣押的财物及其孳息，由第一审人民法院在判决生效后负责处理。 涉案财物未随案移送的，人民法院应当在判决生效后十日内，将判决书、裁定书送达~~查封~~、扣押机关，并告知其在一个月内将执行回单送回。	**第四百四十七条** 随案移送的或者人民法院查封、扣押的财物及其孳息，由第一审人民法院在判决生效后负责处理。 **实物**未随案移送**、由扣押机关保管**的，人民法院应当在判决生效后十日**以**内，将判决书、裁定书送达扣押机关，并告知其在一个月**以**内将执行回单送回**，确因客观原因无法按时完成的，应当说明原因**。
第三百六十八条 对冻结的存款、汇款、债券、股票、基金份额等财产判决没收的，第一审人民法院应当在判决生效后，将判决书、裁定书送达相关金融机构和财政部门，通知相关金融机构依法上缴国库并在接到执行通知书后十五日内，将上缴国库的凭证、执行回单送回。	**第四百四十八条** 对冻结的存款、汇款、债券、股票、基金份额等财产判决没收的，第一审人民法院应当在判决生效后，将判决书、裁定书送达相关金融机构和财政部门，通知相关金融机构依法上缴国库并在接到执行通知书后十五日**以**内，将上缴国库的凭证、执行回单送回。
第三百六十九条 查封、扣押、冻结的财物与本案无关但已列入清单的，应当由查封、扣押、冻结机关依法处理。 查封、扣押、冻结的财物属于被告人合法所有的，应当在赔偿被害人损失、执行财产刑后及时返还被告人~~；财物未随案移送的，应当通知查封、扣押、冻结机关将赔偿被害人损失、执行财产刑的部分移送人民法院~~。	**第四百四十九条** 查封、扣押、冻结的财物与本案无关但已列入清单的，应当由查封、扣押、冻结机关依法处理。 查封、扣押、冻结的财物属于被告人合法所有的，应当在赔偿被害人损失、执行财产刑后及时返还被告人。

修正前	修正后
第三百七十条 查封、扣押、冻结财物及其处理，本解释没有规定的，参照适用~~法律、~~其他司法解释的有关规定。	**第四百五十条** 查封、扣押、冻结财物及其处理，本解释没有规定的，参照适用其他司法解释的有关规定。
第十七章 审判监督程序	**第十九章 审判监督程序**
第三百七十一条 当事人及其法定代理人、近亲属对已经发生法律效力的判决、裁定提出申诉的，人民法院应当审查处理。 案外人认为已经发生法律效力的判决、裁定侵害其合法权益，提出申诉的，人民法院应当审查处理。 申诉可以委托律师代为进行。	**第四百五十一条** 当事人及其法定代理人、近亲属对已经发生法律效力的判决、裁定提出申诉的，人民法院应当审查处理。 案外人认为已经发生法律效力的判决、裁定侵害其合法权益，提出申诉的，人民法院应当审查处理。 申诉可以委托律师代为进行。
第三百七十二条 向人民法院申诉，应当提交以下材料： （一）申诉状。应当写明当事人的基本情况、联系方式以及申诉的事实与理由； （二）原一、二审判决书、裁定书等法律文书。经过人民法院复查或者再审的，应当附有驳回通知书、再审决定书、再审判决书、裁定书； （三）其他相关材料。以有新的证据证明原判决、裁定认定的事实确有错误为由申诉的，应当同时附有相关证据材料；申请人民法院调查取证的，应当附有相关线索或者材料。	**第四百五十二条** 向人民法院申诉，应当提交以下材料： （一）申诉状。应当写明当事人的基本情况、联系方式以及申诉的事实与理由； （二）原一、二审判决书、裁定书等法律文书。经过人民法院复查或者再审的，应当附有驳回**申诉**通知书、再审决定书、再审判决书、裁定书； （三）其他相关材料。以有新的证据证明原判决、裁定认定的事实确有错误为由申诉的，应当同时附有相关证据材料；申请人民法院调查取证的，应当附有相关线索或者材料。

修正前	修正后
申诉不符合前款规定的，人民法院应当告知申诉人补充材料；申诉人对必要材料<u>拒绝补充</u>且无正当理由的，不予审查。	**申诉符合前款规定的，人民法院应当出具收到申诉材料的回执。**申诉不符合前款规定的，人民法院应当告知申诉人补充材料；申诉人**拒绝补充**必要材料且无正当理由的，不予审查。
第三百七十三条 申诉由终审人民法院审查处理。但是，第二审人民法院裁定准许撤回上诉的案件，申诉人对第一审判决提出申诉的，可以由第一审人民法院审查处理。 上一级人民法院对未经终审人民法院审查处理的申诉，可以告知申诉人向终审人民法院提出申诉，或者直接交终审人民法院审查处理，并告知申诉人；案件疑难、复杂、重大的，也可以直接审查处理。 对未经终审人民法院及其上一级人民法院审查处理，直接向上级人民法院申诉的，上级人民法院<u>可以</u>告知申诉人向下级人民法院提出。	**第四百五十三条** 申诉由终审人民法院审查处理。但是，第二审人民法院裁定准许撤回上诉的案件，申诉人对第一审判决提出申诉的，可以由第一审人民法院审查处理。 上一级人民法院对未经终审人民法院审查处理的申诉，可以告知申诉人向终审人民法院提出申诉，或者直接交终审人民法院审查处理，并告知申诉人；案件疑难、复杂、重大的，也可以直接审查处理。 对未经终审人民法院及其上一级人民法院审查处理，直接向上级人民法院申诉的，上级人民法院**应当**告知申诉人向下级人民法院提出。
	第四百五十四条 最高人民法院或者上级人民法院可以指定终审人民法院以外的人民法院对申诉进行审查。被指定的人民法院审查后，应当制作审查报告，提出处理意见，层报最高人民法院或者上级人民法院审查处理。

修正前	修正后
第三百七十四条 对死刑案件的申诉，可以由原核准的人民法院直接审查处理，也可以交由原审人民法院审查。原审人民法院应当写出审查报告，提出处理意见，层报原核准的人民法院审查处理。	**第四百五十五条** 对死刑案件的申诉，可以由原核准的人民法院直接审查处理，也可以交由原审人民法院审查。原审人民法院应当**制作**审查报告，提出处理意见，层报原核准的人民法院审查处理。
	第四百五十六条 对立案审查的申诉案件，人民法院可以听取当事人和原办案单位的意见，也可以对原判据以定罪量刑的证据和新的证据进行核实。必要时，可以进行听证。
第三百七十五条 对立案审查的申诉案件，应当在三个月内作出决定，至迟不得超过六个月。 经审查，具有下列情形之一的，应当根据刑事诉讼法第二百四十二条的规定，决定重新审判： （一）有新的证据证明原判决、裁定认定的事实确有错误，可能影响定罪量刑的； （二）据以定罪量刑的证据不确实、不充分、依法应当排除的； （三）证明案件事实的主要证据之间存在矛盾的； （四）主要事实依据被依法变更或者撤销的；	**第四百五十七条** 对立案审查的申诉案件，应当在三个月**以**内作出决定，至迟不得超过六个月。**因案件疑难、复杂、重大或者其他特殊原因需要延长审查期限的，参照本解释第二百一十条的规定处理。** 经审查，具有下列情形之一的，应当根据刑事诉讼法**第二百五十三条**的规定，决定重新审判： （一）有新的证据证明原判决、裁定认定的事实确有错误，可能影响定罪量刑的； （二）据以定罪量刑的证据不确实、不充分、依法应当排除的； （三）证明案件事实的主要证据之间存在矛盾的； （四）主要事实依据被依法变更或者撤销的；

修正前	修正后
（五）认定罪名错误的； （六）量刑明显不当的； （七）违反法律关于溯及力规定的； （八）违反法律规定的诉讼程序，可能影响公正裁判的； （九）审判人员在审理该案件时有贪污受贿、徇私舞弊、枉法裁判行为的。 申诉不具有上述情形的，应当说服申诉人撤回申诉；对仍然坚持申诉的，应当书面通知驳回。	（五）认定罪名错误的； （六）量刑明显不当的； （七）**对违法所得或者其他涉案财物的处理确有明显错误的；** **（八）**违反法律关于溯及力规定的； **（九）**违反**法定**诉讼程序，可能影响公正裁判的； **（十）**审判人员在审理该案件时有贪污受贿、徇私舞弊、枉法裁判行为的。 申诉不具有上述情形的，应当说服申诉人撤回申诉；对仍然坚持申诉的，应当书面通知驳回。
第三百七十六条 具有下列情形之一，可能改变原判决、裁定据以定罪量刑的事实的证据，应当认定为刑事诉讼法第二百四十二条第一项规定的“新的证据”： （一）原判决、裁定生效后新发现的证据； （二）原判决、裁定生效前已经发现，但未予收集的证据； （三）原判决、裁定生效前已经收集，但未经质证的证据； （四）原判决、裁定所依据的鉴定意见，勘验、检查等笔录~~或者其他证据~~被改变或者否定的。	**第四百五十八条** 具有下列情形之一，可能改变原判决、裁定据以定罪量刑的事实的证据，应当认定为刑事诉讼法**第二百五十三条**第一项规定的“新的证据”： （一）原判决、裁定生效后新发现的证据； （二）原判决、裁定生效前已经发现，但未予收集的证据； （三）原判决、裁定生效前已经收集，但未经质证的证据； （四）原判决、裁定所依据的鉴定意见，勘验、检查等笔录被改变或者否定的； **（五）原判决、裁定所依据的被告人供述、证人证言等证据发生变化，影响定罪量刑，且有合理理由的。**

修正前	修正后
第三百七十七条 申诉人对驳回申诉不服的，可以向上一级人民法院申诉。上一级人民法院经审查认为申诉不符合刑事诉讼法第二百四十二条和本解释第三百七十五条第二款规定的，应当说服申诉人撤回申诉；对仍然坚持申诉的，应当驳回或者通知不予重新审判。	**第四百五十九条** 申诉人对驳回申诉不服的，可以向上一级人民法院申诉。上一级人民法院经审查认为申诉不符合刑事诉讼法**第二百五十三条**和本解释**第四百五十七条**第二款规定的，应当说服申诉人撤回申诉；对仍然坚持申诉的，应当驳回或者通知不予重新审判。
第三百七十八条 各级人民法院院长发现本院已经发生法律效力的判决、裁定确有错误的，应当提交审判委员会讨论决定是否再审。	**第四百六十条** 各级人民法院院长发现本院已经发生法律效力的判决、裁定确有错误的，应当提交审判委员会讨论决定是否再审。
第三百七十九条 上级人民法院发现下级人民法院已经发生法律效力的判决、裁定确有错误的，可以指令下级人民法院再审；原判决、裁定认定事实正确但适用法律错误，或者案件疑难、复杂、重大，或者有不宜由原审人民法院审理情形的，也可以提审。 上级人民法院指令下级人民法院再审的，一般应当指令原审人民法院以外的下级人民法院审理；由原审人民法院审理更有利于查明案件事实、纠正裁判错误的，可以指令原审人民法院审理。	**第四百六十一条** 上级人民法院发现下级人民法院已经发生法律效力的判决、裁定确有错误的，可以指令下级人民法院再审；原判决、裁定认定事实正确但适用法律错误，或者案件疑难、复杂、重大，或者有不宜由原审人民法院审理情形的，也可以提审。 上级人民法院指令下级人民法院再审的，一般应当指令原审人民法院以外的下级人民法院审理；由原审人民法院审理更有利于查明案件事实、纠正裁判错误的，可以指令原审人民法院审理。
第三百八十条 对人民检察院依照审判监督程序提出抗诉的案件，人民法院应当在收到抗诉书后一个月内立案。但是，有下列情形之一的，应当区别情况予以处理：	**第四百六十二条** 对人民检察院依照审判监督程序提出抗诉的案件，人民法院应当在收到抗诉书后一个月**以**内立案。但是，有下列情形之一的，应当区别情况予以处理：

修正前	修正后
（一）~~对~~不属于本院管辖的，应当将案件退回人民检察院； （二）按照抗诉书提供的住址无法向被抗诉的原审被告人送达抗诉书的，应当通知人民检察院在三日内重新提供原审被告人的住址；逾期未提供的，将案件退回人民检察院； （三）以有新的证据为由提出抗诉，但未附相关证据材料或者有关证据不是指向原起诉事实的，应当通知人民检察院在三日内补送相关材料；逾期未补送的，将案件退回人民检察院。 决定退回的抗诉案件，人民检察院经补充相关材料后再次抗诉，经审查符合受理条件的，人民法院应当受理。	（一）不属于本院管辖的，应当将案件退回人民检察院； （二）按照抗诉书提供的住址无法向被抗诉的原审被告人送达抗诉书的，应当通知人民检察院在三日**以**内重新提供原审被告人的住址；逾期未提供的，将案件退回人民检察院； （三）以有新的证据为由提出抗诉，但未附相关证据材料或者有关证据不是指向原起诉事实的，应当通知人民检察院在三日**以**内补送相关材料；逾期未补送的，将案件退回人民检察院。 决定退回的抗诉案件，人民检察院经补充相关材料后再次抗诉，经审查符合受理条件的，人民法院应当受理。
第三百八十一条　对人民检察院依照审判监督程序提出抗诉的案件，接受抗诉的人民法院应当组成合议庭审理。对原判事实不清、证据不足，包括有新的证据证明原判可能有错误，需要指令下级人民法院再审的，应当在立案之日起一个月内作出决定，并将指令再审决定书送达抗诉的人民检察院。	**第四百六十三条**　对人民检察院依照审判监督程序提出抗诉的案件，接受抗诉的人民法院应当组成合议庭审理。对原判事实不清、证据不足，包括有新的证据证明原判可能有错误，需要指令下级人民法院再审的，应当在立案之日起一个月**以**内作出决定，并将指令再审决定书送达抗诉的人民检察院。
第三百八十二条　对决定依照审判监督程序重新审判的案件，除~~人民检察院抗诉的以外，~~人民法院应当制作再审决定书。再审期间不	**第四百六十四条**　对决定依照审判监督程序重新审判的案件，人民法院应当制作再审决定书。再审期间不停止原判决、裁定的执行，

修正前	修正后
停止原判决、裁定的执行，但被告人可能经再审改判无罪，或者可能经再审减轻原判刑罚而致刑期届满的，可以决定中止原判决、裁定的执行，必要时，可以对被告人采取取保候审、监视居住措施。	但被告人可能经再审改判无罪，或者可能经再审减轻原判刑罚而致刑期届满的，可以决定中止原判决、裁定的执行，必要时，可以对被告人采取取保候审、监视居住措施。
第三百八十三条　依照审判监督程序重新审判的案件，人民法院应当重点针对申诉、抗诉和决定再审的理由进行审理。必要时，应当对原判决、裁定认定的事实、证据和适用法律进行全面审查。	**第四百六十五条**　依照审判监督程序重新审判的案件，人民法院应当重点针对申诉、抗诉和决定再审的理由进行审理。必要时，应当对原判决、裁定认定的事实、证据和适用法律进行全面审查。
第三百八十四条　原审人民法院审理依照审判监督程序重新审判的案件，应当另行组成合议庭。 原来是第一审案件，应当依照第一审程序进行审判，所作的判决、裁定可以上诉、抗诉；原来是第二审案件，或者是上级人民法院提审的案件，应当依照第二审程序进行审判，所作的判决、裁定是终审的判决、裁定。 ~~对原审被告人、原审自诉人已经死亡或者丧失行为能力的再审案件，可以不开庭审理。~~	**第四百六十六条**　原审人民法院审理依照审判监督程序重新审判的案件，应当另行组成合议庭。 原来是第一审案件，应当依照第一审程序进行审判，所作的判决、裁定可以上诉、抗诉；原来是第二审案件，或者是上级人民法院提审的案件，应当依照第二审程序进行审判，所作的判决、裁定是终审的判决、裁定。 **符合刑事诉讼法第二百九十六条、第二百九十七条规定的，可以缺席审判。**
	第四百六十七条　对依照审判监督程序重新审判的案件，人民法院在依照第一审程序进行审判的过程中，发现原审被告人还有其他犯罪的，一般应当并案审理，但分案审理更为适宜的，可以分案审理。

修正前	修正后
第三百八十五条 开庭审理的再审案件，再审决定书或者抗诉书只针对部分原审被告人，其他同案原审被告人不出庭不影响审理的，可以不出庭参加诉讼。	**第四百六十八条** 开庭审理再审案件，再审决定书或者抗诉书只针对部分原审被告人，其他同案原审被告人不出庭不影响审理的，可以不出庭参加诉讼。
第三百八十六条 除人民检察院抗诉的以外，再审一般不得加重原审被告人的刑罚。再审决定书或者抗诉书只针对部分原审被告人的，不得加重其他同案原审被告人的刑罚。	**第四百六十九条** 除人民检察院抗诉的以外，再审一般不得加重原审被告人的刑罚。再审决定书或者抗诉书只针对部分原审被告人的，不得加重其他同案原审被告人的刑罚。
第三百八十七条 人民法院审理人民检察院抗诉的再审案件，人民检察院在开庭审理前撤回抗诉的，应当裁定准许；人民检察院接到出庭通知后不派员出庭，且未说明原因的，可以裁定按撤回抗诉处理，并通知诉讼参与人。 人民法院审理申诉人申诉的再审案件，申诉人在再审期间撤回申诉的，应当裁定准许；申诉人经依法通知无正当理由拒不到庭，或者未经法庭许可中途退庭的，应当裁定按撤回申诉处理，但申诉人不是原审当事人的除外。	**第四百七十条** 人民法院审理人民检察院抗诉的再审案件，人民检察院在开庭审理前撤回抗诉的，应当裁定准许；人民检察院接到出庭通知后不派员出庭，且未说明原因的，可以裁定按撤回抗诉处理，并通知诉讼参与人。 人民法院审理申诉人申诉的再审案件，申诉人在再审期间撤回申诉的，**可以**裁定准许；**但认为原判确有错误的，应当不予准许，继续按照再审案件审理。**申诉人经依法通知无正当理由拒不到庭，或者未经法庭许可中途退庭的，**可以**裁定按撤回申诉处理，但申诉人不是原审当事人的除外。

修正前	修正后
第三百八十八条 开庭审理的再审案件，系人民法院决定再审的，由合议庭组成人员宣读再审决定书；系人民检察院抗诉的，由检察~~人~~员宣读抗诉书；系申诉人申诉的，由申诉人或者其辩护人、诉讼代理人陈述申诉理由。	**第四百七十一条** 开庭审理的再审案件，系人民法院决定再审的，由合议庭组成人员宣读再审决定书；系人民检察院抗诉的，由检察员宣读抗诉书；系申诉人申诉的，由申诉人或者其辩护人、诉讼代理人陈述申诉理由。
第三百八十九条 再审案件经过重新审理后，应当按照下列情形分别处理： （一）原判决、裁定认定事实和适用法律正确、量刑适当的，应当裁定驳回申诉或者抗诉，维持原判决、裁定； （二）原判决、裁定定罪准确、量刑适当，但在认定事实、适用法律等方面有瑕疵的，应当裁定纠正并维持原判决、裁定； （三）原判决、裁定认定事实没有错误，但适用法律错误~~；~~或者量刑不当的，应当撤销原判决、裁定，依法改判； （四）依照第二审程序审理的案件，原判决、裁定事实不清或者证据不足的，可以在查清事实后改判，也可以裁定撤销原判，发回原审人民法院重新审判。 原判决、裁定事实不清或者证据不足，经审理事实已经查清的，应当根据查清的事实依法裁判；事实仍无法查清，证据不足，不能认定被告人有罪的，应当撤销原判决、裁定，判决宣告被告人无罪。	**第四百七十二条** 再审案件经过重新审理后，应当按照下列情形分别处理： （一）原判决、裁定认定事实和适用法律正确、量刑适当的，应当裁定驳回申诉或者抗诉，维持原判决、裁定； （二）原判决、裁定定罪准确、量刑适当，但在认定事实、适用法律等方面有瑕疵的，应当裁定纠正并维持原判决、裁定； （三）原判决、裁定认定事实没有错误，但适用法律错误或者量刑不当的，应当撤销原判决、裁定，依法改判； （四）依照第二审程序审理的案件，原判决、裁定事实不清、证据不足的，可以在查清事实后改判，也可以裁定撤销原判，发回原审人民法院重新审判。 原判决、裁定事实不清或者证据不足，经审理事实已经查清的，应当根据查清的事实依法裁判；事实仍无法查清，证据不足，不能认定被告人有罪的，应当撤销原判决、裁定，判决宣告被告人无罪。

修正前	修正后
第三百九十条 原判决、裁定认定被告人姓名等身份信息有误，但认定事实和适用法律正确、量刑适当的，作出生效判决、裁定的人民法院可以通过裁定对有关信息予以更正。	**第四百七十三条** 原判决、裁定认定被告人姓名等身份信息有误，但认定事实和适用法律正确、量刑适当的，作出生效判决、裁定的人民法院可以通过裁定对有关信息予以更正。
第三百九十一条 对再审改判宣告无罪并依法享有申请国家赔偿权利的当事人，人民法院宣判时，应当告知其在判决发生法律效力后可以依法申请国家赔偿。	**第四百七十四条** 对再审改判宣告无罪并依法享有申请国家赔偿权利的当事人，人民法院宣判时，应当告知其在判决发生法律效力后可以依法申请国家赔偿。
第十八章 涉外刑事案件的审理和司法协助	**第二十章 涉外刑事案件的审理和刑事司法协助**
	第一节 涉外刑事案件的审理
第三百九十二条 本解释所称的涉外刑事案件是指： （一）在中华人民共和国领域内，外国人犯罪~~的~~或者我国公民侵犯外国人合法权利的~~刑事~~案件； （二）符合刑法第七条、第十条规定情形的我国公民在中华人民共和国领域外犯罪的案件； （三）符合刑法第八条、第十条规定情形的外国人~~对中华人民共和国国家或者公民~~犯罪的案件； （四）符合刑法第九条规定情形的中华人民共和国在所承担国际条约义务范围内行使管辖权的案件。	**第四百七十五条** 本解释所称的涉外刑事案件是指： （一）在中华人民共和国领域内，外国人犯罪或者我国公民**对外国、外国人犯罪**的案件； （二）符合刑法第七条、第十条规定情形的我国公民在中华人民共和国领域外犯罪的案件； （三）符合刑法第八条、第十条规定情形的外国人犯罪的案件； （四）符合刑法第九条规定情形的中华人民共和国在所承担国际条约义务范围内行使管辖权的案件。

修正前	修正后
第三百九十三条　第一审涉外刑事案件，除刑事诉讼法<u>第二十条</u>至<u>第二十二条</u>规定的以外，由基层人民法院管辖。必要时，中级人民法院可以指定辖区内若干基层人民法院集中管辖第一审涉外刑事案件，也可以依照刑事诉讼法<u>第二十三条</u>的规定，审理基层人民法院管辖的第一审涉外刑事案件。	**第四百七十六条**　第一审涉外刑事案件，除刑事诉讼法**第二十一条**至**第二十三条**规定的以外，由基层人民法院管辖。必要时，中级人民法院可以指定辖区内若干基层人民法院集中管辖第一审涉外刑事案件，也可以依照刑事诉讼法**第二十四条**的规定，审理基层人民法院管辖的第一审涉外刑事案件。
第三百九十四条　外国人的国籍，根据其入境时的有效证件确认；国籍不明的，根据公安机关或者有关国家驻华使领馆出具的证明确认。 国籍无法查明的，以无国籍人对待，适用本章有关规定，在裁判文书中写明“国籍不明”。	**第四百七十七条**　外国人的国籍，根据其入境时**持用**的有效证件确认；国籍不明的，根据公安机关或者有关国家驻华使领馆出具的证明确认。 国籍无法查明的，以无国籍人对待，适用本章有关规定，在裁判文书中写明“国籍不明”。
第三百九十五条　在刑事诉讼中，外国籍当事人享有我国法律规定的诉讼权利并承担相应义务。	**第四百七十八条**　在刑事诉讼中，外国籍当事人享有我国法律规定的诉讼权利并承担相应义务。
第三百九十六条　涉外刑事案件审判期间，人民法院应当将下列事项及时通报同级人民政府外事主管部门，并通知有关国家驻华使领馆： （一）人民法院决定对外国籍被告人采取强制措施的情况，包括外国籍当事人的姓名（包括译名）、性别、入境时间、护照或者证件号码、采取的强制措施及法律依据、羁押地点等；	**第四百七十九条**　涉外刑事案件审判期间，人民法院应当将下列事项及时通报同级人民政府外事主管部门，并**依照有关规定**通知有关国家驻华使领馆： （一）人民法院决定对外国籍被告人采取强制措施的情况，包括外国籍当事人的姓名（包括译名）、性别、入境时间、护照或者证件号码、采取的强制措施及法律依据、羁押地点等；

修正前	修正后
（二）开庭的时间、地点、是否公开审理等事项； （三）宣判的时间、地点。 涉外刑事案件宣判后，应当及时将处理结果通报同级人民政府外事主管部门。 对外国籍被告人执行死刑的，死刑裁决下达后执行前，应当通知其国籍国驻华使、领馆。 外国籍被告人在案件审理中死亡的，应当及时通报同级人民政府外事主管部门，并通知有关国家驻华使、领馆。	（二）开庭的时间、地点、是否公开审理等事项； （三）宣判的时间、地点。 涉外刑事案件宣判后，应当将处理结果**及时**通报同级人民政府外事主管部门。 对外国籍被告人执行死刑的，死刑裁决下达后执行前，应当通知其国籍国驻华使领馆。 外国籍被告人在案件审理中死亡的，应当及时通报同级人民政府外事主管部门，并通知有关国家驻华使领馆。
第三百九十七条 需要向有关国家驻华使、领馆通知有关事项的，应当层报高级人民法院，由高级人民法院按照下列规定通知： （一）外国籍当事人国籍国与我国签订有双边领事条约的，根据条约规定办理；未与我国签订双边领事条约，但参加《维也纳领事关系公约》的，根据公约规定办理；未与我国签订领事条约，也未参加《维也纳领事关系公约》，但与我国有外交关系的，可以根据外事主管部门的意见，按照互惠原则，根据有关规定和国际惯例办理； （二）在外国驻华领馆领区内发生的涉外刑事案件，通知有关外国驻该地区的领馆；在外国领馆领区外发生的涉外刑事案件，通知有	**第四百八十条** 需要向有关国家驻华使领馆通知有关事项的，应当层报高级人民法院，由高级人民法院按照下列规定通知： （一）外国籍当事人国籍国与我国签订有双边领事条约的，根据条约规定办理；未与我国签订双边领事条约，但参加《维也纳领事关系公约》的，根据公约规定办理；未与我国签订领事条约，也未参加《维也纳领事关系公约》，但与我国有外交关系的，可以根据外事主管部门的意见，按照互惠原则，根据有关规定和国际惯例办理； （二）在外国驻华领馆领区内发生的涉外刑事案件，通知有关外国驻该地区的领馆；在外国领馆领区外发生的涉外刑事案件，通知有

修正前	修正后
关外国驻华使馆；与我国有外交关系，但未设使、领馆的国家，可以通知其代管国家驻华使、领馆；无代管国家<u>或者</u>代管国家不明的，可以不通知； （三）双边领事条约规定通知时限的，应当在规定的期限内通知；<u>无双边领事条约</u>规定的，应当根据或者参照《维也纳领事关系公约》和国际惯例尽快通知，至迟不得超过七日； （四）双边领事条约没有规定必须通知，外国籍当事人要求不通知其国籍国驻华使、领馆的，可以不通知，但应当由其本人出具书面声明。 高级人民法院向外国驻华使、领馆通知有关事项，必要时，可以请人民政府外事主管部门协助。	关外国驻华使馆；与我国有外交关系，但未设使领馆的国家，可以通知其代管国家驻华使领馆；无代管国家、代管国家不明的，可以不通知； （三）双边领事条约规定通知时限的，应当在规定的期限内通知；**没有**规定的，应当根据或者参照《维也纳领事关系公约》和国际惯例尽快通知，至迟不得超过七日； （四）双边领事条约没有规定必须通知，外国籍当事人要求不通知其国籍国驻华使领馆的，可以不通知，但应当由其本人出具书面声明。 高级人民法院向外国驻华使领馆通知有关事项，必要时，可以请人民政府外事主管部门协助。
第三百九十八条 人民法院受理涉外刑事案件后，应当告知在押的外国籍被告人享有与其国籍国驻华使、领馆联系，与其监护人、近亲属会见、通信，以及请求人民法院提供翻译的权利。	**第四百八十一条** 人民法院受理涉外刑事案件后，应当告知在押的外国籍被告人享有与其国籍国驻华使领馆联系，与其监护人、近亲属会见、通信，以及请求人民法院提供翻译的权利。
第三百九十九条 涉外刑事案件审判期间，外国籍被告人在押，其国籍国驻华使、领馆官员要求探视的，可以向受理案件的人民法院所在地的高级人民法院提出。人民法院应当根据我国与被告人国籍国	**第四百八十二条** 涉外刑事案件审判期间，外国籍被告人在押，其国籍国驻华使领馆官员要求探视的，可以向受理案件的人民法院所在地的高级人民法院提出。人民法院应当根据我国与被告人国籍国签

修正前	修正后
签订的双边领事条约规定的时限予以安排；没有条约规定的，应当尽快安排。必要时，可以请人民政府外事主管部门协助。 涉外刑事案件审判期间，外国籍被告人在押，其监护人、近亲属申请会见的，可以向受理案件的人民法院所在地的高级人民法院提出，并依照本解释第四百零三条的规定提供与被告人关系的证明。人民法院经审查认为不妨碍案件审判的，可以批准。 被告人拒绝接受探视、会见的，~~可以不予安排，但~~应当由其本人出具书面声明。 探视、会见被告人应当遵守我国法律规定。	订的双边领事条约规定的时限予以安排；没有条约规定的，应当尽快安排。必要时，可以请人民政府外事主管部门协助。 涉外刑事案件审判期间，外国籍被告人在押，其监护人、近亲属申请会见的，可以向受理案件的人民法院所在地的高级人民法院提出，并依照本解释**第四百八十六条**的规定提供与被告人关系的证明。人民法院经审查认为不妨碍案件审判的，可以批准。 被告人拒绝接受探视、会见的，应当由其本人出具书面声明。**拒绝出具书面声明的，应当记录在案；必要时，应当录音录像。** 探视、会见被告人应当遵守我国法律规定。
第四百条 人民法院审理涉外刑事案件，应当公开进行，但依法不应公开审理的除外。 公开审理的涉外刑事案件，外国籍当事人国籍国驻华使、领馆官员要求旁听的，可以向受理案件的人民法院所在地的高级人民法院提出申请，人民法院应当安排。	**第四百八十三条** 人民法院审理涉外刑事案件，应当公开进行，但依法不应公开审理的除外。 公开审理的涉外刑事案件，外国籍当事人国籍国驻华使领馆官员要求旁听的，可以向受理案件的人民法院所在地的高级人民法院提出申请，人民法院应当安排。
第四百零一条 人民法院审判涉外刑事案件，使用中华人民共和国通用的语言、文字，应当为外国籍当事人提供翻译。	**第四百八十四条** 人民法院审判涉外刑事案件，使用中华人民共和国通用的语言、文字，应当为外国籍当事人提供翻译。**翻译人员应当在翻译文件上签名。**

修正前	修正后
人民法院的诉讼文书为中文本。外国籍当事人不通晓中文的，应当附有外文译本，译本不加盖人民法院印章，以中文本为准。 外国籍当事人通晓中国语言、文字，拒绝他人翻译，或者不需要诉讼文书外文译本的，应当由其本人出具书面声明。	人民法院的诉讼文书为中文本。外国籍当事人不通晓中文的，应当附有外文译本，译本不加盖人民法院印章，以中文本为准。 外国籍当事人通晓中国语言、文字，拒绝他人翻译，或者不需要诉讼文书外文译本的，应当由其本人出具书面声明。**拒绝出具书面声明的，应当记录在案；必要时，应当录音录像。**
第四百零二条 外国籍被告人委托律师辩护，或者外国籍附带民事诉讼原告人、自诉人委托律师代理诉讼的，应当委托具有中华人民共和国律师资格并依法取得执业证书的律师。 外国籍被告人在押的，其监护人、近亲属或者其国籍国驻华使领馆可以代为委托辩护人。其监护人、近亲属代为委托的，应当提供与被告人关系的有效证明。 外国籍当事人委托其监护人、近亲属担任辩护人、诉讼代理人的，被委托人应当提供与当事人关系的有效证明。经审查，符合刑事诉讼法、有关司法解释规定的，人民法院应当准许。 外国籍被告人没有委托辩护人的，人民法院可以通知法律援助机构为其指派律师提供辩护。被告人拒绝辩护人辩护的，应当由其出具	**第四百八十五条** 外国籍被告人委托律师辩护，或者外国籍附带民事诉讼原告人、自诉人委托律师代理诉讼的，应当委托具有中华人民共和国律师资格并依法取得执业证书的律师。 外国籍被告人在押的，其监护人、近亲属或者其国籍国驻华使领馆可以代为委托辩护人。其监护人、近亲属代为委托的，应当提供与被告人关系的有效证明。 外国籍当事人委托其监护人、近亲属担任辩护人、诉讼代理人的，被委托人应当提供与当事人关系的有效证明。经审查，符合刑事诉讼法、有关司法解释规定的，人民法院应当准许。 外国籍被告人没有委托辩护人的，人民法院可以通知法律援助机构为其指派律师提供辩护。被告人拒绝辩护人辩护的，应当由其出具

修正前	修正后
书面声明，或者将其口头声明记录在案。被告人属于应当提供法律援助情形的，依照本解释第四十五条规定处理。	书面声明，或者将其口头声明记录在案**；必要时，应当录音录像**。被告人属于应当提供法律援助情形的，依照本解释**第五十条**规定处理。
第四百零三条 外国籍当事人从中华人民共和国领域外寄交或者托交给中国律师或者中国公民的委托书，以及外国籍当事人的监护人、近亲属提供的与当事人关系的证明，必须经所在国公证机关证明，所在国中央外交主管机关或者其授权机关认证，并经我国驻该国使、领馆认证，但我国与该国之间有互免认证协定的除外。	**第四百八十六条** 外国籍当事人从中华人民共和国领域外寄交或者托交给中国律师或者中国公民的委托书，以及外国籍当事人的监护人、近亲属提供的与当事人关系的证明，必须经所在国公证机关证明，所在国中央外交主管机关或者其授权机关认证，并经**中华人民共和国**驻该国使领馆认证，**或者履行中华人民共和国与该所在国订立的有关条约中规定的证明手续**，但我国与该国之间有互免认证协定的除外。
第四百零四条 对涉外刑事案件的被告人，可以决定限制出境；对开庭审理案件时必须到庭的证人，可以要求暂缓出境。~~作出限制出境的决定，应当通报同级公安机关或者国家安全机关；~~限制外国人出境的，应当~~同时~~通报同级人民政府外事主管部门和当事人国籍国驻华使、领馆。 人民法院决定限制外国人和中国公民出境的，应当书面通知被限制出境的人在案件审理终结前不得离境，并可以采取扣留护照或者其他出入境证件的办法限制其出境；	**第四百八十七条** 对涉外刑事案件的被告人，可以决定限制出境；对开庭审理案件时必须到庭的证人，可以要求暂缓出境。限制外国人出境的，应当通报同级人民政府外事主管部门和当事人国籍国驻华使领馆。 人民法院决定限制外国人和中国公民出境的，应当书面通知被限制出境的人在案件审理终结前不得离境，并可以采取扣留护照或者其他出入境证件的办法限制其出境；扣留证件的，应当履行必要手续，并发给本人扣留证件的证明。

修正前	修正后
扣留证件的，应当履行必要手续，并发给本人扣留证件的证明。 ~~对~~需要在边防检查站阻止外国人和中国公民出境的，受理案件的人民法院应当层报高级人民法院~~，由高级人民法院填写口岸阻止人员出境通知书，向同级公安机关~~办理交控手续。~~控制口岸不在本省、自治区、直辖市的，应当通过有关省、自治区、直辖市公安机关办理交控手续。~~紧急情况下，确有必要的，~~也~~可以先向边防检查站交控，再补办交控手续。	需要**对**外国人和中国公民**在口岸采取边控措施的**，受理案件的人民法院应当**按照规定制作边控对象通知书，并附有关法律文书，**层报高级人民法院办理交控手续。紧急情况下，**需要采取临时边控措施的，受理案件的人民法院**可以先向**有关口岸所在地出入境边防检查机关**交控，**但应当在七日以内按照规定层报高级人民法院办理手续。**
第四百零六条 涉外刑事案件，符合刑事诉讼法第二百零二条第一款、第二百三十二条规定的，经有关人民法院批准或者决定，可以延长审理期限。	**第四百八十八条** 涉外刑事案件，符合刑事诉讼法**第二百零八条**第一款、**第二百四十三条**规定的，经有关人民法院批准或者决定，可以延长审理期限。
第四百零七条 涉外刑事案件宣判后，外国籍当事人国籍国驻华使~~、~~领馆要求提供裁判文书的，可以向受理案件的人民法院所在地的高级人民法院提出，人民法院可以提供。	**第四百八十九条** 涉外刑事案件宣判后，外国籍当事人国籍国驻华使领馆要求提供裁判文书的，可以向受理案件的人民法院所在地的高级人民法院提出，人民法院可以提供。
第四百一十四条 涉外刑事案件审理过程中的其他事宜，依照法律、司法解释和其他有关规定办理。	**第四百九十条** 涉外刑事案件审理过程中的其他**事项**，依照法律、司法解释和其他有关规定办理。

修正前	修正后
	第二节　刑事司法协助
第四百零九条　请求和提供司法协助，应当依照中华人民共和国缔结或者参加的国际条约规定的途径进行~~；没有条约关系的，通过外交途径进行~~。	**第四百九十一条**　请求和提供司法协助，应当依照**《中华人民共和国国际刑事司法协助法》、我国与有关国家、地区签订的刑事司法协助条约、移管被判刑人条约和有关法律规定**进行。 **对请求书的签署机关、请求书及所附材料的语言文字、有关办理期限和具体程序等事项，在不违反中华人民共和国法律的基本原则的情况下，可以按照刑事司法协助条约规定或者双方协商办理。**
第四百零八条　~~根据中华人民共和国缔结或者参加的国际条约，或者按照互惠原则，人民法院和外国法院可以相互请求刑事司法协助。~~ 外国法院请求的事项有损中华人民共和国的主权、安全、社会公共利益的，人民法院不予协助。	**第四百九十二条**　外国法院请求的事项有损中华人民共和国的主权、安全、社会公共利益**以及违反中华人民共和国法律的基本原则**的，人民法院不予协助；**属于有关法律规定的可以拒绝提供刑事司法协助情形的，可以不予协助。**
第四百一十条　人民法院请求外国提供司法协助的，应当经高级人民法院审查后报最高人民法院审核同意。 外国法院请求我国提供司法协助，属于人民法院职权范围的，经最高人民法院审核同意后转有关人民法院办理。	**第四百九十三条**　人民法院请求外国提供司法协助的，应当**层报最高人民法院，经最高人民法院审**核同意**后交由有关对外联系机关及时向外国提出请求。** 外国法院请求我国提供司法协助，**有关对外联系机关认为**属于人民法院职权范围的，经最高人民法院审核同意后转有关人民法院办理。

修正前	修正后
第四百一十一条　人民法院请求外国提供司法协助的请求书~~及其所附文件~~，应当附有该国文字译本或者国际条约规定的其他文字文本。 外国法院请求我国提供司法协助的请求书~~及其所附文件~~，应当附有中文译本~~或者国际条约规定的其他文字文本~~。	**第四百九十四条**　人民法院请求外国提供司法协助的请求书，**应当依照刑事司法协助条约的规定提出；没有条约或者条约没有规定的，应当载明法律规定的相关信息并附相关材料。请求书及其所附材料应当以中文制作，并附有被请求国官方文字的译本。** 外国请求我国**法院**提供司法协助的请求书，**应当依照刑事司法协助条约的规定提出；没有条约或者条约没有规定的，应当载明我国法律规定的相关信息并附相关材料。请求书及所附材料**应当附有中文译本。
第四百一十二条　人民法院向在中华人民共和国领域外居住的当事人送达刑事诉讼文书，可以采用下列方式： （一）根据受送达人所在国与中华人民共和国缔结或者共同参加的国际条约规定的方式送达； （二）通过外交途径送达； （三）对中国籍当事人，可以委托我国驻受送达人所在国的使领馆代为送达； （四）当事人是自诉案件的自诉人或者附带民事诉讼原告人的，可以向有权代其接受送达的诉讼代理人送达；	**第四百九十五条**　人民法院向在中华人民共和国领域外居住的当事人送达刑事诉讼文书，可以采用下列方式： （一）根据受送达人所在国与中华人民共和国缔结或者共同参加的国际条约规定的方式送达； （二）通过外交途径送达； （三）对中国籍当事人，**所在国法律允许或者经所在国同意的，**可以委托我国驻受送达人所在国的使领馆代为送达； （四）当事人是自诉案件的自诉人或者附带民事诉讼原告人的，可以向有权代其接受送达的诉讼代理人送达；

修正前	修正后
（五）当事人是外国单位的，可以向其在中华人民共和国领域内设立的代表机构或者有权接受送达的分支机构、业务代办人送达； （六）受送达人所在国法律允许的，可以邮寄送达；自邮寄之日起满三个月，送达回证未退回，但根据各种情况足以认定已经送达的，视为送达； （七）受送达人所在国法律允许的，可以采用传真、电子邮件等能够确认受送达人收悉的方式送达。	（五）当事人是外国单位的，可以向其在中华人民共和国领域内设立的代表机构或者有权接受送达的分支机构、业务代办人送达； （六）受送达人所在国法律允许的，可以邮寄送达；自邮寄之日起满三个月，送达回证未退回，但根据各种情况足以认定已经送达的，视为送达； （七）受送达人所在国法律允许的，可以采用传真、电子邮件等能够确认受送达人收悉的方式送达。
第四百一十三条　人民法院通过外交途径向在中华人民共和国领域外居住的受送达人送达刑事诉讼文书的，所送达的文书应当经高级人民法院审查后报最高人民法院审核。最高人民法院认为可以发出的，由最高人民法院交外交部主管部门转递。 外国法院通过外交途径请求人民法院送达刑事诉讼文书的，由该国驻华使馆将法律文书交我国外交部主管部门转最高人民法院。最高人民法院审核后认为属于人民法院职权范围，且可以代为送达的，应当转有关人民法院办理。	**第四百九十六条**　人民法院通过外交途径向在中华人民共和国领域外居住的受送达人送达刑事诉讼文书的，所送达的文书应当经高级人民法院审查后报最高人民法院审核。最高人民法院认为可以发出的，由最高人民法院交外交部主管部门转递。 外国法院通过外交途径请求人民法院送达刑事诉讼文书的，由该国驻华使馆将法律文书交我国外交部主管部门转最高人民法院。最高人民法院审核后认为属于人民法院职权范围，且可以代为送达的，应当转有关人民法院办理。

修正前	修正后
第十九章　执行程序	**第二十一章　执行程序**
第一节　死刑的执行	第一节　死刑的执行
第四百一十五条　被判处死刑缓期执行的罪犯，在死刑缓期执行期间~~故意~~犯罪的，应当由罪犯服刑地的中级人民法院依法审判，所作的判决可以上诉、抗诉。 认定~~构成~~故意犯罪的判决、裁定发生法律效力后，应当层报最高人民法院核准执行死刑。	**第四百九十七条**　被判处死刑缓期执行的罪犯，在死刑缓期执行期间犯罪的，应当由罪犯服刑地的中级人民法院依法审判，所作的判决可以上诉、抗诉。 认定故意犯罪，**情节恶劣，应当执行死刑**的，**在**判决、裁定发生法律效力后，应当层报最高人民法院核准执行死刑。 **对故意犯罪未执行死刑的，不再报高级人民法院核准，死刑缓期执行的期间重新计算，并层报最高人民法院备案。备案不影响判决、裁定的生效和执行。** **最高人民法院经备案审查，认为原判不予执行死刑错误，确需改判的，应当依照审判监督程序予以纠正。**
第四百一十六条　死刑缓期执行的期间，从判决或者裁定核准死刑缓期执行的法律文书宣告或者送达之日起计算。 死刑缓期执行期满，依法应当减刑的，人民法院应当及时减刑。死刑缓期执行期满减为无期徒刑、有期徒刑的，刑期自死刑缓期执行期满之日起计算。	**第四百九十八条**　死刑缓期执行的期间，从判决或者裁定核准死刑缓期执行的法律文书宣告或者送达之日起计算。 死刑缓期执行期满，依法应当减刑的，人民法院应当及时减刑。死刑缓期执行期满减为无期徒刑、有期徒刑的，刑期自死刑缓期执行期满之日起计算。

修正前	修正后
第四百一十七条 最高人民法院的执行死刑命令，由高级人民法院交付第一审人民法院执行。第一审人民法院接到执行死刑命令后，应当在七日内执行。 在死刑缓期执行期间故意犯罪，最高人民法院核准执行死刑的，由罪犯服刑地的中级人民法院执行。	**第四百九十九条** 最高人民法院的执行死刑命令，由高级人民法院交付第一审人民法院执行。第一审人民法院接到执行死刑命令后，应当在七日**以**内执行。 在死刑缓期执行期间故意犯罪，最高人民法院核准执行死刑的，由罪犯服刑地的中级人民法院执行。
第四百一十八条 <u>第一审</u>人民法院在接到执行死刑命令后、执行前，发现有下列情形之一的，应当暂停执行，并立即将请求停止执行死刑的报告和相关材料层报最高人民法院： （一）罪犯可能有其他犯罪的； （二）共同犯罪的其他犯罪嫌疑人到案，可能影响罪犯量刑的； （三）共同犯罪的其他罪犯被暂停或者停止执行死刑，可能影响罪犯量刑的； （四）罪犯揭发重大犯罪事实或者有其他重大立功表现，可能需要改判的； （五）罪犯怀孕的； （六）判决、裁定可能有影响定罪量刑的其他错误的。 最高人民法院经审查，认为可能影响罪犯定罪量刑的，应当裁定停止执行死刑；认为不影响的，应当决定继续执行死刑。	**第五百条** **下级**人民法院在接到执行死刑命令后、执行前，发现有下列情形之一的，应当暂停执行，并立即将请求停止执行死刑的报告和相关材料层报最高人民法院： （一）罪犯可能有其他犯罪的； （二）共同犯罪的其他犯罪嫌疑人到案，可能影响罪犯量刑的； （三）共同犯罪的其他罪犯被暂停或者停止执行死刑，可能影响罪犯量刑的； （四）罪犯揭发重大犯罪事实或者有其他重大立功表现，可能需要改判的； （五）罪犯怀孕的； （六）判决、裁定可能有影响定罪量刑的其他错误的。 最高人民法院经审查，认为可能影响罪犯定罪量刑的，应当裁定停止执行死刑；认为不影响的，应当决定继续执行死刑。

修正前	修正后
第四百一十九条 最高人民法院在执行死刑命令签发后、执行前，发现有前条第一款规定情形的，应当立即裁定停止执行死刑，并将有关材料移交下级人民法院。	**第五百零一条** 最高人民法院在执行死刑命令签发后、执行前，发现有前条第一款规定情形的，应当立即裁定停止执行死刑，并将有关材料移交下级人民法院。
第四百二十条 下级人民法院接到最高人民法院停止执行死刑的裁定后，应当会同有关部门调查核实停止执行死刑的事由，并及时将调查结果和意见层报最高人民法院审核。	**第五百零二条** 下级人民法院接到最高人民法院停止执行死刑的裁定后，应当会同有关部门调查核实停止执行死刑的事由，并及时将调查结果和意见层报最高人民法院审核。
第四百二十一条 对下级人民法院报送的停止执行死刑的调查结果和意见，由最高人民法院原作出核准死刑判决、裁定的合议庭负责审查，必要时，另行组成合议庭进行审查。	**第五百零三条** 对下级人民法院报送的停止执行死刑的调查结果和意见，由最高人民法院原作出核准死刑判决、裁定的合议庭负责审查；必要时，另行组成合议庭进行审查。
第四百二十二条 最高人民法院对停止执行死刑的案件，应当按照下列情形分别处理： （一）确认罪犯怀孕的，应当改判； （二）确认罪犯有其他犯罪，依法应当追诉的，应当裁定不予核准死刑，撤销原判，发回重新审判； （三）确认原判决、裁定有错误或者罪犯有重大立功表现，需要改判的，应当裁定不予核准死刑，撤销原判，发回重新审判； （四）确认原判决、裁定没有错误，罪犯没有重大立功表现，或者重大立功表现不影响原判决、裁定执行的，应当裁定继续执行死刑，并由院长重新签发执行死刑的命令。	**第五百零四条** 最高人民法院对停止执行死刑的案件，应当按照下列情形分别处理： （一）确认罪犯怀孕的，应当改判； （二）确认罪犯有其他犯罪，依法应当追诉的，应当裁定不予核准死刑，撤销原判，发回重新审判； （三）确认原判决、裁定有错误或者罪犯有重大立功表现，需要改判的，应当裁定不予核准死刑，撤销原判，发回重新审判； （四）确认原判决、裁定没有错误，罪犯没有重大立功表现，或者重大立功表现不影响原判决、裁定执行的，应当裁定继续执行死刑，并由院长重新签发执行死刑的命令。

修正前	修正后
第四百二十三条 第一审人民法院在执行死刑前，应当告知罪犯有权会见其近亲属。罪犯申请会见并提供具体联系方式的，人民法院应当通知其近亲属。罪犯近亲属申请会见的，人民法院应当准许~~；~~并及时安排~~会见~~。	**第五百零五条** 第一审人民法院在执行死刑前，应当告知罪犯有权会见其近亲属。罪犯申请会见并提供具体联系方式的，人民法院应当通知其近亲属。**确实无法与罪犯近亲属取得联系，或者其近亲属拒绝会见的，应当告知罪犯。罪犯申请通过录音录像等方式留下遗言的，人民法院可以准许。** 罪犯近亲属申请会见的，人民法院应当准许并及时安排，**但罪犯拒绝会见的除外。罪犯拒绝会见的，应当记录在案并及时告知其近亲属；必要时，应当录音录像。** **罪犯申请会见近亲属以外的亲友，经人民法院审查，确有正当理由的，在确保安全的情况下可以准许。** **罪犯申请会见未成年子女的，应当经未成年子女的监护人同意；会见可能影响未成年人身心健康的，人民法院可以通过视频方式安排会见，会见时监护人应当在场。** **会见一般在罪犯羁押场所进行。** **会见情况应当记录在案，附卷存档。**
第四百二十四条 第一审人民法院在执行死刑三日前，应当通知同级人民检察院派员临场监督。	**第五百零六条** 第一审人民法院在执行死刑三日**以**前，应当通知同级人民检察院派员临场监督。

修正前	修正后
第四百二十五条 死刑采用枪决或者注射等方法执行。 采用注射方法执行死刑的，应当在指定的刑场或者羁押场所内执行。 采用枪决、注射以外的其他方法执行死刑的，应当事先层报最高人民法院批准。	**第五百零七条** 死刑采用枪决或者注射等方法执行。 采用注射方法执行死刑的，应当在指定的刑场或者羁押场所内执行。 采用枪决、注射以外的其他方法执行死刑的，应当事先层报最高人民法院批准。
第四百二十六条 执行死刑前，指挥执行的审判人员对罪犯应当验明正身，讯问有无遗言、信札，并制作笔录，再交执行人员执行死刑。 执行死刑应当公布，禁止游街示众或者其他有辱罪犯人格的行为。	**第五百零八条** 执行死刑前，指挥执行的审判人员**应当**对罪犯验明正身，讯问有无遗言、信札，并制作笔录，再交执行人员执行死刑。 执行死刑应当公布，禁止游街示众或者其他有辱罪犯人格的行为。
第四百二十七条 执行死刑后，应当由法医验明罪犯确实死亡，在场书记员制作笔录。负责执行的人民法院应当在执行死刑后十五日内将执行情况，包括罪犯被执行死刑前后的照片，上报最高人民法院。	**第五百零九条** 执行死刑后，应当由法医验明罪犯确实死亡，在场书记员制作笔录。负责执行的人民法院应当在执行死刑后十五日**以**内将执行情况，包括罪犯被执行死刑前后的照片，上报最高人民法院。
第四百二十八条 执行死刑后，负责执行的人民法院应当办理以下事项： （一）对罪犯的遗书、遗言笔录，应当及时审查；涉及财产继承、债务清偿、家事嘱托等内容的，将遗书、遗言笔录交给家属，同时复制附卷备查；涉及案件线索等问题的，抄送有关机关；	**第五百一十条** 执行死刑后，负责执行的人民法院应当办理以下事项： （一）对罪犯的遗书、遗言笔录，应当及时审查；涉及财产继承、债务清偿、家事嘱托等内容的，将遗书、遗言笔录交给家属，同时复制附卷备查；涉及案件线索等问题的，抄送有关机关；

修正前	修正后
（二）通知罪犯家属在限期内领取罪犯骨灰；没有火化条件或者因民族、宗教等原因不宜火化的，通知领取尸体；过期不领取的，由人民法院通知有关单位处理，并要求有关单位出具处理情况的说明；对罪犯骨灰或者尸体的处理情况，应当记录在案； （三）对外国籍罪犯执行死刑后，通知外国驻华使领馆的程序和时限，根据有关规定办理。	（二）通知罪犯家属在限期内领取罪犯骨灰；没有火化条件或者因民族、宗教等原因不宜火化的，通知领取尸体；过期不领取的，由人民法院通知有关单位处理，并要求有关单位出具处理情况的说明；对罪犯骨灰或者尸体的处理情况，应当记录在案； （三）对外国籍罪犯执行死刑后，通知外国驻华使领馆的程序和时限，根据有关规定办理。
第二节　死刑缓期执行、无期徒刑、有期徒刑、拘役的交付执行	第二节　死刑缓期执行、无期徒刑、有期徒刑、拘役的交付执行
第四百二十九条　被判处死刑缓期执行、无期徒刑、有期徒刑、拘役的罪犯，~~交付执行时在押的，~~第一审人民法院应当在判决、裁定生效后十日内，将判决书、裁定书、起诉书副本、自诉状复印件、执行通知书、结案登记表送达~~看守所，由~~公安机关~~将罪犯交付执行。~~ ~~罪犯需要收押执行刑罚，而判决、裁定生效前未被羁押的，人民法院应当根据生效的判决书、裁定书将罪犯送交看守所羁押，并依照前款的规定办理执行手续。~~	**第五百一十一条**　被判处死刑缓期执行、无期徒刑、有期徒刑、拘役的罪犯，第一审人民法院应当在判决、裁定生效后十日**以**内，将判决书、裁定书、起诉书副本、自诉状复印件、执行通知书、结案登记表送达公安机关、**监狱或者其他执行机关**。

修正前	修正后
第四百三十条 同案审理的案件中，部分被告人被判处死刑，对未被判处死刑的同案被告人需要羁押执行刑罚的，应当在其判决、裁定生效后十日内交付执行。但是，该同案被告人参与实施有关死刑之罪的，应当在~~最高人民法院~~复核讯问被判处死刑的被告人后交付执行。	**第五百一十二条** 同案审理的案件中，部分被告人被判处死刑，对未被判处死刑的同案被告人需要羁押执行刑罚的，应当**根据前条规定及时**交付执行。但是，该同案被告人参与实施有关死刑之罪的，应当在复核讯问被判处死刑的被告人后交付执行。
第四百三十一条 执行通知书回执经看守所盖章后，应当附卷备查。	**第五百一十三条** 执行通知书回执经看守所盖章后，应当附卷备查。
	第五百一十四条 罪犯在被交付执行前，因有严重疾病、怀孕或者正在哺乳自己婴儿的妇女、生活不能自理的原因，依法提出暂予监外执行的申请的，有关病情诊断、妊娠检查和生活不能自理的鉴别，由人民法院负责组织进行。
第四百三十二条 被判处无期徒刑、有期徒刑或者拘役的罪犯，符合刑事诉讼法第二百五十四条第一款、第二款的规定，人民法院决定暂予监外执行的，应当制作暂予监外执行决定书，写明罪犯基本情况、判决确定的罪名和刑罚、决定暂予监外执行的原因、依据等~~，通知罪犯居住地的县级司法行政机关派员办理交接手续，并将暂予监外执行决定书抄送罪犯居住地的县级人民检察院和公安机关~~。	**第五百一十五条** 被判处无期徒刑、有期徒刑或者拘役的罪犯，符合刑事诉讼法**第二百六十五条**第一款、第二款的规定，人民法院决定暂予监外执行的，应当制作暂予监外执行决定书，写明罪犯基本情况、判决确定的罪名和刑罚、决定暂予监外执行的原因、依据等。 **人民法院在作出暂予监外执行决定前，应当征求人民检察院的意见。**

修正前	修正后
人民检察院认为人民法院的暂予监外执行决定不当，在法定期限内提出书面意见的，人民法院应当立即对该决定重新核查，并在一个月内作出决定。	人民检察院认为人民法院的暂予监外执行决定不当，在法定期限内提出书面意见的，人民法院应当立即对该决定重新核查，并在一个月**以**内作出决定。 **对暂予监外执行的罪犯，适用本解释第五百一十九条的有关规定，依法实行社区矫正。** **人民法院决定暂予监外执行的，由看守所或者执行取保候审、监视居住的公安机关自收到决定之日起十日以内将罪犯移送社区矫正机构。**
第四百三十三条第一款　暂予监外执行的罪犯具有下列情形之一的，~~原作出暂予监外执行决定的人民法院，~~应当~~在收到执行机关的收监执行建议书后十五日内，~~作出收监执行的决定： （一）不符合暂予监外执行条件的； （二）未经批准离开所居住的市、县，经警告拒不改正，或者拒不报告行踪，脱离监管的； （三）因违反监督管理规定受到治安管理处罚，仍不改正的； （四）受到执行机关两次警告，仍不改正的； （五）保外就医期间不按规定提交病情复查情况，经警告拒不改正的；	**第五百一十六条**　**人民法院收到社区矫正机构的收监执行建议书后，经审查，确认**暂予监外执行的罪犯具有下列情形之一的，应当作出收监执行的决定： （一）不符合暂予监外执行条件的； （二）未经批准离开所居住的市、县，经警告拒不改正，或者拒不报告行踪，脱离监管的； （三）因违反监督管理规定受到治安管理处罚，仍不改正的； （四）受到执行机关两次警告，仍不改正的； （五）保外就医期间不按规定提交病情复查情况，经警告拒不改正的；

修正前	修正后
（六）暂予监外执行的情形消失后，刑期未满的； （七）保证人丧失保证条件或者因不履行义务被取消保证人资格，不能在规定期限内提出新的保证人的； （八）违反法律、行政法规和监督管理规定，情节严重的其他情形。	（六）暂予监外执行的情形消失后，刑期未满的； （七）保证人丧失保证条件或者因不履行义务被取消保证人资格，不能在规定期限内提出新的保证人的； （八）违反法律、行政法规和监督管理规定，情节严重的其他情形。
第四百三十三条第二款　人民法院收监执行决定书~~，~~一经作出，立即生效。 **第四百三十四条**　人民法院应当将收监执行决定书送交罪犯居住地的县级司法行政机关，由其根据有关规定将罪犯交付执行。~~收监执行决定书应当同时抄送罪犯居住地的同级人民检察院和公安机关。~~	**第五百一十七条**　人民法院应**当在收到社区矫正机构的收监执行建议书后三十日以内作出决定。**收监执行决定书一经作出，立即生效。 人民法院应当将收监执行决定书**送达社区矫正机构和公安机关，并抄送人民检察院**，由**公安机关**将罪犯交付执行。
第四百三十五条　被收监执行的罪犯有不计入执行刑期情形的，人民法院应当在作出收监决定时，确定不计入执行刑期的具体时间。	**第五百一十八条**　被收监执行的罪犯有不计入执行刑期情形的，人民法院应当在作出收监决定时，确定不计入执行刑期的具体时间。
第三节　管制、缓刑、剥夺政治权利的交付执行	第三节　管制、缓刑、剥夺政治权利的交付执行
第四百三十六条　对被判处管制、宣告缓刑的罪犯，人民法院应当核实其居住地。宣判时，应当~~书面~~告知罪犯到居住地县级司法行政机关报到的期限和不按期报到的后	**第五百一十九条**　对被判处管制、宣告缓刑的罪犯，人民法院应当**依法确定社区矫正执行地。社区矫正执行地为罪犯的居住地；罪犯在多个地方居住的，可以确定其经**

修正前	修正后
果。判决、裁定生效后十日内，应当将判决书、裁定书、执行通知书等法律文书送达罪犯居住地的县级司法行政机关，同时抄送罪犯居住地的县级人民检察院。	常居住地为执行地；罪犯的居住地、经常居住地无法确定或者不适宜执行社区矫正的，应当根据有利于罪犯接受矫正、更好地融入社会的原则，确定执行地。 宣判时，应当告知罪犯**自判决、裁定生效之日起十日以内到执行地社区矫正机构报到，以及不按期报到的后果。** **人民法院应当自**判决、裁定生**效之日起五日以内通知执行地社区矫正机构，并在**十日**以内**将判决书、裁定书、执行通知书等法律文书送达**执行地社区矫正机构**，同时抄送人民检察院**和执行地公安机关。人民法院与社区矫正执行地不在同一地方的，由执行地社区矫正机构将法律文书转送所在地的人民检察院和公安机关。**
第四百三十七条　对单处剥夺政治权利的罪犯，人民法院应当在判决、裁定生效后十日内，将判决书、裁定书、执行通知书等法律文书送达罪犯居住地的县级公安机关，并抄送罪犯居住地的县级人民检察院。	**第五百二十条**　对单处剥夺政治权利的罪犯，人民法院应当在判决、裁定生效后十日**以**内，将判决书、裁定书、执行通知书等法律文书送达罪犯居住地的县级公安机关，并抄送罪犯居住地的县级人民检察院。

修正前	修正后
第四节　财产刑和附带民事裁判的执行	第四节　刑事裁判涉财产部分和附带民事裁判的执行
	第五百二十一条　刑事裁判涉财产部分的执行，是指发生法律效力的刑事裁判中下列判项的执行： **（一）罚金、没收财产；** **（二）追缴、责令退赔违法所得；** **（三）处置随案移送的赃款赃物；** **（四）没收随案移送的供犯罪所用本人财物；** **（五）其他应当由人民法院执行的相关涉财产的判项。**
第四百三十八条　财产刑和附带民事裁判由第一审人民法院负责裁判执行的机构执行。	**第五百二十二条　刑事裁判涉财产部分**和附带民事裁判**应当由人民法院执行的，**由第一审人民法院负责裁判执行的机构执行。
第四百三十九条第一、二款　罚金在判决规定的期限内一次或者分期缴纳。期满无故不缴纳或者未足额缴纳的，人民法院应当强制缴纳。经强制缴纳仍不能全部缴纳的，在任何时候，包括主刑执行完毕后，发现被执行人有可供执行的财产的，应当追缴。 行政机关对被告人就同一事实已经处以罚款的，人民法院判处罚金时应当折抵，扣除行政处罚已执行的部分。	**第五百二十三条**　罚金在判决规定的期限内一次或者分期缴纳。期满无故不缴纳或者未足额缴纳的，人民法院应当强制缴纳。经强制缴纳仍不能全部缴纳的，在任何时候，包括主刑执行完毕后，发现被执行人有可供执行的财产的，应当追缴。 行政机关对被告人就同一事实已经处以罚款的，人民法院判处罚金时应当折抵，扣除行政处罚已执行的部分。

修正前	修正后
	第五百二十四条　因遭遇不能抗拒的灾祸等原因缴纳罚金确有困难，被执行人申请延期缴纳、酌情减少或者免除罚金的，应当提交相关证明材料。人民法院应当在收到申请后一个月以内作出裁定。符合法定条件的，应当准许；不符合条件的，驳回申请。
第四百三十九条第三款　判处没收财产的，判决生效后，应当立即执行。	**第五百二十五条**　判处没收财产的，判决生效后，应当立即执行。
	第五百二十六条　执行财产刑，应当参照被扶养人住所地政府公布的上年度当地居民最低生活费标准，保留被执行人及其所扶养人的生活必需费用。
第四百四十一条　被判处财产刑，同时又承担附带民事赔偿责任的被执行人，应当先履行民事赔偿责任。 ~~判处财产刑之前被执行人所负正当债务，需要以被执行的财产偿还的，经债权人请求，应当偿还。~~	**第五百二十七条**　被判处财产刑，同时又承担附带民事赔偿责任的被执行人，应当先履行民事赔偿责任。
第四百四十条　执行财产刑和附带民事裁判过程中，案外人对被执行财产提出~~权属~~异议的，人民法院应当参照民事诉讼有关~~执行异议~~的规定~~进行审查并作出~~处理。	**第五百二十八条**　执行**刑事裁判涉财产部分**、附带民事裁判过程中，**当事人、利害关系人认为执行行为违反法律规定，或者**案外人对**被执行标的书面**提出异议的，人民法院应当参照民事诉讼**法**的有关规定处理。

修正前	修正后
~~**第四百四十三条** 执行财产刑过程中，具有下列情形之一的，人民法院应当裁定中止执行：~~ ~~（一）执行标的物系人民法院或者仲裁机构正在审理案件的争议标的物，需等待该案件审理完毕确定权属的；~~ ~~（二）案外人对执行标的物提出异议的；~~ ~~（三）应当中止执行的其他情形。~~ ~~中止执行的原因消除后，应当恢复执行。~~	
第四百四十四条 执行财产刑过程中，具有下列情形之一的，人民法院应当裁定终结执行： （一）据以执行的判决、裁定被撤销的； （二）被执行人死亡或者被执行死刑，且无财产可供执行的； （三）被判处罚金的单位终止，且无财产可供执行的； （四）依照刑法第五十三条规定免除罚金的； （五）应当终结执行的其他情形。 裁定终结执行后，发现被执行人的财产有被隐匿、转移等情形的，应当追缴。	**第五百二十九条** 执行**刑事裁判涉财产部分、附带民事裁判**过程中，具有下列情形之一的，人民法院应当裁定终结执行： （一）据以执行的判决、裁定被撤销的； （二）被执行人死亡或者被执行死刑，且无财产可供执行的； （三）被判处罚金的单位终止，且无财产可供执行的； （四）依照刑法第五十三条规定免除罚金的； （五）应当终结执行的其他情形。 裁定终结执行后，发现被执行人的财产有被隐匿、转移等情形的，应当追缴。

修正前	修正后
第四百四十二条 ~~被执行人或者~~被执行财产在外地的，可以委托当地人民法院执行。 ~~受托法院在执行财产刑后，应当及时将执行的财产上缴国库。~~	**第五百三十条** 被执行财产在外地的，**第一审人民法院**可以委托**财产所在地的同级**人民法院执行。
第四百四十五条 财产刑全部或者部分被撤销的，已经执行的财产应当全部或者部分返还被执行人；无法返还的，应当依法赔偿。	**第五百三十一条 刑事裁判涉财产部分、附带民事裁判**全部或者部分被撤销的，已经执行的财产应当全部或者部分返还被执行人；无法返还的，应当依法赔偿。
~~**第四百四十六条** 因遭遇不能抗拒的灾祸缴纳罚金确有困难，被执行人申请减少或者免除罚金的，应当提交相关证明材料。人民法院应当在收到申请后一个月内作出裁定。符合法定减免条件的，应当准许；不符合条件的，驳回申请。~~	
第四百四十七条 财产刑和附带民事裁判的执行，本解释没有规定的，参照适用民事执行的有关规定。	**第五百三十二条 刑事裁判涉财产部分**、附带民事裁判的执行，**刑事诉讼法及有关刑事司法解释**没有规定的，参照适用民事执行的有关规定。
第五节 减刑、假释案件的审理	第五节 减刑、假释案件的审理
第四百四十八条 被判处死刑缓期执行的罪犯，在死刑缓期执行期间，没有故意犯罪的，死刑缓期执行期满后，应当裁定减刑；死刑缓期执行期满后，尚未裁定减刑前又犯罪的，应当依法减刑后对其所犯新罪另行审判。	**第五百三十三条** 被判处死刑缓期执行的罪犯，在死刑缓期执行期间，没有故意犯罪的，死刑缓期执行期满后，应当裁定减刑；死刑缓期执行期满后，尚未裁定减刑前又犯罪的，应当**在**依法减刑后**，**对其所犯新罪另行审判。

修正前	修正后
第四百四十九条 对减刑、假释案件，应当按照下列情形分别处理： （一）对被判处死刑缓期执行的罪犯的减刑，由罪犯服刑地的高级人民法院根据同级监狱管理机关审核同意的减刑建议书裁定； （二）对被判处无期徒刑的罪犯的减刑、假释，由罪犯服刑地的高级人民法院，在收到同级监狱管理机关审核同意的减刑、假释建议书后一个月内作出裁定，案情复杂或者情况特殊的，可以延长一个月； （三）对被判处有期徒刑和被减为有期徒刑的罪犯的减刑、假释，由罪犯服刑地的中级人民法院，在收到执行机关提出的减刑、假释建议书后一个月内作出裁定，案情复杂或者情况特殊的，可以延长一个月； （四）对被判处拘役、管制的罪犯的减刑，由罪犯服刑地中级人民法院~~，~~在收到同级执行机关审核同意的减刑~~、假释~~建议书后一个月内作出裁定。 ~~对暂予监外执行罪犯的减刑，应当根据情况，分别适用前款的有关规定。~~	**第五百三十四条** 对减刑、假释案件，应当按照下列情形分别处理： （一）对被判处死刑缓期执行的罪犯的减刑，由罪犯服刑地的高级人民法院**在收到**同级监狱管理机关审核同意的减刑建议书**后一个月以内作出**裁定； （二）对被判处无期徒刑的罪犯的减刑、假释，由罪犯服刑地的高级人民法院在收到同级监狱管理机关审核同意的减刑、假释建议书后一个月**以**内作出裁定，案情复杂或者情况特殊的，可以延长一个月； （三）对被判处有期徒刑和被减为有期徒刑的罪犯的减刑、假释，由罪犯服刑地的中级人民法院在收到执行机关提出的减刑、假释建议书后一个月**以**内作出裁定，案情复杂或者情况特殊的，可以延长一个月； （四）对被判处**管制、拘役**的罪犯的减刑，由罪犯服刑地**的**中级人民法院在收到同级执行机关审核同意的减刑建议书后一个月**以**内作出裁定。 **对社区矫正对象的减刑，由社区矫正执行地的中级以上人民法院在收到社区矫正机构减刑建议书后三十日以内作出裁定。**

修正前	修正后
第四百五十条 受理减刑、假释案件，应当审查执行机关移送的材料是否包括下列内容： （一）减刑、假释建议书； （二）终审法院的裁判文书、执行通知书、历次减刑裁定书的复制件； （三）证明罪犯确有悔改、立功或者重大立功表现具体事实的书面材料； （四）罪犯评审鉴定表、奖惩审批表等； （五）罪犯假释后对所居住社区影响的调查评估报告； （六）根据案件情况需要移送的其他材料。 经审查，材料不全的，应当通知提请减刑、假释的执行机关补送。	**第五百三十五条** 受理减刑、假释案件，应当审查执行机关移送的材料是否包括下列内容： （一）减刑、假释建议书； （二）**原审**法院的裁判文书、执行通知书、历次减刑裁定书的复制件； （三）证明罪犯确有悔改、立功或者重大立功表现具体事实的书面材料； （四）罪犯评审鉴定表、奖惩审批表等； （五）罪犯假释后对所居住社区影响的调查评估报告； **（六）刑事裁判涉财产部分、附带民事裁判的执行、履行情况；** **（七）**根据案件情况需要移送的其他材料。 **人民检察院对报请减刑、假释案件提出意见的，执行机关应当一并移送受理减刑、假释案件的人民法院。** 经审查，材料不全的，应当通知提请减刑、假释的执行机关**在三日以内**补送**；逾期未补送的，不予立案**。
第四百五十一条 审理减刑、假释案件，~~应当审查财产刑和附带民事裁判的执行情况，以及罪犯退赃、退赔情况。~~罪犯积极履行判决确定的义务的，可以认定有悔改表现，在减刑、假释时从宽掌握；确有履行能力而不履行的，在减刑、假释时从严掌握。	**第五百三十六条** 审理减刑、假释案件，**对**罪犯积极履行**刑事裁判涉财产部分、附带民事裁判**确定的义务的，可以认定有悔改表现，在减刑、假释时从宽掌握；**对**确有履行能力而不履行**或者不全部履行**的，在减刑、假释时从严掌握。

修正前	修正后
第四百五十二条　审理减刑、假释案件，应当对以下内容予以公示： （一）罪犯的姓名、年龄等个人基本情况； （二）原判认定的罪名和刑期； （三）罪犯历次减刑情况； （四）执行机关的减刑、假释建议和依据。 公示应当写明公示期限和提出意见的方式。~~公示地点为罪犯服刑场所的公共区域；有条件的地方，可以面向社会公示。~~	**第五百三十七条**　审理减刑、假释案件，应当**在立案后五日以内**对**下列事项**予以公示： （一）罪犯的姓名、年龄等个人基本情况； （二）原判认定的罪名和刑期； （三）罪犯历次减刑情况； （四）执行机关的减刑、假释建议和依据。 公示应当写明公示期限和提出意见的方式。
第四百五十三条　审理减刑、假释案件，应当组成合议庭，可以采用书面审理的方式，但下列案件应当开庭审理： （一）因罪犯有重大立功表现提请减刑的； （二）提请减刑的起始时间、间隔时间或者减刑幅度不符合一般规定的； （三）社会影响重大或者社会关注度高的； （四）公示期间收到投诉意见的；	**第五百三十八条**　审理减刑、假释案件，应当组成合议庭，可以采用书面审理的方式，但下列案件应当开庭审理： （一）因罪犯有重大立功表现提请减刑的； （二）提请减刑的起始时间、间隔时间或者减刑幅度不符合一般规定的； （三）**被提请减刑、假释罪犯系职务犯罪罪犯，组织、领导、参加、包庇、纵容黑社会性质组织罪犯，破坏金融管理秩序罪犯或者金融诈骗罪犯的；** **（四）**社会影响重大或者社会关注度高的；

修正前	修正后
(五) 人民检察院有异议的； (六) 有必要开庭审理的其他案件。	**(五)** 公示期间收到**不同意见的**； **(六)** 人民检察院**提出**异议的； **(七)** 有必要开庭审理的其他案件。
第四百五十四条 人民法院作出减刑、假释裁定后，应当在七日内送达提请减刑、假释的执行机关、同级人民检察院以及罪犯本人。人民检察院认为减刑、假释裁定不当，在法定期限内提出书面纠正意见的，人民法院应当在收到意见后另行组成合议庭审理，并在一个月内作出裁定。	**第五百三十九条** 人民法院作出减刑、假释裁定后，应当在七日**以**内送达提请减刑、假释的执行机关、同级人民检察院以及罪犯本人。人民检察院认为减刑、假释裁定不当，在法定期限内提出书面纠正意见的，人民法院应当在收到意见后另行组成合议庭审理，并在一个月**以**内作出裁定。 **对假释的罪犯，适用本解释第五百一十九条的有关规定，依法实行社区矫正。**
第四百五十五条 减刑、假释裁定作出前，执行机关书面提请撤回减刑、假释建议的，是否准许，由人民法院决定。	**第五百四十条** 减刑、假释裁定作出前，执行机关书面提请撤回减刑、假释建议的，人民法院**可以**决定**是否准许**。
第四百五十六条 人民法院发现本院已经生效的减刑、假释裁定确有错误的，应当另行组成合议庭审理；发现下级人民法院已经生效的减刑、假释裁定确有错误的，可以指令下级人民法院另行组成合议庭审理。	**第五百四十一条** 人民法院发现本院已经生效的减刑、假释裁定确有错误的，应当另行组成合议庭审理；发现下级人民法院已经生效的减刑、假释裁定确有错误的，可以指令下级人民法院另行组成合议庭审理，**也可以自行组成合议庭审理**。

修正前	修正后
第六节　缓刑、假释的撤销	第六节　缓刑、假释的撤销
第四百五十七条　罪犯在缓刑、假释考验期限内犯新罪或者被发现在判决宣告前还有其他罪没有判决，应当撤销缓刑、假释的，由审判新罪的人民法院撤销原判决、裁定宣告的缓刑、假释，并书面通知原审人民法院和执行机关。	**第五百四十二条**　罪犯在缓刑、假释考验期限内犯新罪或者被发现在判决宣告前还有其他罪没有判决，应当撤销缓刑、假释的，由审判新罪的人民法院撤销原判决、裁定宣告的缓刑、假释，并书面通知原审人民法院和执行机关。
第四百五十八条第一款　罪犯在缓刑~~、假释~~考验期限内~~，~~有下列情形之一的，~~原作出缓刑、假释判决、裁定的人民法院~~应当~~在收到执行机关的撤销缓刑、假释建议书后一个月内~~，作出撤销缓刑~~、假释~~的裁定： （一）违反禁止令，情节严重的； （二）无正当理由不按规定时间报到或者接受社区矫正期间脱离监管，超过一个月的； （三）因违反监督管理规定受到治安管理处罚，仍不改正的； （四）受到执行机关三次警告仍不改正的； （五）违反~~有关~~法律、行政法规和监督管理规定，情节严重的其他情形。	**第五百四十三条　人民法院收到社区矫正机构的撤销缓刑建议书后，经审查，确认**罪犯在缓刑考验期限内**具**有下列情形之一的，应当作出撤销缓刑的裁定： （一）违反禁止令，情节严重的； （二）无正当理由不按规定时间报到或者接受社区矫正期间脱离监管，超过一个月的； （三）因违反监督管理规定受到治安管理处罚，仍不改正的； （四）受到执行机关二次警告，仍不改正的； （五）违反法律、行政法规和监督管理规定，情节严重的其他情形。 **人民法院收到社区矫正机构的撤销假释建议书后，经审查，确认罪犯在假释考验期限内具有前款第二项、第四项规定情形之一，或者有其他违反监督管理规定的行为，尚未构成新的犯罪的，应当作出撤销假释的裁定。**

修正前	修正后
	第五百四十四条　被提请撤销缓刑、假释的罪犯可能逃跑或者可能发生社会危险，社区矫正机构在提出撤销缓刑、假释建议的同时，提请人民法院决定对其予以逮捕的，人民法院应当在四十八小时以内作出是否逮捕的决定。决定逮捕的，由公安机关执行。逮捕后的羁押期限不得超过三十日。
第四百五十八条第二、三款　人民法院撤销缓刑、假释的裁定~~，~~一经作出，立即生效。 人民法院应当将撤销缓刑、假释裁定书送交罪犯居住地的县级司法行政机关，由其根据有关规定将罪犯交付执行。~~撤销缓刑、假释裁定书应当同时抄送罪犯居住地的同级人民检察院和公安机关。~~	**第五百四十五条**　人民法院应**当在收到社区矫正机构的撤销缓刑、假释建议书后三十日以内作出裁定。**撤销缓刑、假释的裁定一经作出，立即生效。 人民法院应当将撤销缓刑、假释裁定书**送达社区矫正机构和公安机关，并抄送人民检察院**，由**公安机关将罪犯送交执行。执行以前被逮捕的，羁押一日折抵刑期一日。**
第二十章　未成年人刑事案件诉讼程序	**第二十二章　未成年人刑事案件诉讼程序**
第一节　一般规定	第一节　一般规定
第四百五十九条　人民法院审理未成年人刑事案件，应当贯彻教育、感化、挽救的方针，坚持教育为主、惩罚为辅的原则，加强对未成年人的特殊保护。	**第五百四十六条**　人民法院审理未成年人刑事案件，应当贯彻教育、感化、挽救的方针，坚持教育为主、惩罚为辅的原则，加强对未成年人的特殊保护。

修正前	修正后
第四百六十条 人民法院应当加强同政府有关部门以及共青团、妇联、工会、未成年人保护组织等团体的联系，推动未成年人刑事案件人民陪审、情况调查、安置帮教等工作的开展，充分保障未成年人的合法权益，积极参与社会管理综合治理。	**第五百四十七条** 人民法院应当加强同政府有关部门、**人民团体、社会组织等的配合**，推动未成年人刑事案件人民陪审、情况调查、安置帮教等工作的开展，充分保障未成年人的合法权益，积极参与社会**治安**综合治理。
	第五百四十八条 人民法院应当加强同政府有关部门、人民团体、社会组织等的配合，对遭受性侵害或者暴力伤害的未成年被害人及其家庭实施必要的心理干预、经济救助、法律援助、转学安置等保护措施。
第四百六十一条 ~~审理未成年人刑事案件，~~应当由熟悉未成年人身心特点、善于做未成年人思想教育工作的~~审判人员进行，并应当保持有关审判人员工作的相对稳定性~~。 未成年人刑事案件的人民陪审员，一般由熟悉未成年人身心特点~~，热心教育、感化、挽救失足未成年人工作，并经过必要培训的共青团、妇联、工会、学校、未成年人保护组织等单位的工作人员或者有关单位的退休人员担任。~~	**第五百四十九条 人民法院应当确定专门机构或者指定专门人员，负责审理未成年人刑事案件。审理未成年人刑事案件的人员**应当**经过专门培训，**熟悉未成年人身心特点、善于做未成年人思想教育工作。 **参加审理**未成年人刑事案件的人民陪审员，**可以从**熟悉未成年人身心特点、**关心未成年人保护工作的人民陪审员名单中随机抽取确定。**

修正前	修正后
~~第四百六十二条 中级人民法院和基层人民法院可以设立独立建制的未成年人案件审判庭。尚不具备条件的，应当在刑事审判庭内设立未成年人刑事案件合议庭，或者由专人负责审理未成年人刑事案件。~~ ~~高级人民法院应当在刑事审判庭内设立未成年人刑事案件合议庭。具备条件的，可以设立独立建制的未成年人案件审判庭。~~ ~~未成年人案件审判庭和未成年人刑事案件合议庭统称少年法庭。~~	**第五百五十条** 被告人实施被指控的犯罪时不满十八周岁、人民法院立案时不满二十周岁的案件，**由未成年人案件审判组织审理。** 下列案件**可以由未成年人案件审判组织**审理： **（一）人民法院立案时不满二十二周岁的在校学生犯罪案件；** **（二）强奸、猥亵、虐待、遗弃未成年人等侵害未成年人人身权利的犯罪案件；** **（三）由未成年人案件审判组织审理更为适宜的其他案件。** 共同犯罪案件有未成年被告人的或者其他涉及未成年人的刑事案件，是否由**未成年人案件审判组织**审理，由院长根据实际情况决定。
第四百六十三条 下列案件由少年法庭审理： ~~（一）~~被告人实施被指控的犯罪时不满十八周岁、人民法院立案时不满二十周岁的案件； ~~（二）被告人实施被指控的犯罪时不满十八周岁、人民法院立案时不满二十周岁，并被指控为首要分子或者主犯的共同犯罪案件。~~ ~~其他~~共同犯罪案件有未成年被告人的；或者其他涉及未成年人的刑事案件是否由少年法庭审理，由院长根据~~少年法庭工作~~的实际情况决定。	

修正前	修正后
第四百六十四条 对分案起诉至同一人民法院的未成年人与成年人共同犯罪案件，可以由同一个审判组织审理；不宜由同一个审判组织审理的，可以分别~~由少年法庭、刑事审判庭~~审理。 未成年人与成年人共同犯罪案件，由不同人民法院或者不同审判组织分别审理的，有关人民法院或者审判组织应当互相了解共同犯罪被告人的审判情况，注意全案的量刑平衡。	**第五百五十一条** 对分案起诉至同一人民法院的未成年人与成年人共同犯罪案件，可以由同一个审判组织审理；不宜由同一个审判组织审理的，可以分别审理。 未成年人与成年人共同犯罪案件，由不同人民法院或者不同审判组织分别审理的，有关人民法院或者审判组织应当互相了解共同犯罪被告人的审判情况，注意全案的量刑平衡。
第四百六十五条 对未成年人刑事案件，必要时，上级人民法院可以根据刑事诉讼法第二十六条的规定，指定下级人民法院将案件移送其他人民法院审判。	**第五百五十二条** 对未成年人刑事案件，必要时，上级人民法院可以根据刑事诉讼法**第二十七条**的规定，指定下级人民法院将案件移送其他人民法院审判。
	第五百五十三条 对未成年被告人应当严格限制适用逮捕措施。 **人民法院决定逮捕，应当讯问未成年被告人，听取辩护律师的意见。** **对被逮捕且没有完成义务教育的未成年被告人，人民法院应当与教育行政部门互相配合，保证其接受义务教育。**
	第五百五十四条 人民法院对无固定住所、无法提供保证人的未成年被告人适用取保候审的，应当指定合适成年人作为保证人，必要时可以安排取保候审的被告人接受社会观护。

<table>
<tr><th>修正前</th><th>修正后</th></tr>
<tr><td rowspan="2">第四百六十六条　人民法院审理未成年人刑事案件，在讯问和开庭时，应当通知未成年被告人的法定代理人到场。法定代理人无法通知、不能到场或者是共犯的，也可以通知<u>未成年被告人的其他成年亲属，所在学校、单位、居住地的基层组织或者未成年人保护组织的代表</u>到场，并将有关情况记录在案。
到场的其他人员，除依法行使刑事诉讼法<u>第二百七十条</u>第二款规定的权利外，经法庭同意，可以参与对未成年被告人的法庭教育等工作。
适用简易程序审理未成年人刑事案件，适用前两款的规定。
询问未成年被害人、证人，适用<u>第一款、第二款的</u>规定。</td><td>第五百五十五条　人民法院审理未成年人刑事案件，在讯问和开庭时，应当通知未成年被告人的法定代理人到场。法定代理人无法通知、不能到场或者是共犯的，也可以通知合适成年人到场，并将有关情况记录在案。
到场的法定代理人或者其他人员，除依法行使刑事诉讼法第二百八十一条第二款规定的权利外，经法庭同意，可以参与对未成年被告人的法庭教育等工作。
适用简易程序审理未成年人刑事案件，适用前两款规定。</td></tr>
<tr><td>第五百五十六条　询问未成年被害人、证人，适用前条规定。
审理未成年人遭受性侵害或者暴力伤害案件，在询问未成年被害人、证人时，应当采取同步录音录像等措施，尽量一次完成；未成年被害人、证人是女性的，应当由女性工作人员进行。</td></tr>
<tr><td>第四百六十七条　开庭审理时被告人不满十八周岁的案件，一律不公开审理。经未成年被告人及其法定代理人同意，未成年被告人所在学校和未成年人保护组织可以派代表到场。到场代表的人数和范围，由法庭决定。<u>到场代表</u>经法庭同意，可以参与对未成年被告人的法庭教育工作。
对依法公开审理，但可能需要封存犯罪记录的案件，不得组织人员旁听。</td><td>第五百五十七条　开庭审理时被告人不满十八周岁的案件，一律不公开审理。经未成年被告人及其法定代理人同意，未成年被告人所在学校和未成年人保护组织可以派代表到场。到场代表的人数和范围，由法庭决定。经法庭同意，到场代表可以参与对未成年被告人的法庭教育工作。
对依法公开审理，但可能需要封存犯罪记录的案件，不得组织人员旁听；有旁听人员的，应当告知其不得传播案件信息。</td></tr>
</table>

修正前	修正后
第四百六十八条　确有必要通知未成年被害人、证人出庭作证的，~~人民法院~~应当~~根据案件情况~~采取相应的保护措施。~~有条件的，可以采取视频等方式对其陈述、证言进行质证。~~	**第五百五十八条　开庭审理涉及未成年人的刑事案件，未成年被害人、证人一般不出庭作证；必须出庭的，**应当采取**保护其隐私的技术手段和心理干预等**保护措施。
第四百六十九条　审理未成年人刑事案件，不得向外界披露该未成年人的姓名、住所、照片以及可能推断出该未成年人身份的其他资料。 查阅、摘抄、复制的~~未成年人刑事案件的~~案卷材料，不得公开和传播。 ~~被害人是未成年人的刑事案件，适用前两款的规定。~~	**第五百五十九条**　审理**涉及**未成年人的刑事案件，不得向外界披露未成年人的姓名、住所、照片以及可能推断出未成年人身份的其他资料。 查阅、摘抄、复制的案卷材料，**涉及未成年人的，**不得公开和传播。
	第五百六十条　人民法院发现有关单位未尽到未成年人教育、管理、救助、看护等保护职责的，应当向该单位提出司法建议。
	第五百六十一条　人民法院应当结合实际，根据涉及未成年人刑事案件的特点，开展未成年人法治宣传教育工作。
第四百七十条　审理未成年人刑事案件，本章没有规定的，适用本解释的有关规定。	**第五百六十二条**　审理未成年人刑事案件，本章没有规定的，适用本解释的有关规定。

修正前	修正后
第二节　开庭准备	第二节　开庭准备
第四百七十一条　人民法院向未成年被告人送达起诉书副本时，应当向其讲明被指控的罪行和有关法律规定，并告知其审判程序和诉讼权利、义务。	**第五百六十三条**　人民法院向未成年被告人送达起诉书副本时，应当向其讲明被指控的罪行和有关法律规定，并告知其审判程序和诉讼权利、义务。
第四百七十二条　审判时不满十八周岁的未成年被告人没有委托辩护人的，人民法院应当通知法律援助机构指派律师为其提供辩护。	**第五百六十四条**　审判时不满十八周岁的未成年被告人没有委托辩护人的，人民法院应当通知法律援助机构指派**熟悉未成年人身心特点的**律师为其提供辩护。
第四百七十三条　未成年被害人及其法定代理人因经济困难或者其他原因没有委托诉讼代理人的，人民法院应当帮助其申请法律援助。	**第五百六十五条**　未成年被害人及其法定代理人因经济困难或者其他原因没有委托诉讼代理人的，人民法院应当帮助其申请法律援助。
第四百七十四条　对未成年人刑事案件，人民法院决定适用简易程序审理的，应当征求未成年被告人及其法定代理人、辩护人的意见。上述人员提出异议的，不适用简易程序。	**第五百六十六条**　对未成年人刑事案件，人民法院决定适用简易程序审理的，应当征求未成年被告人及其法定代理人、辩护人的意见。上述人员提出异议的，不适用简易程序。
第四百七十五条　被告人实施被指控的犯罪时不满十八周岁，开庭时已满十八周岁、不满二十周岁的，人民法院开庭时，一般应当通知其近亲属到庭。经法庭同意，近亲属可以发表意见。近亲属无法通知、不能到场或者是共犯的，应当记录在案。	**第五百六十七条**　被告人实施被指控的犯罪时不满十八周岁，开庭时已满十八周岁、不满二十周岁的，人民法院开庭时，一般应当通知其近亲属到庭。经法庭同意，近亲属可以发表意见。近亲属无法通知、不能到场或者是共犯的，应当记录在案。

修正前	修正后
第四百七十六条 对人民检察院移送的关于未成年被告人性格特点、家庭情况、社会交往、成长经历、犯罪原因、犯罪前后的表现、监护教育等情况的调查报告，以及辩护人提交的反映未成年被告人上述情况的书面材料，法庭应当接受。 必要时，人民法院可以委托<u>未成年被告人居住地的县级司法行政机关</u>、共青团~~组织以及其他~~社会~~团体~~组织对未成年被告人的上述情况进行调查，或者自行调查。	**第五百六十八条** 对人民检察院移送的关于未成年被告人性格特点、家庭情况、社会交往、成长经历、犯罪原因、犯罪前后的表现、监护教育等情况的调查报告，以及辩护人提交的反映未成年被告人上述情况的书面材料，法庭应当接受。 必要时，人民法院可以委托**社区矫正机构**、共青团、社会组织**等**对未成年被告人的上述情况进行调查，或者自行调查。
第四百七十七条 ~~对未成年人刑事案件，~~人民法院根据情况，可以对未成年被告人进行心理疏导；经未成年被告人及其法定代理人同意，~~也~~可以对未成年被告人进行心理测评。	**第五百六十九条** 人民法院根据情况，可以对未成年被告人、**被害人、证人**进行心理疏导；**根据实际需要并**经未成年被告人及其法定代理人同意，可以对未成年被告人进行心理测评。 **心理疏导、心理测评可以委托专门机构、专业人员进行。** **心理测评报告可以作为办理案件和教育未成年人的参考。**
第四百七十八条 开庭前和休庭时，法庭根据情况，可以安排未成年被告人与其法定代理人或者<u>刑事诉讼法第二百七十条第一款规定的其他成年亲属、代表</u>会见。	**第五百七十条** 开庭前和休庭时，法庭根据情况，可以安排未成年被告人与其法定代理人或者**合适成年人**会见。

修正前	修正后
第三节 审 判	第三节 审 判
第四百七十九条 人民法院应当在辩护台靠近旁听区一侧为未成年被告人的法定代理人或者刑事诉讼法第二百七十条第一款规定的其他成年亲属、代表设置席位。 审理可能判处五年有期徒刑以下刑罚或者过失犯罪的未成年人刑事案件，可以采取适合未成年人特点的方式设置法庭席位。	**第五百七十一条** 人民法院应当在辩护台靠近旁听区一侧为未成年被告人的法定代理人或者**合适成年人**设置席位。 审理可能判处五年有期徒刑以下刑罚或者过失犯罪的未成年人刑事案件，可以采取适合未成年人特点的方式设置法庭席位。
~~**第四百八十条** 在法庭上不得对未成年被告人使用戒具，但被告人人身危险性大，可能妨碍庭审活动的除外。必须使用戒具的，在现实危险消除后，应当立即停止使用。~~	
第四百八十一条 未成年被告人或者其法定代理人当庭拒绝辩护人辩护的，适用本解释第二百五十四条第一款、第二款的规定。 重新开庭后，未成年被告人或者其法定代理人再次当庭拒绝辩护人辩护的，不予准许。重新开庭时被告人已满十八周岁的，可以准许，但不得再另行委托辩护人或者要求另行指派律师，由其自行辩护。	**第五百七十二条** 未成年被告人或者其法定代理人当庭拒绝辩护人辩护的，适用本解释**第三百一十一条第二款、第三款**的规定。 重新开庭后，未成年被告人或者其法定代理人再次当庭拒绝辩护人辩护的，不予准许。重新开庭时被告人已满十八周岁的，可以准许，但不得再另行委托辩护人或者要求另行指派律师，由其自行辩护。
第四百八十二条 法庭审理过程中，审判人员应当根据未成年被告人的智力发育程度和心理状态，使用适合未成年人的语言表达方式。	**第五百七十三条** 法庭审理过程中，审判人员应当根据未成年被告人的智力发育程度和心理状态，使用适合未成年人的语言表达方式。

修正前	修正后
发现有对未成年被告人诱供、训斥、讽刺或者威胁等情形的，审判长应当制止。	发现有对未成年被告人**威胁**、训斥、**诱供**或者**讽刺**等情形的，审判长应当制止。
第四百八十三条　控辩双方提出对未成年被告人判处管制、宣告缓刑等量刑建议的，应当向法庭提供有关未成年被告人能够获得监护、帮教以及对所居住社区无重大不良影响的书面材料。	**第五百七十四条**　控辩双方提出对未成年被告人判处管制、宣告缓刑等量刑建议的，应当向法庭提供有关未成年被告人能够获得监护、帮教以及对所居住社区无重大不良影响的书面材料。
第四百八十四条　对未成年被告人情况的调查报告，以及辩护人提交的有关未成年被告人情况的书面材料，法庭应当审查并听取控辩双方意见。上述报告和材料可以作为法庭教育和量刑的参考。	**第五百七十五条**　对未成年被告人情况的调查报告，以及辩护人提交的有关未成年被告人情况的书面材料，法庭应当审查并听取控辩双方意见。上述报告和材料可以作为**办理案件和教育未成年人**的参考。 **人民法院可以通知作出调查报告的人员出庭说明情况，接受控辩双方和法庭的询问。**
第四百八十五条　法庭辩论结束后，法庭可以根据案件情况，对未成年被告人进行教育；判决未成年被告人有罪的，宣判后，应当对未成年被告人进行教育。 对未成年被告人进行教育，可以邀请诉讼参与人、刑事诉讼法第二百七十条第一款规定的其他成年亲属、代表以及社会调查员、心理咨询师等参加。 适用简易程序审理的案件，对未成年被告人进行法庭教育，适用前两款的规定。	**第五百七十六条**　法庭辩论结束后，法庭可以根据**未成年人的生理、心理特点和**案件情况，对未成年被告人进行**法治**教育；判决未成年被告人有罪的，宣判后，应当对未成年被告人进行**法治**教育。 对未成年被告人进行教育，**其法定代理人以外的成年亲属或者教师、辅导员等参与有利于感化、挽救未成年人的，人民法院应当邀请其参加有关活动。** 适用简易程序审理的案件，对未成年被告人进行法庭教育，适用前两款规定。

修正前	修正后
第四百八十六条 未成年被告人最后陈述后，法庭应当询问其法定代理人是否补充陈述。	**第五百七十七条** 未成年被告人最后陈述后，法庭应当询问其法定代理人是否补充陈述。
第四百八十七条 对未成年人刑事案件宣告判决应当公开进行，~~但不得采取召开大会等形式~~。 对依法应当封存犯罪记录的案件，宣判时，不得组织人员旁听；有旁听人员的，应当告知其不得传播案件信息。	**第五百七十八条** 对未成年人刑事案件，宣告判决应当公开进行。 对依法应当封存犯罪记录的案件，宣判时，不得组织人员旁听；有旁听人员的，应当告知其不得传播案件信息。
第四百八十八条 定期宣告判决的未成年人刑事案件，未成年被告人的法定代理人无法通知、不能到庭或者是共犯的，法庭可以通知刑事诉讼法第二百七十条第一款规定的其他成年亲属、代表到庭，并在宣判后向未成年被告人的成年亲属送达判决书。	**第五百七十九条** 定期宣告判决的未成年人刑事案件，未成年被告人的法定代理人无法通知、不能**到场**或者是共犯的，法庭可以通知**合适成年人**到庭，并在宣判后向未成年被告人的成年亲属送达判决书。
第四节 执 行	第四节 执 行
第四百八十九条 将未成年罪犯送监执行刑罚或者送交社区矫正时，人民法院应当将有关未成年罪犯的调查报告及其在案件审理中的表现材料，连同有关法律文书，一并送达执行机关。	**第五百八十条** 将未成年罪犯送监执行刑罚或者送交社区矫正时，人民法院应当将有关未成年罪犯的调查报告及其在案件审理中的表现材料，连同有关法律文书，一并送达执行机关。
第四百九十条 犯罪时不满十八周岁，被判处五年有期徒刑以下刑罚以及免除刑事处罚的未成年人的犯罪记录，应当封存。	**第五百八十一条** 犯罪时不满十八周岁，被判处五年有期徒刑以下刑罚以及**免予**刑事处罚的未成年人的犯罪记录，应当封存。

修正前	修正后
~~2012年12月31日以前审结的案件符合前款规定的，相关犯罪记录也应当封存。~~ 司法机关或者有关单位向人民法院申请查询封存的犯罪记录的，应当提供查询的理由和依据。对查询申请，人民法院应当及时作出是否同意的决定。	司法机关或者有关单位向人民法院申请查询封存的犯罪记录的，应当提供查询的理由和依据。对查询申请，人民法院应当及时作出是否同意的决定。
第四百九十一条 人民法院可以与未成年罪犯管教所等服刑场所建立联系，了解未成年罪犯的改造情况，协助做好帮教、改造工作，并可以对正在服刑的未成年罪犯进行回访考察。	**第五百八十二条** 人民法院可以与未成年犯管教所等服刑场所建立联系，了解未成年罪犯的改造情况，协助做好帮教、改造工作，并可以对正在服刑的未成年罪犯进行回访考察。
第四百九十二条 人民法院认为必要时，可以督促被收监服刑的未成年罪犯的父母或者其他监护人及时探视。	**第五百八十三条** 人民法院认为必要时，可以督促被收监服刑的未成年罪犯的父母或者其他监护人及时探视。
第四百九十三条 对被判处管制、宣告缓刑、裁定假释、决定暂予监外执行的未成年罪犯，人民法院可以协助社区矫正机构制定帮教措施。	**第五百八十四条** 对被判处管制、宣告缓刑、裁定假释、决定暂予监外执行的未成年罪犯，人民法院可以协助社区矫正机构制定帮教措施。
第四百九十四条 人民法院可以适时走访被判处管制、宣告缓刑、免除刑事处罚、裁定假释、决定暂予监外执行等的未成年罪犯及其家庭，了解未成年罪犯的管理和教育情况，引导未成年罪犯的家庭承担管教责任，为未成年罪犯改过自新创造良好环境。	**第五百八十五条** 人民法院可以适时走访被判处管制、宣告缓刑、**免予**刑事处罚、裁定假释、决定暂予监外执行等的未成年罪犯及其家庭，了解未成年罪犯的管理和教育情况，引导未成年罪犯的家庭承担管教责任，为未成年罪犯改过自新创造良好环境。

修正前	修正后
第四百九十五条 被判处管制、宣告缓刑、免除刑事处罚、裁定假释、决定暂予监外执行等的未成年罪犯，具备就学、就业条件的，人民法院可以就其安置问题向有关部门提出~~司法~~建议，并附送必要的材料。	**第五百八十六条** 被判处管制、宣告缓刑、**免予**刑事处罚、裁定假释、决定暂予监外执行等的未成年罪犯，具备就学、就业条件的，人民法院可以就其安置问题向有关部门提出建议，并附送必要的材料。
第二十一章 当事人和解的公诉案件诉讼程序	**第二十三章 当事人和解的公诉案件诉讼程序**
第四百九十六条 对符合刑事诉讼法第二百七十七条规定的公诉案件，事实清楚、证据充分的，人民法院应当告知当事人可以自行和解；当事人提出申请的，人民法院可以主持双方当事人协商以达成和解。 根据案件情况，人民法院可以邀请人民调解员、辩护人、诉讼代理人、当事人亲友等参与促成双方当事人和解。	**第五百八十七条** 对符合刑事诉讼法**第二百八十八条**规定的公诉案件，事实清楚、证据充分的，人民法院应当告知当事人可以自行和解；当事人提出申请的，人民法院可以主持双方当事人协商以达成和解。 根据案件情况，人民法院可以邀请人民调解员、辩护人、诉讼代理人、当事人亲友等参与促成双方当事人和解。
第四百九十七条 符合刑事诉讼法第二百七十七条规定的公诉案件，被害人死亡的，其近亲属可以与被告人和解。近亲属有多人的，达成和解协议，应当经处于同一继承顺序的所有近亲属同意。 被害人系无行为能力或者限制行为能力人的，其法定代理人、近亲属可以代为和解。	**第五百八十八条** 符合刑事诉讼法**第二百八十八条**规定的公诉案件，被害人死亡的，其近亲属可以与被告人和解。近亲属有多人的，达成和解协议，应当经处于**最先**继承顺序的所有近亲属同意。 被害人系无行为能力或者限制行为能力人的，其法定代理人、近亲属可以代为和解。

修正前	修正后
第四百九十八条 被告人的近亲属经被告人同意，可以代为和解。 被告人系限制行为能力人的，其法定代理人可以代为和解。 被告人的法定代理人、近亲属依照前两款规定代为和解的，和解协议约定的赔礼道歉等事项，应当由被告人本人履行。	**第五百八十九条** 被告人的近亲属经被告人同意，可以代为和解。 被告人系限制行为能力人的，其法定代理人可以代为和解。 被告人的法定代理人、近亲属依照前两款规定代为和解的，和解协议约定的赔礼道歉等事项，应当由被告人本人履行。
第四百九十九条 对公安机关、人民检察院主持制作的和解协议书，当事人提出异议的，人民法院应当审查。经审查，和解自愿、合法的，予以确认，无需重新制作和解协议书；和解不具有自愿性、合法性的，应当认定无效。和解协议被认定无效后，双方当事人重新达成和解的，人民法院应当主持制作新的和解协议书。	**第五百九十条** 对公安机关、人民检察院主持制作的和解协议书，当事人提出异议的，人民法院应当审查。经审查，和解自愿、合法的，予以确认，无需重新制作和解协议书；和解**违反**自愿、合法**原则**的，应当认定无效。和解协议被认定无效后，双方当事人重新达成和解的，人民法院应当主持制作新的和解协议书。
第五百条 审判期间，双方当事人和解的，人民法院应当听取当事人及其法定代理人等有关人员的意见。双方当事人在庭外达成和解的，人民法院应当通知人民检察院，并听取其意见。经审查，和解自愿、合法的，应当主持制作和解协议书。	**第五百九十一条** 审判期间，双方当事人和解的，人民法院应当听取当事人及其法定代理人等有关人员的意见。双方当事人在庭外达成和解的，人民法院应当通知人民检察院，并听取其意见。经审查，和解自愿、合法的，应当主持制作和解协议书。
第五百零一条 和解协议书应当包括以下内容： （一）被告人承认自己所犯罪行，对犯罪事实没有异议，并真诚悔罪；	**第五百九十二条** 和解协议书应当包括以下内容： （一）被告人承认自己所犯罪行，对犯罪事实没有异议，并真诚悔罪；

修正前	修正后
（二）被告人通过向被害人赔礼道歉、赔偿损失等方式获得被害人谅解；涉及赔偿损失的，应当写明赔偿的数额、方式等；提起附带民事诉讼的，由附带民事诉讼原告人撤回附带民事诉讼； （三）被害人自愿和解，请求或者同意对被告人依法从宽处罚。 和解协议书应当由双方当事人和审判人员签名，但不加盖人民法院印章。 和解协议书一式三份，双方当事人各持一份，另一份交人民法院附卷备查。 对和解协议中的赔偿损失内容，双方当事人要求保密的，人民法院应当准许，并采取相应的保密措施。	（二）被告人通过向被害人赔礼道歉、赔偿损失等方式获得被害人谅解；涉及赔偿损失的，应当写明赔偿的数额、方式等；提起附带民事诉讼的，由附带民事诉讼原告人撤回**起诉**； （三）被害人自愿和解，请求或者同意对被告人依法从宽处罚。 和解协议书应当由双方当事人和审判人员签名，但不加盖人民法院印章。 和解协议书一式三份，双方当事人各持一份，另一份交人民法院附卷备查。 对和解协议中的赔偿损失内容，双方当事人要求保密的，人民法院应当准许，并采取相应的保密措施。
第五百零二条 和解协议约定的赔偿损失内容，被告人应当在协议签署后即时履行。 和解协议已经全部履行，当事人反悔的，人民法院不予支持，但有证据证明和解违反自愿、合法原则的除外。	**第五百九十三条** 和解协议约定的赔偿损失内容，被告人应当在协议签署后即时履行。 和解协议已经全部履行，当事人反悔的，人民法院不予支持，但有证据证明和解违反自愿、合法原则的除外。
第五百零三条 双方当事人在侦查、审查起诉期间已经达成和解协议并全部履行，被害人或者其法定代理人、近亲属又提起附带民事诉讼的，人民法院不予受理，但有证据证明和解违反自愿、合法原则的除外。	**第五百九十四条** 双方当事人在侦查、审查起诉期间已经达成和解协议并全部履行，被害人或者其法定代理人、近亲属又提起附带民事诉讼的，人民法院不予受理，但有证据证明和解违反自愿、合法原则的除外。

修正前	修正后
第五百零四条 被害人或者其法定代理人、近亲属提起附带民事诉讼后，双方愿意和解，但被告人不能即时履行全部赔偿义务的，人民法院应当制作附带民事调解书。	**第五百九十五条** 被害人或者其法定代理人、近亲属提起附带民事诉讼后，双方愿意和解，但被告人不能即时履行全部赔偿义务的，人民法院应当制作附带民事调解书。
第五百零五条 对达成和解协议的案件，人民法院应当对被告人从轻处罚；符合非监禁刑适用条件的，应当适用非监禁刑；判处法定最低刑仍然过重的，可以减轻处罚；综合全案认为犯罪情节轻微不需要判处刑罚的，可以免除刑事处罚。 共同犯罪案件，部分被告人与被害人达成和解协议的，可以依法对该部分被告人从宽处罚，但应当注意全案的量刑平衡。	**第五百九十六条** 对达成和解协议的案件，人民法院应当对被告人从轻处罚；符合非监禁刑适用条件的，应当适用非监禁刑；判处法定最低刑仍然过重的，可以减轻处罚；综合全案认为犯罪情节轻微不需要判处刑罚的，可以**免予**刑事处罚。 共同犯罪案件，部分被告人与被害人达成和解协议的，可以依法对该部分被告人从宽处罚，但应当注意全案的量刑平衡。
第五百零六条 达成和解协议的，裁判文书应当作出叙述，并援引刑事诉讼法的相关条文。	**第五百九十七条** 达成和解协议的，裁判文书应当**叙明**，并援引刑事诉讼法的相关条文。
	第二十四章 缺席审判程序
	第五百九十八条 对人民检察院依照刑事诉讼法第二百九十一条第一款的规定提起公诉的案件，人民法院应当重点审查以下内容： **（一）是否属于可以适用缺席审判程序的案件范围；** **（二）是否属于本院管辖；**

修正前	修正后
	（三）是否写明被告人的基本情况，包括明确的境外居住地、联系方式等； （四）是否写明被告人涉嫌有关犯罪的主要事实，并附证据材料； （五）是否写明被告人有无近亲属以及近亲属的姓名、身份、住址、联系方式等情况； （六）是否列明违法所得及其他涉案财产的种类、数量、价值、所在地等，并附证据材料； （七）是否附有查封、扣押、冻结违法所得及其他涉案财产的清单和相关法律手续。 前款规定的材料需要翻译件的，人民法院应当要求人民检察院一并移送。
	第五百九十九条　对人民检察院依照刑事诉讼法第二百九十一条第一款的规定提起公诉的案件，人民法院审查后，应当按照下列情形分别处理： （一）符合缺席审判程序适用条件，属于本院管辖，且材料齐全的，应当受理； （二）不属于可以适用缺席审判程序的案件范围、不属于本院管辖或者不符合缺席审判程序的其他适用条件的，应当退回人民检察院； （三）材料不全的，应当通知人民检察院在三十日以内补送；三十日以内不能补送的，应当退回人民检察院。

修正前	修正后
	第六百条　对人民检察院依照刑事诉讼法第二百九十一条第一款的规定提起公诉的案件，人民法院立案后，应当将传票和起诉书副本送达被告人，传票应当载明被告人到案期限以及不按要求到案的法律后果等事项；应当将起诉书副本送达被告人近亲属，告知其有权代为委托辩护人，并通知其敦促被告人归案。
	第六百零一条　人民法院审理人民检察院依照刑事诉讼法第二百九十一条第一款的规定提起公诉的案件，被告人有权委托或者由近亲属代为委托一至二名辩护人。委托律师担任辩护人的，应当委托具有中华人民共和国律师资格并依法取得执业证书的律师；在境外委托的，应当依照本解释第四百八十六条的规定对授权委托进行公证、认证。 被告人及其近亲属没有委托辩护人的，人民法院应当通知法律援助机构指派律师为被告人提供辩护。 被告人及其近亲属拒绝法律援助机构指派的律师辩护的，依照本解释第五十条第二款的规定处理。
	第六百零二条　人民法院审理人民检察院依照刑事诉讼法第二百九十一条第一款的规定提起公诉的案件，被告人的近亲属申请参加诉讼的，应当在收到起诉书副本后、

修正前	修正后
	第一审开庭前提出，并提供与被告人关系的证明材料。有多名近亲属的，应当推选一至二人参加诉讼。 对被告人的近亲属提出申请的，人民法院应当及时审查决定。
	第六百零三条　人民法院审理人民检察院依照刑事诉讼法第二百九十一条第一款的规定提起公诉的案件，参照适用公诉案件第一审普通程序的有关规定。被告人的近亲属参加诉讼的，可以发表意见，出示证据，申请法庭通知证人、鉴定人等出庭，进行辩论。
	第六百零四条　对人民检察院依照刑事诉讼法第二百九十一条第一款的规定提起公诉的案件，人民法院审理后应当参照本解释第二百九十五条的规定作出判决、裁定。 作出有罪判决的，应当达到证据确实、充分的证明标准。 经审理认定的罪名不属于刑事诉讼法第二百九十一条第一款规定的罪名的，应当终止审理。 适用缺席审判程序审理案件，可以对违法所得及其他涉案财产一并作出处理。

修正前	修正后
	第六百零五条　因被告人患有严重疾病导致缺乏受审能力，无法出庭受审，中止审理超过六个月，被告人仍无法出庭，被告人及其法定代理人、近亲属申请或者同意恢复审理的，人民法院可以根据刑事诉讼法第二百九十六条的规定缺席审判。 符合前款规定的情形，被告人无法表达意愿的，其法定代理人、近亲属可以代为申请或者同意恢复审理。
	第六百零六条　人民法院受理案件后被告人死亡的，应当裁定终止审理；但有证据证明被告人无罪，经缺席审理确认无罪的，应当判决宣告被告人无罪。 前款所称“有证据证明被告人无罪，经缺席审理确认无罪”，包括案件事实清楚，证据确实、充分，依据法律认定被告人无罪的情形，以及证据不足，不能认定被告人有罪的情形。
	第六百零七条　人民法院按照审判监督程序重新审判的案件，被告人死亡的，可以缺席审理。有证据证明被告人无罪，经缺席审理确认被告人无罪的，应当判决宣告被告人无罪；虽然构成犯罪，但原判量刑畸重的，应当依法作出判决。

修正前	修正后
	第六百零八条 人民法院缺席审理案件，本章没有规定的，参照适用本解释的有关规定。
第二十二章 犯罪嫌疑人、被告人逃匿、死亡案件违法所得的没收程序	**第二十五章 犯罪嫌疑人、被告人逃匿、死亡案件违法所得的没收程序**
~~**第五百零七条** 依照刑法规定应当追缴违法所得及其他涉案财产，且符合下列情形之一的，人民检察院可以向人民法院提出没收违法所得的申请：~~ ~~（一）犯罪嫌疑人、被告人实施了贪污贿赂犯罪、恐怖活动犯罪等重大犯罪后逃匿，在通缉一年后不能到案的；~~ ~~（二）犯罪嫌疑人、被告人死亡的。~~	
~~**第五百零九条** 实施犯罪行为所取得的财物及其孳息，以及被告人非法持有的违禁品、供犯罪所用的本人财物，应当认定为刑事诉讼法第二百八十条第一款规定的“违法所得及其他涉案财产”。~~	
	第六百零九条 刑事诉讼法第二百九十八条规定的“贪污贿赂犯罪、恐怖活动犯罪等”犯罪案件，是指下列案件： **（一）贪污贿赂、失职渎职等职务犯罪案件；**

修正前	修正后
	（二）刑法分则第二章规定的相关恐怖活动犯罪案件，以及恐怖活动组织、恐怖活动人员实施的杀人、爆炸、绑架等犯罪案件； （三）危害国家安全、走私、洗钱、金融诈骗、黑社会性质组织、毒品犯罪案件； （四）电信诈骗、网络诈骗犯罪案件。
第五百零八条 ~~具有下列情形之一的，~~应当认定为刑事诉讼法第二百八十条第一款规定的“重大犯罪案件”： ~~（一）犯罪嫌疑人、被告人可能被判处无期徒刑以上刑罚的；~~ ~~（二）案件~~在本省、自治区、直辖市或者全国范围内有较大影响的； ~~（三）其他重大犯罪案件。~~	**第六百一十条** 在省、自治区、直辖市或者全国范围内**具**有较大影响的**犯罪案件，或者犯罪嫌疑人、被告人逃匿境外的犯罪案件，**应当认定为刑事诉讼法**第二百九十八条**第一款规定的“重大犯罪案件”。
	第六百一十一条 犯罪嫌疑人、被告人死亡，依照刑法规定应当追缴其违法所得及其他涉案财产，人民检察院提出没收违法所得申请的，人民法院应当依法受理。
第五百一十条 对人民检察院提出的没收违法所得申请，人民法院应当审查以下内容： （一）是否属于本院管辖； （二）是否写明犯罪嫌疑人、被告人涉嫌有关犯罪的情况，并附~~相关~~证据材料；	**第六百一十二条** 对人民检察院提出的没收违法所得申请，人民法院应当审查以下内容： **（一）是否属于可以适用违法所得没收程序的案件范围；** **（二）**是否属于本院管辖；

修正前	修正后
~~（三）是否附有通缉令或者死亡证明；~~ （四）是否列明违法所得及其他涉案财产的种类、数量、所在地，并附~~相关~~证据材料； （五）是否附有查封、扣押、冻结违法所得及其他涉案财产的清单和~~相关~~法律手续； （六）是否写明犯罪嫌疑人、被告人~~的近亲属和其他~~利害关系人的姓名、住址、联系方式及其要求等情况； （七）是否写明申请没收的理由和法律依据。	（三）是否写明犯罪嫌疑人、被告人**基本情况，以及**涉嫌有关犯罪的情况，并附证据材料； **（四）是否写明犯罪嫌疑人、被告人逃匿、被通缉、脱逃、下落不明、死亡等情况，并附证据材料；** （五）是否列明违法所得及其他涉案财产的种类、数量、**价值、**所在地**等**，并附证据材料； （六）是否附有查封、扣押、冻结违法所得及其他涉案财产的清单和法律手续； （七）是否写明犯罪嫌疑人、被告人**有无利害关系人，**利害关系人的姓名、**身份、**住址、联系方式及其要求等情况； （八）是否写明申请没收的理由和法律依据； **（九）其他依法需要审查的内容和材料。** **前款规定的材料需要翻译件的，人民法院应当要求人民检察院一并移送。**
第五百一十一条　对没收违法所得的申请，人民法院应当在七日内审查完毕，并按照下列情形分别处理： （一）不属于本院管辖的，应当退回人民检察院；	**第六百一十三条**　对没收违法所得的申请，人民法院应当在**三十日以内**审查完毕，并按照下列情形分别处理： （一）属于**没收违法所得申请**受案范围和本院管辖，且材料齐全、**有证据证明有犯罪事实的**，应当受理；

修正前	修正后
(二) 材料不全的，应当通知人民检察院在三日内补送； (三) 属于违法所得没收程序受案范围和本院管辖，且材料齐全的，应当受理。 人民检察院尚未查封、扣押、冻结申请没收的财产或者查封、扣押、冻结期限即将届满，涉案财产有被隐匿、转移或者毁损、灭失危险的，人民法院可以查封、扣押、冻结申请没收的财产。	**(二)** 不属于**没收违法所得申请受案范围或者**本院管辖的，应当退回人民检察院； **(三) 没收违法所得申请不符合“有证据证明有犯罪事实”标准要求的，应当通知人民检察院撤回申请；** **(四)** 材料不全的，应当通知人民检察院在**七日以内**补送；**七日以内不能补送的，应当退回人民检察院。** 人民检察院尚未查封、扣押、冻结申请没收的财产或者查封、扣押、冻结期限即将届满，涉案财产有被隐匿、转移或者毁损、灭失危险的，人民法院可以查封、扣押、冻结申请没收的财产。
第五百一十二条第一款 人民法院~~决定~~受理没收违法所得的申请后，应当在十五日内发出公告~~，公告期为六个月~~。公告应当写明以下内容： (一) 案由； (二) 犯罪嫌疑人、被告人通缉在逃或者死亡等~~基本~~情况； (三) 申请没收财产的种类、数量、所在地； (四) ~~犯罪嫌疑人、被告人的近亲属和其他~~利害关系人申请参加诉讼的期限、方式； (五) 应当公告的其他情况。	**第六百一十四条** 人民法院受理没收违法所得的申请后，应当在十五日**以**内发**布**公告。公告应当**载明**以下内容： (一) 案由、**案件来源**； **(二) 犯罪嫌疑人、被告人的基本情况；** **(三) 犯罪嫌疑人、被告人涉嫌犯罪的事实；** **(四)** 犯罪嫌疑人、被告人**逃匿、被通缉、脱逃、下落不明、死亡**等情况； **(五)** 申请没收**的**财产的种类、数量、**价值**、所在地**等以及已查封、扣押、冻结财产的清单和法律手续；**

修正前	修正后
	（六）申请没收的财产属于违法所得及其他涉案财产的相关事实； **（七）申请没收的理由和法律依据；** **（八）**利害关系人申请参加诉讼的期限、方式**以及未按照该期限、方式申请参加诉讼可能承担的不利法律后果；** **（九）其他**应当公告的情况。 **公告期为六个月，公告期间不适用中止、中断、延长的规定。**
第五百一十二条第二、三款 公告应当在全国公开发行的报纸~~或者人民法院~~的官方网站刊登，并在人民法院公告栏~~张贴、~~发布；必要时，可以在犯罪地、犯罪嫌疑人、被告人居住地、申请没收的不动产所在地~~张贴、~~发布。 人民法院已经掌握~~犯罪嫌疑人、被告人的近亲属和其他~~利害关系人~~的~~联系方式的，应当采取电话、传真、邮件等方式直接告知其公告内容，并记录在案。	**第六百一十五条** 公告应当在全国公开发行的报纸、**信息网络媒体、最高人民法院**的官方网站**发布**，并在人民法院公告栏发布。必要时，**公告**可以在犯罪地、犯罪嫌疑人、被告人居住地**或者被**申请没收**财产**所在地发布。**最后发布的公告的日期为公告日期。发布公告的，应当采取拍照、录像等方式记录发布过程。** 人民法院已经掌握**境内**利害关系人联系方式的，应当**直接送达含有公告内容的通知；直接送达有困难的，可以委托代为送达、邮寄送达。经受送达人同意的，可以采用传真、电子邮件等能够确认其收悉的方式告知公告内容**，并记录在案。

修正前	修正后
	人民法院已经掌握境外犯罪嫌疑人、被告人、利害关系人联系方式，经受送达人同意的，可以采用传真、电子邮件等能够确认其收悉的方式告知公告内容，并记录在案；受送达人未表示同意，或者人民法院未掌握境外犯罪嫌疑人、被告人、利害关系人联系方式，其所在国、地区的主管机关明确提出应当向受送达人送达含有公告内容的通知的，人民法院可以决定是否送达。决定送达的，应当依照本解释第四百九十三条的规定请求所在国、地区提供司法协助。
第五百一十三条第一款 对申请没收的财产主张所有权的人，应当认定为刑事诉讼法第二百八十一条第二款规定的“其他利害关系人”。	**第六百一十六条** 刑事诉讼法**第二百九十九条第二款、第三百条第二款**规定的“其他利害关系人”，**是指除犯罪嫌疑人、被告人的近亲属以外的，对申请没收的财产主张权利的自然人和单位。**
第五百一十三条第二、三款 犯罪嫌疑人、被告人的近亲属和其他利害关系人申请参加诉讼的，应当在公告期间提出。犯罪嫌疑人、被告人的近亲属应当提供其与犯罪嫌疑人、被告人关系的证明材料，其他利害关系人应当提供申请没收的财产系其所有的证据材料。	**第六百一十七条** 犯罪嫌疑人、被告人的近亲属和其他利害关系人申请参加诉讼的，应当在公告期间**内**提出。犯罪嫌疑人、被告人的近亲属应当提供其与犯罪嫌疑人、被告人关系的证明材料，其他利害关系人应当提供**证明其对违法所得及其他涉案财产主张权利**的证据材料。

修正前	修正后
~~犯罪嫌疑人、被告人的近亲属和其他~~利害关系人在公告期满后申请参加诉讼，能够合理说明原因~~；并提供证明申请没收的财产系其所有的证据材料~~的，人民法院应当准许。	**利害关系人可以委托诉讼代理人参加诉讼。委托律师担任诉讼代理人的，应当委托具有中华人民共和国律师资格并依法取得执业证书的律师；在境外委托的，应当依照本解释第四百八十六条的规定对授权委托进行公证、认证。** 利害关系人在公告期满后申请参加诉讼，能够合理说明**理由**的，人民法院应当准许。
	第六百一十八条　犯罪嫌疑人、被告人逃匿境外，委托诉讼代理人申请参加诉讼，且违法所得或者其他涉案财产所在国、地区主管机关明确提出意见予以支持的，人民法院可以准许。 **人民法院准许参加诉讼的，犯罪嫌疑人、被告人的诉讼代理人依照本解释关于利害关系人的诉讼代理人的规定行使诉讼权利。**
第五百一十四条　公告期满后，人民法院应当组成合议庭对申请没收违法所得的案件进行审理。 利害关系人申请参加诉讼的，~~人民法院~~应当开庭审理。没有利害关系人申请参加诉讼的，可以不开庭审理。	**第六百一十九条**　公告期满后，人民法院应当组成合议庭对申请没收违法所得的案件进行审理。 利害关系人申请参加**或者委托诉讼代理人参加**诉讼的，应当开庭审理。没有利害关系人申请参加诉讼的，**或者利害关系人及其诉讼代理人无正当理由拒不到庭的**，可以不开庭审理。

修正前	修正后
	人民法院确定开庭日期后，应当将开庭的时间、地点通知人民检察院、利害关系人及其诉讼代理人、证人、鉴定人、翻译人员。通知书应当依照本解释第六百一十五条第二款、第三款规定的方式，至迟在开庭审理三日以前送达；受送达人在境外的，至迟在开庭审理三十日以前送达。
第五百一十五条 开庭审理申请没收违法所得的案件，按照下列程序进行： （一）审判长宣布法庭调查开始后，先由检察员宣读申请书，后由利害关系人、诉讼代理人发表意见； （二）法庭应当依次就犯罪嫌疑人、被告人是否实施了贪污贿赂犯罪、恐怖活动犯罪等重大犯罪并已经通缉一年不能到案，或者是否已经死亡，以及申请没收的财产是否依法应当追缴进行调查；调查时，先由检察员出示~~有关~~证据，后由利害关系人~~发表意见、~~出示~~有关~~证据，并进行质证； （三）法庭辩论阶段，先由检察员发言，后由利害关系人及其诉讼代理人发言，并进行辩论。 利害关系人接到通知后无正当理由拒不到庭，或者未经法庭许可中途退庭的，可以转为不开庭审理，但还有其他利害关系人参加诉讼的除外。	**第六百二十条** 开庭审理申请没收违法所得的案件，按照下列程序进行： （一）审判长宣布法庭调查开始后，先由检察员宣读申请书，后由利害关系人、诉讼代理人发表意见； （二）法庭应当依次就犯罪嫌疑人、被告人是否实施了贪污贿赂犯罪、恐怖活动犯罪等重大犯罪并已经通缉一年不能到案，或者是否已经死亡，以及申请没收的财产是否依法应当追缴进行调查；调查时，先由检察员出示证据，后由利害关系人、**诉讼代理人**出示证据，并进行质证； （三）法庭辩论阶段，先由检察员发言，后由利害关系人、诉讼代理人发言，并进行辩论。 利害关系人接到通知后无正当理由拒不到庭，或者未经法庭许可中途退庭的，可以转为不开庭审理，但还有其他利害关系人参加诉讼的除外。

修正前	修正后
第五百一十六条　对申请没收违法所得的案件，人民法院审理后，应当按照下列情形分别处理： （一）~~案件事实清楚，证据确实、充分，~~申请没收的财产确属违法所得及其他涉案财产的，除依法返还被害人的以外，应当裁定没收； （二）不符合本解释第五百零七条规定的条件的，应当裁定驳回申请。	**第六百二十一条**　对申请没收违法所得的案件，人民法院审理后，应当按照下列情形分别处理： （一）申请没收的财产**属于**违法所得及其他涉案财产的，除依法返还被害人的以外，应当裁定没收； （二）不符合**刑事诉讼法第二百九十八条第一款**规定的条件的，应当裁定驳回申请，**解除查封、扣押、冻结措施。** **申请没收的财产具有高度可能属于违法所得及其他涉案财产的，应当认定为前款规定的"申请没收的财产属于违法所得及其他涉案财产"。巨额财产来源不明犯罪案件中，没有利害关系人对违法所得及其他涉案财产主张权利，或者利害关系人对违法所得及其他涉案财产虽然主张权利但提供的证据没有达到相应证明标准的，应当视为"申请没收的财产属于违法所得及其他涉案财产"。**
第五百一十七条　对没收违法所得或者驳回申请的裁定，犯罪嫌疑人、被告人的近亲属和其他利害关系人或者人民检察院可以在五日内提出上诉、抗诉。	**第六百二十二条**　对没收违法所得或者驳回申请的裁定，犯罪嫌疑人、被告人的近亲属和其他利害关系人或者人民检察院可以在五日**以内**提出上诉、抗诉。
第五百一十八条　对不服第一审没收违法所得或者驳回申请裁定的上诉、抗诉案件，第二审人民法院经审理，应当按照下列情形分别作出裁定：	**第六百二十三条**　对不服第一审没收违法所得或者驳回申请裁定的上诉、抗诉案件，第二审人民法院经审理，应当按照下列情形分别**处理**：

修正前	修正后
（一）原裁定正确的，应当驳回上诉或者抗诉，维持原裁定； （二）原裁定确有错误的，可以在查清事实后改变原裁定；也可以撤销原裁定，发回重新审判； （三）原审违反法定诉讼程序，可能影响公正审判的，应当撤销原裁定，发回重新审判。	（一）**第一审裁定认定事实清楚和适用法律**正确的，应当驳回上诉或者抗诉，维持原裁定； **（二）第一审裁定认定事实清楚，但适用法律有错误的，应当改变原裁定；** **（三）第一审裁定认定事实不清的**，可以在查清事实后改变原裁定，也可以撤销原裁定，发回**原审人民法院**重新审判； **（四）第一审裁定**违反法定诉讼程序，可能影响公正审判的，应当撤销原裁定，发回**原审人民法院**重新审判。 **第一审人民法院对发回重新审判的案件作出裁定后，第二审人民法院对不服第一审人民法院裁定的上诉、抗诉，应当依法作出裁定，不得再发回原审人民法院重新审判；但是，第一审人民法院在重新审判过程中违反法定诉讼程序，可能影响公正审判的除外。**
	第六百二十四条　利害关系人非因故意或者重大过失在第一审期间未参加诉讼，在第二审期间申请参加诉讼的，人民法院应当准许，并撤销原裁定，发回原审人民法院重新审判。
第五百一十九条　在审理申请没收违法所得的案件过程中，在逃的犯罪嫌疑人、被告人到案的，人民法院应当裁定终止审理。人民检察院向原受理申请的人民法院提起公诉的，可以由同一审判组织审理。	**第六百二十五条**　在审理申请没收违法所得的案件过程中，在逃的犯罪嫌疑人、被告人到案的，人民法院应当裁定终止审理。人民检察院向原受理申请的人民法院提起公诉的，可以由同一审判组织审理。

修正前	修正后
第五百二十条 在审理案件过程中，被告人死亡或者脱逃，符合刑事诉讼法第二百八十条第一款规定的，人民检察院可以向人民法院提出没收违法所得的申请。 人民检察院向原受理案件的人民法院提出申请的，可以由同一审判组织~~依照本章规定的程序~~审理。	**第六百二十六条** 在审理案件过程中，被告人**脱逃或者死亡**，符合刑事诉讼法**第二百九十八条**第一款规定的，人民检察院可以向人民法院提出没收违法所得的申请；**符合刑事诉讼法第二百九十一条第一款规定的，人民检察院可以按照缺席审判程序向人民法院提起公诉。** 人民检察院向原受理案件的人民法院提出**没收违法所得**申请的，可以由同一审判组织审理。
第五百二十一条 审理申请没收违法所得案件的期限，参照公诉案件第一审普通程序和第二审程序的审理期限执行。 公告期间和请求刑事司法协助的时间不计入审理期限。	**第六百二十七条** 审理申请没收违法所得案件的期限，参照公诉案件第一审普通程序和第二审程序的审理期限执行。 公告期间和请求刑事司法协助的时间不计入审理期限。
第五百二十二条 没收违法所得裁定生效后，犯罪嫌疑人、被告人到案并对没收裁定提出异议，人民检察院向原作出裁定的人民法院提起公诉的，可以由同一审判组织审理。 人民法院经审理，应当按照下列情形分别处理： （一）原裁定正确的，予以维持，不再对涉案财产作出判决； （二）原裁定确有错误的，应当撤销原裁定，并在判决中对有关涉案财产一并作出处理。	**第六百二十八条** 没收违法所得裁定生效后，犯罪嫌疑人、被告人到案并对没收裁定提出异议，人民检察院向原作出裁定的人民法院提起公诉的，可以由同一审判组织审理。 人民法院经审理，应当按照下列情形分别处理： （一）原裁定正确的，予以维持，不再对涉案财产作出判决； （二）原裁定确有错误的，应当撤销原裁定，并在判决中对有关涉案财产一并作出处理。

修正前	修正后
人民法院生效的没收裁定确有错误的，除第一款规定的情形外，应当依照审判监督程序予以纠正。~~已经没收的财产，应当及时返还；财产已经上缴国库的，由原没收机关从财政机关申请退库，予以返还；原物已经出卖、拍卖的，应当退还价款；造成犯罪嫌疑人、被告人以及利害关系人财产损失的，应当依法赔偿。~~	人民法院生效的没收裁定确有错误的，除第一款规定的情形外，应当依照审判监督程序予以纠正。
第五百二十三条 人民法院审理申请没收违法所得的案件，本章没有规定的，参照适用本解释的有关规定。	**第六百二十九条** 人民法院审理申请没收违法所得的案件，本章没有规定的，参照适用本解释的有关规定。
第二十三章 依法不负刑事责任的精神病人的强制医疗程序	**第二十六章 依法不负刑事责任的精神病人的强制医疗程序**
第五百二十四条 实施暴力行为，危害公共安全或者严重危害公民人身安全，社会危害性已经达到犯罪程度，但经法定程序鉴定依法不负刑事责任的精神病人，有继续危害社会可能的，可以予以强制医疗。	**第六百三十条** 实施暴力行为，危害公共安全或者严重危害公民人身安全，社会危害性已经达到犯罪程度，但经法定程序鉴定依法不负刑事责任的精神病人，有继续危害社会可能的，可以予以强制医疗。
第五百二十五条 人民检察院申请对依法不负刑事责任的精神病人强制医疗的案件，由被申请人实施暴力行为所在地的基层人民法院管辖；由被申请人居住地的人民法院审判更为适宜的，可以由被申请人居住地的基层人民法院管辖。	**第六百三十一条** 人民检察院申请对依法不负刑事责任的精神病人强制医疗的案件，由被申请人实施暴力行为所在地的基层人民法院管辖；由被申请人居住地的人民法院审判更为适宜的，可以由被申请人居住地的基层人民法院管辖。

修正前	修正后
第五百二十六条　对人民检察院提出的强制医疗申请，人民法院应当审查以下内容： （一）是否属于本院管辖； （二）是否写明被申请人的身份，实施暴力行为的时间、地点、手段、所造成的损害等情况，并附相关证据材料； （三）是否附有法医精神病鉴定意见和其他证明被申请人属于依法不负刑事责任的精神病人的证据材料； （四）是否列明被申请人的法定代理人的姓名、住址、联系方式； （五）需要审查的其他事项。	**第六百三十二条**　对人民检察院提出的强制医疗申请，人民法院应当审查以下内容： （一）是否属于本院管辖； （二）是否写明被申请人的身份，实施暴力行为的时间、地点、手段、所造成的损害等情况，并附证据材料； （三）是否附有法医精神病鉴定意见和其他证明被申请人属于依法不负刑事责任的精神病人的证据材料； （四）是否列明被申请人的法定代理人的姓名、住址、联系方式； （五）需要审查的其他事项。
第五百二十七条　对人民检察院提出的强制医疗申请，人民法院应当在七日内审查完毕，并按照下列情形分别处理： （一）不属于本院管辖的，应当退回人民检察院； （二）材料不全的，应当通知人民检察院在三日内补送； （三）属于强制医疗程序受案范围和本院管辖，且材料齐全的，应当受理。	**第六百三十三条**　对人民检察院提出的强制医疗申请，人民法院应当在七日**以**内审查完毕，并按照下列情形分别处理： **（一）**属于强制医疗程序受案范围和本院管辖，且材料齐全的，应当受理； **（二）**不属于本院管辖的，应当退回人民检察院； **（三）**材料不全的，应当通知人民检察院在三日**以**内补送；**三日以内不能补送的，应当退回人民检察院。**

修正前	修正后
第五百二十八条　审理强制医疗案件，应当通知被申请人或者被告人的法定代理人到场。被申请人或者被告人没有委托诉讼代理人的，应当通知法律援助机构指派律师担任其诉讼代理人，为其提供法律帮助。	**第六百三十四条**　审理强制医疗案件，应当通知被申请人或者被告人的法定代理人到场；**被申请人或者被告人的法定代理人经通知未到场的，可以通知被申请人或者被告人的其他近亲属到场。** 被申请人或者被告人没有委托诉讼代理人的，应当**自受理强制医疗申请或者发现被告人符合强制医疗条件之日起三日以内，**通知法律援助机构指派律师担任其诉讼代理人，为其提供法律帮助。
第五百二十九条　审理强制医疗案件，应当组成合议庭，开庭审理。但是，被申请人、被告人的法定代理人请求不开庭审理，并经人民法院审查同意的除外。 审理~~人民检察院申请~~强制医疗~~的~~案件，应当会见被申请人。	**第六百三十五条**　审理强制医疗案件，应当组成合议庭，开庭审理。但是，被申请人、被告人的法定代理人请求不开庭审理，并经人民法院审查同意的除外。 审理强制医疗案件，应当会见被申请人，**听取被害人及其法定代理人的意见。**
第五百三十条　开庭审理申请强制医疗的案件，按照下列程序进行： （一）审判长宣布法庭调查开始后，先由检察员宣读申请书，后由被申请人的法定代理人、诉讼代理人发表意见； （二）法庭依次就被申请人是否实施了危害公共安全或者严重危害公民人身安全的暴力行为、是否属于依法不负刑事责任的精神病人、	**第六百三十六条**　开庭审理申请强制医疗的案件，按照下列程序进行： （一）审判长宣布法庭调查开始后，先由检察员宣读申请书，后由被申请人的法定代理人、诉讼代理人发表意见； （二）法庭依次就被申请人是否实施了危害公共安全或者严重危害公民人身安全的暴力行为、是否属于依法不负刑事责任的精神病人、

修正前	修正后
是否有继续危害社会的可能进行调查；调查时，先由检察员出示~~有关~~证据，后由被申请人的法定代理人、诉讼代理人~~发表意见、~~出示有关证据，并进行质证； （三）法庭辩论阶段，先由检察员发言，后由被申请人的法定代理人、诉讼代理人发言，并进行辩论。 被申请人要求出庭，人民法院经审查其身体和精神状态，认为可以出庭的，应当准许。出庭的被申请人，在法庭调查、辩论阶段，可以发表意见。 检察员宣读申请书后，被申请人的法定代理人、诉讼代理人无异议的，法庭调查可以简化。	是否有继续危害社会的可能进行调查；调查时，先由检察员出示证据，后由被申请人的法定代理人、诉讼代理人出示证据，并进行质证；**必要时，可以通知鉴定人出庭对鉴定意见作出说明；** （三）法庭辩论阶段，先由检察员发言，后由被申请人的法定代理人、诉讼代理人发言，并进行辩论。 被申请人要求出庭，人民法院经审查其身体和精神状态，认为可以出庭的，应当准许。出庭的被申请人，在法庭调查、辩论阶段，可以发表意见。 检察员宣读申请书后，被申请人的法定代理人、诉讼代理人无异议的，法庭调查可以简化。
第五百三十一条 对申请强制医疗的案件，人民法院审理后，应当按照下列情形分别处理： （一）符合刑事诉讼法<u>第二百八十四条</u>规定的强制医疗条件的，应当作出对被申请人强制医疗的决定； （二）被申请人属于依法不负刑事责任的精神病人，但不符合强制医疗条件的，应当作出驳回强制医疗申请的决定；被申请人已经造成危害结果的，应当同时责令其家属或者监护人严加看管和医疗；	**第六百三十七条** 对申请强制医疗的案件，人民法院审理后，应当按照下列情形分别处理： （一）符合刑事诉讼法**第三百零二条**规定的强制医疗条件的，应当作出对被申请人强制医疗的决定； （二）被申请人属于依法不负刑事责任的精神病人，但不符合强制医疗条件的，应当作出驳回强制医疗申请的决定；被申请人已经造成危害结果的，应当同时责令其家属或者监护人严加看管和医疗；

修正前	修正后
（三）被申请人具有完全或者部分刑事责任能力，依法应当追究刑事责任的，应当作出驳回强制医疗申请的决定，并退回人民检察院依法处理。	（三）被申请人具有完全或者部分刑事责任能力，依法应当追究刑事责任的，应当作出驳回强制医疗申请的决定，并退回人民检察院依法处理。
第五百三十二条　第一审人民法院在审理案件过程中发现被告人可能符合强制医疗条件的，应当依照法定程序对被告人进行法医精神病鉴定。经鉴定，被告人属于依法不负刑事责任的精神病人的，应当适用强制医疗程序，对案件进行审理。 开庭审理前款规定的案件，应当先由合议庭组成人员宣读对被告人的法医精神病鉴定意见，说明被告人可能符合强制医疗的条件，后依次由公诉人和被告人的法定代理人、诉讼代理人发表意见。经审判长许可，公诉人和被告人的法定代理人、诉讼代理人可以进行辩论。	**第六百三十八条**　第一审人民法院在审理**刑事**案件过程中，发现被告人可能符合强制医疗条件的，应当依照法定程序对被告人进行法医精神病鉴定。经鉴定，被告人属于依法不负刑事责任的精神病人的，应当适用强制医疗程序，对案件进行审理。 开庭审理前款规定的案件，应当先由合议庭组成人员宣读对被告人的法医精神病鉴定意见，说明被告人可能符合强制医疗的条件，后依次由公诉人和被告人的法定代理人、诉讼代理人发表意见。经审判长许可，公诉人和被告人的法定代理人、诉讼代理人可以进行辩论。
第五百三十三条　对前条规定的案件，人民法院审理后，应当按照下列情形分别处理： （一）被告人符合强制医疗条件的，应当判决宣告被告人不负刑事责任，同时作出对被告人强制医疗的决定； （二）被告人属于依法不负刑事责任的精神病人，但不符合强制医疗条件的，应当判决宣告被告人无	**第六百三十九条**　对前条规定的案件，人民法院审理后，应当按照下列情形分别处理： （一）被告人符合强制医疗条件的，应当判决宣告被告人不负刑事责任，同时作出对被告人强制医疗的决定； （二）被告人属于依法不负刑事责任的精神病人，但不符合强制医疗条件的，应当判决宣告被告人无

修正前	修正后
罪或者不负刑事责任；被告人已经造成危害结果的，应当同时责令其家属或者监护人严加看管和医疗； （三）被告人具有完全或者部分刑事责任能力，依法应当追究刑事责任的，应当依照普通程序继续审理。	罪或者不负刑事责任；被告人已经造成危害结果的，应当同时责令其家属或者监护人严加看管和医疗； （三）被告人具有完全或者部分刑事责任能力，依法应当追究刑事责任的，应当依照普通程序继续审理。
第五百三十四条 人民法院在审理~~第二审~~刑事案件过程中，发现被告人可能符合强制医疗条件的，可以依照强制医疗程序对案件作出处理，也可以裁定发回原审人民法院重新审判。	**第六百四十条** **第二审**人民法院在审理刑事案件过程中，发现被告人可能符合强制医疗条件的，可以依照强制医疗程序对案件作出处理，也可以裁定发回原审人民法院重新审判。
第五百三十五条 人民法院决定强制医疗的，应当在作出决定后五日内，向公安机关送达强制医疗决定书和强制医疗执行通知书，由公安机关将被决定强制医疗的人送交强制医疗。	**第六百四十一条** 人民法院决定强制医疗的，应当在作出决定后五日**以**内，向公安机关送达强制医疗决定书和强制医疗执行通知书，由公安机关将被决定强制医疗的人送交强制医疗。
第五百三十六条 被决定强制医疗的人、被害人及其法定代理人、近亲属对强制医疗决定不服的，可以自收到决定书之日起五日内向上一级人民法院申请复议。复议期间不停止执行强制医疗的决定。	**第六百四十二条** 被决定强制医疗的人、被害人及其法定代理人、近亲属对强制医疗决定不服的，可以自收到决定书**第二日**起五日**以**内向上一级人民法院申请复议。复议期间不停止执行强制医疗的决定。
第五百三十七条 对不服强制医疗决定的复议申请，上一级人民法院应当组成合议庭审理，并在一个月内，按照下列情形分别作出复议决定：	**第六百四十三条** 对不服强制医疗决定的复议申请，上一级人民法院应当组成合议庭审理，并在一个月**以**内，按照下列情形分别作出复议决定：

修正前	修正后
（一）被决定强制医疗的人符合强制医疗条件的，应当驳回复议申请，维持原决定； （二）被决定强制医疗的人不符合强制医疗条件的，应当撤销原决定； （三）原审违反法定诉讼程序，可能影响公正审判的，应当撤销原决定，发回原审人民法院重新审判。	（一）被决定强制医疗的人符合强制医疗条件的，应当驳回复议申请，维持原决定； （二）被决定强制医疗的人不符合强制医疗条件的，应当撤销原决定； （三）原审违反法定诉讼程序，可能影响公正审判的，应当撤销原决定，发回原审人民法院重新审判。
第五百三十八条 对本解释第五百三十三条第一项规定的判决、决定，人民检察院提出抗诉，同时被决定强制医疗的人、被害人及其法定代理人、近亲属申请复议的，上一级人民法院应当依照第二审程序一并处理。	**第六百四十四条** 对本解释**第六百三十九条**第一项规定的判决、决定，人民检察院提出抗诉，同时被决定强制医疗的人、被害人及其法定代理人、近亲属申请复议的，上一级人民法院应当依照第二审程序一并处理。
第五百四十条 被强制医疗的人及其近亲属申请解除强制医疗的，应当向决定强制医疗的人民法院提出。 被强制医疗的人及其近亲属提出的解除强制医疗申请被人民法院驳回，六个月后再次提出申请的，人民法院应当受理。	**第六百四十五条** 被强制医疗的人及其近亲属申请解除强制医疗的，应当向决定强制医疗的人民法院提出。 被强制医疗的人及其近亲属提出的解除强制医疗申请被人民法院驳回，六个月后再次提出申请的，人民法院应当受理。
第五百四十一条 强制医疗机构提出解除强制医疗意见，或者被强制医疗的人及其近亲属申请解除强制医疗的，人民法院应当审查是否附有对被强制医疗的人的诊断评估报告。	**第六百四十六条** 强制医疗机构提出解除强制医疗意见，或者被强制医疗的人及其近亲属申请解除强制医疗的，人民法院应当审查是否附有对被强制医疗的人的诊断评估报告。

修正前	修正后
强制医疗机构提出解除强制医疗意见，未附诊断评估报告的，人民法院应当要求其提供。 被强制医疗的人及其近亲属向人民法院申请解除强制医疗，强制医疗机构未提供诊断评估报告的，申请人可以申请人民法院调取。必要时，人民法院可以委托鉴定机构对被强制医疗的人进行鉴定。	强制医疗机构提出解除强制医疗意见，未附诊断评估报告的，人民法院应当要求其提供。 被强制医疗的人及其近亲属向人民法院申请解除强制医疗，强制医疗机构未提供诊断评估报告的，申请人可以申请人民法院调取。必要时，人民法院可以委托鉴定机构对被强制医疗的人进行鉴定。
第五百四十二条　强制医疗机构提出解除强制医疗意见，或者被强制医疗的人及其近亲属申请解除强制医疗的，人民法院应当组成合议庭进行审查，并在一个月内，按照下列情形分别处理： （一）被强制医疗的人已不具有人身危险性，不需要继续强制医疗的，应当作出解除强制医疗的决定，并可责令被强制医疗的人的家属严加看管和医疗； （二）被强制医疗的人仍具有人身危险性，需要继续强制医疗的，应当作出继续强制医疗的决定。 人民法院应当在作出决定后五日内，将决定书送达强制医疗机构、申请解除强制医疗的人、被决定强制医疗的人和人民检察院。决定解除强制医疗的，应当通知强制医疗机构在收到决定书的当日解除强制医疗。	**第六百四十七条**　强制医疗机构提出解除强制医疗意见，或者被强制医疗的人及其近亲属申请解除强制医疗的，人民法院应当组成合议庭进行审查，并在一个月**以**内，按照下列情形分别处理： （一）被强制医疗的人已不具有人身危险性，不需要继续强制医疗的，应当作出解除强制医疗的决定，并可责令被强制医疗的人的家属严加看管和医疗； （二）被强制医疗的人仍具有人身危险性，需要继续强制医疗的，应当作出继续强制医疗的决定。 **对前款规定的案件，必要时，人民法院可以开庭审理，通知人民检察院派员出庭。** 人民法院应当在作出决定后五日**以**内，将决定书送达强制医疗机构、申请解除强制医疗的人、被决定强制医疗的人和人民检察院。决定解除强制医疗的，应当通知强制医疗机构在收到决定书的当日解除强制医疗。

修正前	修正后
第五百四十三条 人民检察院认为强制医疗决定或者解除强制医疗决定不当，在收到决定书后二十日内提出书面纠正意见的，人民法院应当另行组成合议庭审理，并在一个月内作出决定。	**第六百四十八条** 人民检察院认为强制医疗决定或者解除强制医疗决定不当，在收到决定书后二十日**以**内提出书面纠正意见的，人民法院应当另行组成合议庭审理，并在一个月**以**内作出决定。
第五百三十九条 审理强制医疗案件，本章没有规定的，参照适用公诉案件第一审普通程序和第二审程序的有关规定。	**第六百四十九条** 审理强制医疗案件，本章没有规定的，参照适用**本解释**的有关规定。
第二十四章 附 则	**第二十七章 附 则**
第五百四十四条 人民法院讯问被告人，宣告判决，审理减刑、假释案件，~~根据案件情况，~~可以采取视频方式~~进行~~。	**第六百五十条** 人民法院讯问被告人，宣告判决，审理减刑、假释案件**等**，可以**根据情况**采取视频方式。
第五百四十五条 向人民法院提出自诉、上诉、申诉、申请等的，应当以书面形式提出。书写有困难的，除另有规定的以外，可以口头提出，由人民法院工作人员制作笔录或者记录在案，并向口述人宣读或者交其阅读。	**第六百五十一条** 向人民法院提出自诉、上诉、申诉、申请等的，应当以书面形式提出。书写有困难的，除另有规定的以外，可以口头提出，由人民法院工作人员制作笔录或者记录在案，并向口述人宣读或者交其阅读。
第五百四十六条 诉讼期间制作、形成的工作记录、告知笔录等材料，应当由制作人员和其他有关人员签名、盖章。宣告或者送达判决书、裁定书、决定书、通知书等诉讼文书的，应当由接受宣告或者送达的人在诉讼文书、送达回证上签名、盖章。	**第六百五十二条** 诉讼期间制作、形成的工作记录、告知笔录等材料，应当由制作人员和其他有关人员签名、盖章。宣告或者送达**裁判文书**、通知书等诉讼文书的，应当由接受宣告或者送达的人在诉讼文书、送达回证上签名、盖章。

修正前	修正后
诉讼参与人未签名、盖章的，应当捺指印；刑事被告人除签名、盖章外，还应当捺指印。 当事人拒绝签名、盖章、捺指印的，办案人员应当在诉讼文书或者笔录材料中注明情况，有~~相关~~见证人见证，或者有录音录像证明的，不影响相关诉讼文书或者笔录材料的效力。	诉讼参与人未签名、盖章的，应当捺指印；刑事被告人除签名、盖章外，还应当捺指印。 当事人拒绝签名、盖章、捺指印的，办案人员应当在诉讼文书或者笔录材料中注明情况，有见证人见证或者有录音录像证明的，不影响相关诉讼文书或者笔录材料的效力。
第五百四十七条　本解释的有关规定适用于军事法院~~、铁路运输法院~~等专门人民法院。	**第六百五十三条**　本解释的有关规定适用于军事法院等专门人民法院。
	第六百五十四条　本解释有关公安机关的规定，依照刑事诉讼法的有关规定，适用于国家安全机关、军队保卫部门、中国海警局和监狱。
第五百四十八条　本解释自<u>2013 年 1 月 1 日</u>起施行<u>，</u>最高人民法院<u>1998 年 9 月 2 日公布的《关于执行〈中华人民共和国刑事诉讼法〉若干问题的解释》</u>同时废止<u>；</u>最高人民法院以前发布的司法解释和规范性文件，与本解释不一致的，以本解释为准。	**第六百五十五条**　本解释自**2021 年 3 月 1 日**起施行。最高人民法院 **2012 年 12 月 20 日发布的《关于适用〈中华人民共和国刑事诉讼法〉的解释》（法释〔2012〕21 号）**同时废止。最高人民法院以前发布的司法解释和规范性文件，与本解释不一致的，以本解释为准。